上图 / 李伯虎父母合影

中图 / 李伯虎（右）、李仲马（左）、李绿漪（中）兄妹合影

下图 / 1961年，李伯虎大学毕业前于清华园

上图 / 1962年，李伯虎戎装照

中图 / 1967年，李伯虎与陶华结婚照

下图 / 1970年，李伯虎在安徽全椒荒草圩军垦农场

上图 / 1981年，李伯虎（左）与导师豪伊（右）合影

中图 / 1981年，李伯虎（右四）在密歇根大学排球队

下图 / 1981年，李伯虎（中）在加州大学洛杉矶分校

上图 / 20世纪80年代，李伯虎（左三）与夫人陶华（左四）在北京家中接待参加国际仿真会议的导师豪伊夫妇（右一 、右二）

中图 / 1989年，李伯虎（右三）接待时任国务委员兼国家科委主任宋健（右二）一行访问北京仿真中心，右一为孙家栋副部长

下图 / 1993年，李伯虎在国际交流会上作报告

上图 / 20 世纪 90 年代，李伯虎（左四）与国家“863”计划专家在深圳合影（左一为周济院士，右四为蒋新松院士，右三为吴澄院士，右一为娄勤俭（现任陕西省省委书记））

中图 / 李伯虎（前排指挥）作为所长，带领 204 所参加二院合唱比赛

下图 / 2001 年，李伯虎（前排左二）在国家“863”计划十五周年成果展览会上与专家合影（前排左一为周济院士，前排左三为吴澄院士，前排右二为顾冠群院士）

上图 / 2002年，李伯虎作为主席主持亚洲仿真会议

中图 / 2005年，李伯虎与夫人陶华在敦煌莫高窟

下图 / 2006年，李伯虎（右二）参加国际学术交流

上图 / 2008 年，李伯虎（右二）与亚洲仿真会议主席团成员合影

中图 / 2010 年，李伯虎在全国现代制造集成技术学术会议上作报告

下图 / 2011 年，李伯虎在就任亚洲仿真联盟首任主席时致辞

上图 / 2012年，李伯虎（左）在意大利获得国际建模与仿真学会终身成就奖（右为大会主席 Agostino Bruzzone 教授）

中图 / 2013年，国家“863”计划 CIMS 主题专家联谊会（前排左一为李伯虎，后排左三为周济院士，前排右四为全国人大常委会副委员长严隽琪，前排右五为吴澄院士）

下图 / 2015年，李伯虎（前排左五）与柴天佑院士（前排左四）、吴澄院士（前排右四）参加复杂产品智能制造系统技术国家重点实验室学术委员会会议

李伯虎院士传记

Academician Li Bohu's Biography

《中国航天院士传记丛书》总编委会 组织编写

王海珍 张贵东 施国强 蒲睿英 著

中国宇航出版社

·北京·

图书在版编目(CIP)数据

李伯虎院士传记 / 王海珍等著 ;《中国航天院士传记丛书》总编委会组织编写. -- 北京 : 中国宇航出版社, 2016.9

(中国航天院士传记丛书)

ISBN 978-7-5159-1181-6

Ⅰ. ①李… Ⅱ. ①王… ②中… Ⅲ. ①李伯虎-传记 Ⅳ. ①K826.16

中国版本图书馆 CIP 数据核字(2016)第 228624 号

责任编辑　王立莉

责任校对　牟宁宁　刘　凯　　**装帧设计**　宇星文化

出　版
发　行　中国宇航出版社

社　址　北京市阜成路 8 号　**邮　编**　100830
(010)60286808　　(010)68768548

网　址　www.caphbook.com

经　销　新华书店

发行部　(010)60286888　　(010)68371900
(010)60286887　　(010)60286804(传真)

零售店　读者服务部
(010)68371105

承　印　三河市君旺印务有限公司

版　次　2016 年 9 月第 1 版
2016 年 9 月第 1 次印刷

规　格　787×960

开　本　1/16

印　张　20.25　**彩　插**　8 面

字　数　293 千字

书　号　ISBN 978-7-5159-1181-6

定　价　68.00 元

《中国航天院士传记丛书》
总编委会名单

编审委员会

主　　任　许达哲　高红卫

副 主 任　雷凡培　曹建国

委　　员　李金生　方向明　袁　洁　李　跃　包为民

编撰委员会

总 主 编　许达哲　高红卫

副总主编　李　跃　包为民

委　　员　（按姓氏笔画排列）

于世元　马礼谦　王亚文　邓宁丰　朱芝松

朱忠元　任玉琨　孙玉斌　李　明　李　锋

陈学钏　张连成　周晓飞　侯　晓　贾　可

梁小虹　谭永华

总编委会办公室

主　　任　周晓飞　朱忠元　邓宁丰

成　　员　（按姓氏笔画排列）

丁雅清　于　宁　于　希　王来成　李卫东

杨利伟　辛大广　张铁钧　范占英　唐　燕

徐　睿　戴品华

《李伯虎院士传记》
编审委员会名单

序 一
Preface I

中国航天事业自1956年创建以来，已经走过50多年的发展历程。在党中央、国务院、中央军委的亲切关怀和英明领导下，中国航天人团结一心、顽强拼搏、勇于创新、无私奉献，不仅取得了以“两弹一星”、载人航天工程和月球探测工程为代表的辉煌成就，孕育形成了航天传统精神、“两弹一星”精神和载人航天精神，也造就了一支技术精湛、作风优良的航天人才队伍。

航天系统的中国科学院院士和中国工程院院士就是这支队伍的杰出代表。中国航天科技集团公司和中国航天科工集团公司先后有50多位科学家和航天工程专家当选为两院院士。其中，有7位院士获得过“两弹一星”功勋奖章，2位院士获得过国家最高科学技术奖。他们不仅是航天成就的主要创造者，也是航天精神的重要孕育者和忠实践行者。

中国航天事业是在新中国成立不久，工业实力、科技实力、综合国力都很薄弱，帝国主义严密封锁，苏联撕毁协定、撤走专家的情况下发展起来的。以航天院士为代表的中国航天人，自力更生，艰苦奋斗，奋发图强，顽强拼搏，在一穷二白的基础上，独立自主地创建起了中国的航天事业。

航天型号研制是复杂的系统工程，涉及很多领域，需要众人参与，必须大力协同、集智攻关才能完成。以航天院士为代表的中国航天人，在航天工程研制实践中，齐心协力，密切配合，实现了一次又一次技术突破，铸造了一项又一项辉煌成就。他们为祖国的航天事业作出了巨大贡献，却淡泊名利，不计得失，将个人利益置之度外。

航天事业属于尖端技术领域，难度大、风险高、技术复杂，在发展历程中碰到过很多难题，经历过各种坎坷，甚至遭受过重大失利。以航天院士为代表的中国航天人，在困难和失败面前不动摇、不退缩，树立百折不挠、锲而不舍、脚踏实地、严谨务实的工作作风，不断攻坚克难、勇攀高峰，取得了一个又一个胜利，树立了一座又一座丰碑。

今天，在由航天大国向航天强国迈进的征程中，航天院士的科学思想、创新意识、坚定信念和爱国情怀是全体航天人宝贵的精神财富。中国航天科技集团公司和中国航天科工集团公司决定出版《中国航天院士传记丛书》，不仅是为了宣传航天院士的科研成就，总结航天院士的成长规律，更是为了传承航天院士的宝贵精神，使之生生不息、薪火相传，为“续航天梦、筑强军梦、圆中国梦”的伟大实践提供精神动力和思想源泉。

2014 年 1 月

序　二
Preface Ⅱ

中国航天事业创建半个多世纪以来，培养和塑造了一大批功勋卓著、德高望重的中国科学院院士和中国工程院院士。他们具有坚定的理想信念和强烈的爱国情怀，理论功底深厚，技术水平高超，善于引领科学发展和技术创新，在中国航天事业发展的关键时期发挥了重要作用，为中国航天事业取得辉煌成就、孕育航天精神作出了突出贡献。

为了全面、系统地总结航天院士的成长规律，把航天院士的科学思想和创新方法记录下来、传承下去，为中国航天事业积累精神财富，为航天强国建设提供有益借鉴，中国航天科技集团公司和中国航天科工集团公司研究决定，组织编写一套《中国航天院士传记丛书》（以下简称《丛书》）。

党的十八大描绘了坚持中国特色社会主义道路、全面建成小康社会、实现中华民族伟大复兴的宏伟蓝图，同时也为加强国防和军队现代化建设、推进我国由航天大国向航天强国迈进指明了方向。在中国航天事业“续航天梦、筑强军梦、圆中国梦”的新形势下，出版这套《丛书》，具有重大的现实意义和深远的历史意义。

记载航天历史。航天院士是中国航天事业的宝贵财富，他们的成长历程反映了航天事业的发展轨迹。这套《丛书》不仅是航天院士个人的传记，也从不同侧面记载了中国航天从技术到管理、从思想到精神的真实历史。

弘扬航天文化。宣传航天院士，就是站在科学的高度，向社会各界全面宣传航天事业，弘扬航天文化，使其成为中华民族文化宝库的重要组成部分，增强中华民族的自信心、自豪感和凝聚力，提升国家的软实力。

传承航天精神。航天精神是包括航天院士在内的几代航天人，在中国航天事业发展历程中，不断积累、提炼、传承而逐渐形成的，是民族精神、时代精神与航天实践相结合的产物，是中国航天事业之魂。《丛书》全面反映了航天院士的学术成就、科学作风和思想品格，有助于航天精神薪火相传。

培育航天人才。中国航天事业已经完成了新老交替，一代航天新人正在茁壮成长。《丛书》是泽被后世的人才工程，对于培育航天人才、发展航天事业、铸造新的辉煌将产生积极的促进作用。

总之，《丛书》是一套具有航天特色的爱国主义教材，是不可多得的精神食粮。相信这套《丛书》的出版发行，必将吸引更多的年轻人热爱航天、投身航天、奉献航天，以饱满的热情和昂扬的斗志再攀高峰，使中国航天事业后继有人，蓬勃发展，续写辉煌。

2014 年 1 月

目 录
Contents

李伯虎

李伯虎院士传记

Academician Li Bohu's Biography

第一章

年少峥嵘初放彩

家风如同润物细无声的春夜小雨，虽难以觉察，却在不知不觉中浸润人心。正是这种注重传统文化、温良谦和的家风，为李伯虎的人生道路打下了坚实的基础。

1. 乱世春秋 没落家族

1938年，整个中国都笼罩在无边的硝烟与战火之中。从白山黑水的东北林海，到沃野千里的华北平原，从崇山峻岭的太行山脉，到山清水秀的江南水乡，中国人民反对日本侵略的抗日战争在中华大地全面展开。

而此时，位于东部沿海的上海租界，却仍然是一片歌舞升平的繁华景象，十里洋场，喧嚣不已，颇有“商女不知亡国恨，隔江犹唱后庭花”的遗风。

自从“八一三”事变爆发以来，杨树浦、闸北、沪西、南市一带陆续落入日军的魔掌之中，只有上海租界幸存，成为了一座“孤岛”，孑立于日占区的包围之中。然而，“孤岛”上虽然仍是一片热闹景象，却也不是世外桃源。这个“危巢”，就像是建筑在流沙之上的天堂，终究要倒塌。而对于普通老百姓来说，上流社会的纸醉金迷，距离他们是那么遥远，哀哀无告、谨小慎微，却是他们真实的生活写照，生活依旧在继续。

是的，即使满目疮痍、炮声震天，即使身边的危机如同无垠的东海一般浩瀚、恐怖，但生活还是要继续。生、老、病、死，一切仍在照常进行。

11月27日，正值初冬时节，在徐家汇的一个小院里，响起了一阵阵异乎寻常的欢笑声。在炮火震天、生活几近绝望的日子里，这样的欢笑声显得如此爽朗、开怀。这户人家正在为迎接一个新生命的到来而紧张地忙碌着、准备着，此刻，战争带来的阴霾与环绕在人们心头的压抑被一扫而空，每个人的脸上都充满了由衷的笑容与喜悦。尤其是这家的男主人李继三,一想到自己的第一个孩子马上就要呱呱坠地，他就欢喜得合不拢嘴，更不知如何表达心中的激动之情。

没过多久，一声嘹亮的啼哭响彻了整个里弄，孩子出生了！听着这个新生命的第一声啼哭，李继三难掩心中的兴奋，来来回回地在屋子里踱起了步子。即使是在摆设香案、拜谢天地祖宗之后，他的内心依旧久久不能平静，他不由自主地想起了自己的家族、自己的一生……

李继三出生在一个家境殷实、家学深厚的家庭。他的父亲李叔箴是一个颇有进取心的人，在少年时代就曾经为了增长学识而不出家门面壁苦读三年，读书虽苦，他却始终甘之如饴。功夫不负有心人，三年之后，李叔箴因为学识渊博、足智多谋而被地方府衙聘为师爷。师爷虽然是政府部门的佐治人员，但一般没有什么官衔职称，也不在政府体制之内。不过，中国自古以来就有“无幕不成衙”的说法，可见作为官员亲信、智囊与私人助理的“师爷”地位之独特、重要。

清朝末年，李叔箴辗转到了东北，成为一名将领的师爷。他原本想在政治上大展身手，然而，当时清政府正处于内忧外患之中，时局异常混乱，在政治上谋求发展注定会以失败而告终。

思前想后，李叔箴只好打消了原来的念头，转而将精力投入到实业上，修铁路、开煤矿，由此积攒了一定的家产，李家也因此从官宦门庭变成了富贾之家。他憧憬着，有一天能够使自己的实业形成规模，创立更大的产业。

然而，好景不长，日本人伸向东北的魔爪打破了李叔箴的美梦。他们在铁路和煤矿上与中国人展开了角逐，使当地的实业派人物备受排挤，每况愈下。

不得已之下，李叔箴只好带着家眷离开深陷乱局之中的东北，来到了上海。

因为父亲在东北开办实业积累了丰厚的家产，李继三从小就过着优渥的生活。他小时候读书时，往往有两个佣人陪读。虽然家境良好、生活优越，但李继三却没有因此而不思进取，更没有变成纨绔子弟。他继承了父亲爱读书的特点，经常苦读到深夜。后来，他凭借优异的成绩考上了著名学府同济大学，成为了一名大学生。

在那个年代，并不是上了大学就能拿到毕业证，而是需要经过刻苦努力，取得出色成绩之后才能如愿以偿。李继三就读于土木工程建筑系，到毕业时，与他同届的学生总共只有七人拿到了毕业证，其中有著名的建筑专家沈参煌和李国豪。

李继三也是顺利拿到毕业证的七人之一。当时的他踌躇满志，一心期待着能在建筑领域大展身手，成就自己的一番事业。美好的未来似乎马上就要到来了，然而，就在这时，一次噩梦般的经历却改写了他的人生。

一天，李继三与朋友们一起在操场上打篮球，有人给他传球，他一失手没有接住，篮球一下子击中了他的后脑勺，李继三马上感觉眼前一片模糊，眼睛更是像针扎一般刺痛不已。朋友们见到这样的情景，立即把他送到了医院。

医院对他进行了全面检查，结论是视神经受到了损伤。医生认为，伤势虽然严重，但只要使用一种针剂就能防止视力的进一步下降。但难题随之而来：因为战争爆发，这种针剂在上海已经断货了，无法正常供给。这样一来，李继三的治疗受到了巨大的影响。

不得已，家里人经过商议之后，决定到德国开设的一家医院去做手术。日本当时和德国是轴心国同盟，他们的军队绝对不会到德国人开设的医院里去恣意妄为。这个计划方案是正确的，然而，意想不到的事情还是发生了——那家德国医院为李继三做手术时，不小心出现了严重的医疗事故。这次医疗事故毁掉了李继三的希望，使他的眼睛从此医治无望，视力再也无法恢复。

从事土木工程建筑业的工作，是不可能离开眼睛的。视力出现问题，就意味着李继三在这一领域的发展被判了死刑！不能在自己倾注了满腔热情的专业领域尽情翱翔，成了李继三一生难以言说的遗憾。

抗日战争开始后的一天，李叔箴突然去世了，此前没有一点征兆。父亲的去世给李继三带来了巨大的悲伤，也使李家失去了顶梁柱。当时的中国正处于战乱时期，经济凋敝、民不聊生，再加上李继三的眼疾给工作造成了很大的影响，李家一下子失去了经济来源，原本兴盛的家族逐渐衰败，成了没落之家。

自身的不幸遭遇、家族的逐渐没落以及战争的肆虐给李继三带来了沉重的打击，使他终日郁郁寡欢、不知所终，所幸的是，孩子的降临如同一抹阳光，为他驱散了心中的乌云，更使他重新看到了人生的希望……

正当李继三百感交集、万分感慨之时，家人提醒他，应该给孩子取个名字。这时他才如同大梦初醒一般，回到了现实中。他想了又想，和妻子商议之后，决定给自己的第一个孩子取名：“李伯虎”。“伯虎”二字中有“伯”字，取自战国时期著名四兄弟史官伯、仲、叔、季中的“伯”，而 1938 年是农历虎年，取名

1940年，李伯虎1岁8个月

"伯虎"可谓再适合不过。除此之外，李继三也希望孩子们将来能像四兄弟史官那样刚直不阿，不为权贵欺压而丧失自己的人格，更希望接下来的孩子像四兄弟史官那样伯、仲、叔、季地向下延续。

事遂人愿，正如李继三所预料的一般，四年之后，他的第二个儿子出生了。那一年是马年，于是给二儿子取名："仲马"。这之后，妻子又为他添了一个女儿，当时正值狗年，李继三考虑到女孩的名字中带"狗"字太难听，于是在反复思考之后为女儿取名："绿漪"，以反"犬"旁指代生肖，读起来琅琅上口，听起来文雅大方，既能体现女性的柔美，又蕴含着浓浓的书卷气息。

2. 家风淳厚 润物无声

任何一个人的成长过程，都会受到生活环境、父母教育以及个人努力等多种因素的影响。父母的身教言传，对孩子的影响是巨大和决定性的，孩子是父母的一面镜子，从孩子身上，能看出父母的影子。良好的家风是一种无言的教育，是一部无字的典籍，它有着潜移默化的力量，孩子的世界观、价值观、人生观、性格特征以及道德素养等每个方面都会打上家风的烙印。

从李家三个孩子的名字上可以看出，李继三夫妇深受中国传统文化的熏陶，文史功底深厚。其实，不仅李继三家境良好，李伯虎的母亲沈馥曾也是大家闺秀，她的父亲一度官至民国财政部次长。她并不像当时的很多女子一样信奉“无才便是德”，因为家庭开明，她自小接受了良好的家庭教育，聪慧过人、知书达理。

虽然李伯虎出生时，已经是家道中落，但是父母对他的教育却没有受到丝毫影响。在对孩子的培养方面，李继三和妻子有一种共识：以自己的言行举止来引导、教育孩子。他们是这样想的，也是这样做的。在李伯虎的印象里，父母很少发脾气，即使是在漫长的困难岁月里，他们也总是一副悠然温和、看淡一切的平静神情。李伯虎耳濡目染，也因此拥有了平和、淡泊的心态。

李继三在读书时，因为家境殷实、为人豪爽，经常接济那些生活比较困难的同学。这些同学后来有很多人都加入了中国共产党，其中有一些还成为了中国共产党的领导者。当李继三因生活困难而陷入窘境时，有人曾劝他向这些自己曾帮助过的老同学伸手求援，但他毫不犹豫地拒绝了：“这是做人的本分。”李继三还告诫自己的孩子们说：“一个人在有能力时，一定要力所能及地帮助那些需要帮助的人，更何况他们是自己的朋友。但助人并非是想着以后有所回报，那就失掉了助人的本心。”

父亲这种豁达大度的为人处世之道，深深影响了李家的三个孩子。言传身教间，家族的精神财富自然被传承下来，李伯虎也由此形成了自己人生道路上为人处世的准则：不卑不亢，心存赤诚，胸怀坦荡。

沈馥曾正直、善良、贤淑，而且做事沉稳，极有条理。李继三因为眼疾难以正常工作，开办了“开泰煤号”，专做煤矿的代理工作以维持生计。煤矿代理工作一般由李继三通过电话联系，但是一些具体的事务性工作还需要有人打理，于是，沈馥曾就顺理成章地成了丈夫的得力助手。她不仅帮助丈夫打理煤矿代理等方面的事宜，还挑起了家庭的重担，家里大大小小的事情也都亲力亲为，可谓是家里的顶梁柱。虽然生活艰难，但是沈馥曾却把家里的日子打理得井井有条。即使是在困难时期，三个孩子出门也都穿戴得整整齐齐、干干净净，毫无落魄之感。为了节省开支，她还找裁缝拜师学艺，学习如何做衣服。学成之后，家里无论大人小孩，衣服都是她亲手做的。为了忙家务，有时到了深夜，她还没有入眠。

作为官宦之女，沈馥曾年少时在家中可谓“十指不沾阳春水”，而此时却不得不亲手为孩子们裁衣、做饭，操持繁重家务，这两种截然不同的人生，对比之下，不由得令人感慨万分。换作别人，恐怕会时不时地哀叹命运不公、牢骚满腹，然而，在她这里，却转换得自然而然。李伯虎从未听到母亲为生活艰难而抱怨、哀叹，她用自己柔弱而坚韧的双肩，担负起生活赐予她的一切考验，用自己的坚强、乐观为孩子们营造了一个轻松、自在的生活环境。母亲的一言一行，让李伯虎在以后的人生道路上，始终充满了坚韧的力量和向上的勇气。

李继三和妻子深受儒家思想的影响，注重伦理道德，常常给李伯虎兄妹三人讲述中国传统民间故事，中国文化推崇的仁、义、礼、智、信就这样潜移默化地植入了李伯虎幼小的心灵。李家在兴盛时期，曾经在杭州购置了一栋别墅，父母有时间，就会带着孩子们去杭州游玩，在那里小住几天。碧波荡漾、波光潋滟的西湖是一家人常去的地方。有一次，李伯虎兄妹随父母来到位于西湖湖畔的岳庙，看到秦桧夫妇的跪像，十分惊讶。这时，李继三不失时机地对孩子们说：“孩子们，你们看看，为什么岳飞仪表堂堂地端坐在庙堂上边，但秦桧夫妇却要跪在下边呢？”

孩子们疑惑不解地摇摇头。看着他们沉思的眼神，李继三语重心长地讲述了“岳母刺字”的故事，让他们深刻理解了“精忠报国”的深刻含义。通过这种巧妙的方式，李伯虎和弟弟妹妹了解了很多具有教育意义的历史故事，其中蕴含的道理深深影响了他们的人生。

父母虽然崇尚儒学传统，性格温和谦良，然而，在教育孩子方面，却一直秉持着严格的作风。

有一次，李伯虎的弟弟李仲马和邻居家的小孩儿一起玩耍，不知道什么原因，几个少不更事的孩子打起架来，李仲马人单力薄，结果被打了个鼻青脸肿。他疼痛难忍，又害怕被父母发现，不敢回家，于是就蹲在墙角悄悄哭泣。

这个场景恰好被路过的李伯虎看到了。李伯虎从小乖巧安静，可是此时看到弟弟被欺负得如此凄惨，忍不住怒气冲天。他二话不说就带着弟弟去找那几个邻居家的孩子“报仇”。打仗亲兄弟，上阵父子兵。李仲马看到哥哥上来了，马上勇气大增。二打六，兄弟两个团结一心，各个击破，竟然把邻居家的六个孩子打败了。

邻居家的大人们听到孩子的哭声，再看看自家孩子被打得头破血流，就到李伯虎家告状。李继三听说了这件事，没有对自己家两个孩子的“辉煌战绩”表示出一丝一毫的兴奋，而是勃然大怒，厉声对李伯虎兄弟说：“大胆！你们俩马上跪下，没有我的许可，不许起来。我要让你们俩记住，今后有事，一定要说理在先，不能动不动就出手打人。”

这一跪就是几个小时。后来，沈馥曾心疼了，过来给孩子们求情：“孩子们，记住没有？以后还打不打？”

李伯虎马上低下头回答：“记住了，再也不打了！”

这之后，李继三还借机教育李伯虎：“宁愿别人负自己，自己绝对不可以负别人。别人在做事时可以对不住自己，但是自己做事时决不能对不住别人。为人处世，不可怀有报复心理。别人伤害了自己，那是他们的错误，他们总有一天会受到教训，但自己却不能因此而寻找机会报复人家，冤冤相报何时了。更何况，有时打击报复一个人，伤害的却是很多人。”李伯虎兄妹三人牢牢记住了父亲的这番话，把它当成了自己一生中为人处世的座右铭。

为了锻炼李伯虎，李继三还有意让他到邻居家去借钱。一开始，李伯虎不愿意去，认为这太丢脸了。但在父亲的教育下，他懂得了：人穷不要紧，但是要穷得有志气，要做到人穷志不短。

到了李伯虎上小学时，父亲又不断地督促、勉励李伯虎好好学习，告诫他“书山有路勤为径，学海无涯苦作舟”。读书本身就是一门苦差事，必须是以“苦”作舟才能渡过去的，人世间从来没有人每天享乐就能成长为有用之才。李继三的谆谆教诲没有白费，李伯虎很小就认识到，学业路上唯一的捷径是勤奋。他后来的成就，也全都源于他的勤奋与努力。

除了父母之外，姑姑李桂珠也是李伯虎的一个榜样。李桂珠早年丧偶，一直守寡，独自生活。她原本生活在绍兴，日本入侵之后，只好逃难到了上海哥哥家。当时李继三因为眼疾无法工作，家里的生活难以为继，李桂珠就把自己的家底拿了出来，变卖了一些金银细软，以供生活所需。

对于姑姑，李伯虎印象最为深刻的一件事，是弟弟李仲马考学的事。李仲马初中毕业时，考虑到捉襟见肘的家庭经济状况，再加上同学的撺掇，就偷偷地参加了当时的中专考试——他想尽早毕业工作，减轻家里的经济负担。谁知道，这个消息不胫而走，传到了家里。李继三听到这个消息，顿时暴怒不已：“这孩子胆子太大了，竟然敢瞒着大人中断自己的学业，这还了得！”话还没说完，就怒气冲冲地要去李仲马的考场阻止他考试。李桂珠连忙上前劝慰哥哥，搀扶着他一同从永嘉路赶到了江湾考场。

正全神贯注答题的李仲马看到父亲和姑姑一下子愣住了。监考老师刚要上前阻拦，李桂珠马上对老师说：“老师，请你原谅。这个学生没有经过家人的同意，是自己偷偷报名考试的。这是我们的家事，请原谅！”李桂珠的话说服了监考老师，李仲马只能老老实实地跟着父亲和姑姑回到了家里。后来，他听从家人的意见没有上中专，而是继续读了高中，三年之后，顺利考上了清华大学。

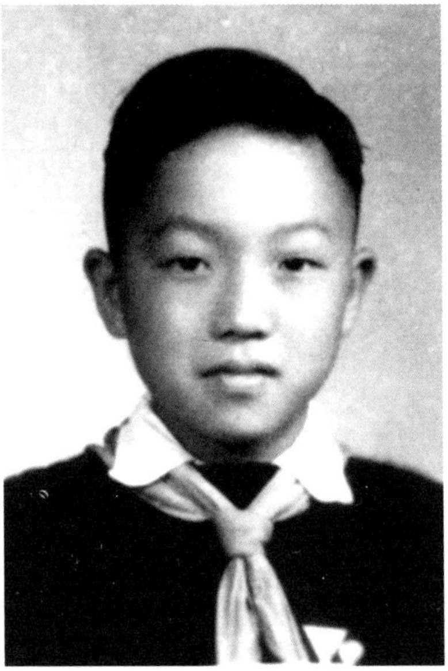

初中时期的李伯虎

在良好家风的熏陶下，李家在周围人群里有很好的人缘，家里的佣人也一直跟随很久。当时因为世事变迁，李家殷实的家境渐渐衰败，到后来已经请不起佣人了。然而，有一个男佣人，却自始至终都不想离开李家，因为他在李家感受到了尊重和温情。他已经将李家人视为自己的家人了，宁肯不拿工资，也愿意待在这样的家庭。这个佣人一直在李家待到了解放后，直到1960年经济困难时期，他的儿子才把他接走。这位佣人的忠厚、朴实，也深深地感动了李伯虎。

李伯虎在上海的家位于徐家汇的一条里弄里，从那条弄堂走出了很多大学生，有的甚至一家出了好几个清华学子，有的是父子，有的是兄弟。李伯虎从小就看到周围进进出出的有很多清华毕业生，

李伯虎（右）、李仲马（左）、李绿漪（中）兄妹合影

自然而然地也把考上清华大学作为自己的奋斗目标。后来，他才明白，为什么父母不带着他们兄妹搬到更好的地方去住，而是一直居住在那个弄堂里——父母是效法“孟母三迁”，为孩子们寻找最好的邻居，以利于孩子们的成长。

钱谦益曾说：“盖不独先河后海，礼不忘始。而家学渊源，名教积习，亦有可以考见者焉。”家风如同润物细无声的春夜小雨，虽难以觉察，却在不知不觉中浸润人心。正是这种注重中国传统文化、温良谦和的家风，为李伯虎的人生道路打下了坚实的基础。

3. 天资聪颖 孺子可教

李伯虎天资聪慧，记忆力超群。在三岁半时，他的聪颖就绽放出了耀眼的光芒，也让家人第一次见识到了他出众的天赋。

一次，母亲带着李伯虎到亲戚家做客。饭毕，大人们兴高采烈地玩儿起了麻将，李伯虎在一旁看着看着，就睡着了。玩儿了一会儿麻将，大人们临时起意，想到附近的公园里散散步。看到小伯虎睡得香甜，母亲不忍心叫醒他，想到他睡觉一向深沉，一时半会儿也不会醒来，于是就把他一个人留在了家里。

可谁知，家人们刚走不久，李伯虎就悠悠地从睡梦中醒了过来。他看到家里空无一人，就焦急万分地跑出去寻找，可由于不知道大人们去了哪里，竟然跑向了相反的方向。

大家兴致勃勃地从公园游玩儿归来时，发现李伯虎不见了。母亲吓得大惊失色，急忙到各个屋子里察看，可哪里还有孩子的踪影？她顿时失声痛哭：小伯虎只有三岁半，真要有个闪失，如何是好？

亲戚们也意识到了问题的严重性，赶紧出门四处寻找。可是，在人潮拥挤、浩如烟海的大上海找一个三岁半的小孩，就像大海捞针一样，何其艰难！大家手忙脚乱地找了一段时间之后，依然一无所获，最后只能沮丧地回到家中。有人想到了报警，可是当时的上海处于日军占领期，伪政府每天只知道讨好日军，根本不理会老百姓的死活，即使报警，恐怕也不会起到什么作用。

正当大家因为小伯虎的丢失而一筹莫展之时，

外面突然想起了微弱的敲门声。开门一看，门外站着的竟然是小伯虎！孩子失而复得，母亲一把抱住了小伯虎，泣不成声。如释重负之余，家人又忍不住惊讶起来：小伯虎只有三岁半，竟然能够在偌大的上海走了一圈后凭借着记忆力找回亲戚的家门，这真是太不可思议了。从那之后，李伯虎超强的记忆力就成了整个家族津津乐道的事。

1942 年 9 月，只有三岁的李伯虎进入了学堂，开始了自己的读书生涯。他就读的学校是上海著名的私立学校——位育小学。这座学校创建于 1932 年，在上海久负盛名，并同时办有位育中学。中国近现代爱国主义者和民主主义教育家黄炎培先生曾担任位育小学校董事会的董事。

这段时期，中国乃至世界都陷入了大动荡之中。这一年，中途岛海战扭转了太平洋战争的局势，此后，日本在太平洋战场节节败退。也是在这一年，著名的斯大林格勒战役打响了，这场战役成为第二次世界大战的转折点。受到国际局势变化的影响，国内的政治局势也波澜起伏，跌宕不已。时局的动荡影响着老百姓的生活，李伯虎虽然只是一个懵懂无知的小学生，对国家大事一知半解，可从老师讲课话语之中偶尔的提及，也对当时的形势有所感知。

李伯虎刚入学时，上海属于日本人的占领区，日本侵略者在上海极力推行奴化教育，向学生灌输奴化思想，想以此泯灭中国人的民族意识、国家观念和反抗思想，使中国人成为驯服的“良民”，乃至成为战争工具。如此一来，上海的小学教育总是断断续续的。直到 1945 年日本宣布投降，国民政府接管上海之后，小学教育才走上正轨。

位育小学是一所私立小学，在多年的发展过程中形成了一套科学的管理方法。在这所学校的管理者看来，育人是第一位的。他们教育学生要做正派的人，学习文化要努力，将来要报效祖国。这种教育理念在日军占领期间没有得到倡导，1945 年之后才逐渐恢复。可惜的是，和平如同昙花一现，只维持了短暂的一段时间。没过多久，国民党就挑起了内战，上海再一次经历了战火的洗礼，教育的发展也再一次停滞了。

就这样，李伯虎的小学教育在坎坷与磨难中进行着，直到 1949 年解放之后，他才完成了自己的小学学业。虽然学校学习总是时断时续，但是却为李伯虎打下了坚实的基础。位育小学一方面注重传统文化，另一方面倡导西学，两者并行，使李伯虎既接受了传统文化的熏陶，也在西学方面积累了一定的素养。

李伯虎的天赋在上学时得到了淋漓尽致的展现。他的英语单词记忆力惊人，只要上课认真完成老师布置的阅读和书写作业，那些英语单词几乎就全都记住了。相比其他同学苦读、不断重复书写才能把英语单词记住，他的学习可谓毫不费力、游刃有余。

李伯虎在学习方面非常讲究方式方法，在他看来，工欲善其事，必先利其器，而学习技巧就是首先应该掌握的“器”。他还不止一次地教育自己的弟弟李仲马：“小马，绝对不可以一天到晚不停地看书，这样的学习方式是大错特错的。老师讲课时你应该集中精力去听，这样上课时就把功课学会了。你要用课余时间找点别的事情干，丰富自己的业余爱好才对。”

正如他告诫弟弟的那样，李伯虎有一个鲜明的特点——上课听讲时非常认真，注意力十分集中，在课堂上对学到的知识能融会贯通。从小学到中学，再到大学，李伯虎一直秉持着这种良好的学习习惯，并受益匪浅。

周围的长辈都觉得小时候的李伯虎待人十分温润平和，说话自然得体，遇事也不慌不忙，有点小大人的感觉。这或许与他是家中长子有关。他有着很强的上进心，对待学习有股不服输的劲头。他不仅天资聪颖，平时学习更是非常用功努力，成绩始终名列前茅，在小学三年级结束时时还跳了一次级，直接升到五年级。

1949 年，李伯虎顺利地升入位育中学，这一时期，中国进入了社会稳定和建设时期，教育事业也逐渐恢复，并蓬勃发展，这为李伯虎的学业提供了坚实的保障，使他如鱼得水。

中学时期，李伯虎遇到了自己人生中的一位良师益友——江希和。江希和是李伯虎的英语老师，温文尔雅，品行高洁，喜欢运动，尤其擅长篮球。在李伯虎的性格和思想逐渐成型的年少时期，江希和给他带来了深刻的影响。江希和教育学生要全面发展，他经常对李伯虎说，将来干事业没有一个强壮的身体是不行的，身体是工作的基础。在他的引导下，李伯虎不知不觉地喜欢上了运动。由于经常锻炼，李伯虎的身体变得越来越强壮、结实，后来还入选了大学的排球队。到了清华大学，他还成为了排球队的主力。

除了体育，李伯虎在其他方面的爱好也非常广泛，口琴、二胡，他都能即兴演奏一曲，悠扬的旋律总会让人赞不绝口。

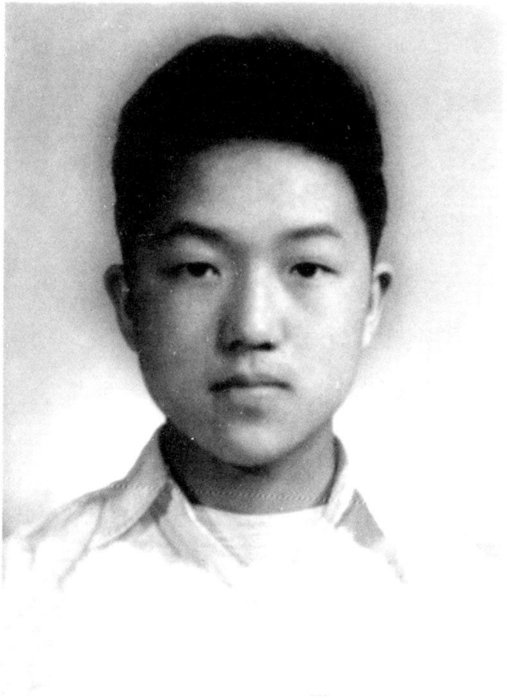

高中时期的李伯虎

虽然战乱不断、世事多艰，但稚嫩少年仍在不断成长。艰辛的生活与多变的局势使李伯虎受到了洗礼，逐渐变得坚毅、果敢。

4. 辗转三地 学有所成

1955 年 9 月，李伯虎以优异的成绩考入上海著名学府交通大学，攻读工业企业电气自动化专业。

交通大学的前身是南洋公学，其创立可以追溯到 19 世纪末。中日甲午战争之后，中国教育风气渐开。这时，中国近代“实业之父”、洋务派代表人物盛宣怀提出“自强首在储才，储才必先兴学”的理念，提出对旧式学堂进行改革、创建新式学堂的想法，得到了清政府的支持。1896 年，盛宣怀在上海捐购基地，筹建了南洋公学。南洋公学与盛宣怀在天津创办的北洋大学堂同为中国近代史上中国人自己最早创办的大学。

关于南洋公学的命名，有这样的说法：“西国以学堂经费半由商民联捐，半由官助者为公学。今南洋学堂之设，常费皆招商、电报两局众商所捐，故定名南洋公学。”办学之初，这所学校就坚持“求实学，务实业”的宗旨，以为国家培养“一等人才”为主要目标。由于南洋公学地处上海，位于租界，因此在战火纷飞的年代依然能够免受侵扰，成立之后发展迅速，在 20 世纪 20 年代已经成为著名的高

大学时期的李伯虎

等学府，并改称“交通大学”。

20世纪30年代中期，世人还为交通大学送上了一个美称——“东方MIT”。在当时，交通大学用的大都是MIT（麻省理工学院）的原版教材，对学生的要求非常严格，还规定了硬性的不及格率，能进交大的都是千里挑一，能从交大毕业的学生更是凤毛麟角。正因如此，这所学校不但在国内享有盛誉，是有志于工程的学子心中的中国最高学府，甚至在全世界也拥有相当高的知名度。钱学森到美国麻省理工学院求学时，发现这里的很多教材与在交通大学上学时的一模一样，要求免修得到了批准；茅以升从交通大学毕业后就读美国康奈尔大学时，因为学习成绩优异，名列第一，校方决定从此以后对交通大学的留学生免试入学；王安到哈佛大学时，因为战乱的原因没有带交通大学毕业证书和成绩单，哈佛大学得知他是交通大学毕业生，决定对其破格录取。

对于李伯虎来说，能够迈入这所大学的校门，是求学路上的第一步，也是他刻苦努力、天道酬勤的结果。但短短几年的大学生活，李伯虎却辗转三地才得以完成。

1955 年，是中国历史上值得欢欣鼓舞的一年。这一年，第一个五年计划正在紧锣密鼓地实施之中，著名的鞍山钢铁公司建成投产，长春一汽、武汉长江大桥等也在热火朝天、如火如荼地建设之中。放眼新中国，处处是生机勃勃的景象。就在这一年，中央考虑到东西部院校发展不平衡，决定在大西北建立一所高水平大学，这个任务就落在了交通大学身上。

李伯虎的大学一年级，是在上海度过的。因为身在家乡，李伯虎并没有像其他同学那样充满新鲜感，也没有对环境的陌生感。刚进交通大学，他就迅速适应了校园里的多彩生活。

1955年，李伯虎在交通大学校园里学习开摩托车

李伯虎看上去文质彬彬，不事张扬，实际上却是一个“文武全能”的“厉害角色”。早在中学时代，李伯虎便德智体美劳全面发展，并且养成了良好的学习习惯，培养了丰富的兴趣爱好。到了大学校园，他的才能更是得到了进一步发展。交通大学的课外活动可谓丰富多彩，从体育方面的各种团队，再到音乐、艺术社团，李伯虎如同一只被放飞的雄鹰，在这里自由翱翔。排球队、舞蹈队、篮球队，都能看到他活跃的身影。

虽然多种多样的兴趣爱好极大地丰富了李伯虎的课余生活，但他并没有因此而耽误学业。在学习上，他依然非常勤奋、认真、执着，他很清楚，学术上的东西来不得半点虚假。只有认真学习、全心投入，才能收获累累硕果。

在专注于学习和文体活动的同时，李伯虎也不忘向他人伸出援手。他的室友李启全至今仍记得一个细节：当时，班里有一个来自上海电容厂的委培生，因为基础较差，学习起来非常吃力。作为数学课代表的李伯虎就主动帮他补习数学，利用课余时间辅导他，一直坚持了两三个月。

1955 年，中国开始实施第一个五年计划，党中央、国务院考虑到西部地区

1956年，李伯虎（后排左二）在交通大学跳鄂尔多斯舞

高等教育资源不足、工业基础薄弱、经济落后的现实情况，从国家重点建设总体布局和支援大西北的战略地位出发，决定将沿海一些重点工厂、学校内迁。3月20日，高等教育部党组根据中央方针提出了《关于沿海城市高等学校1955年基本建设任务处理方案的报告》，上报国务院。次日，国务院二办即批呈陈毅副总理，后经陈云副总理批示同意，报经中央领导圈阅。就这样，交通大学内迁问题，就由党和国家最高领导机关决定了下来。同年4月初，交通大学内迁西安作为国务院召开的全国文教工作会议的决定见诸正式文件。

1955年4月9日，在陈云副总理对高教部党组报告批示同意后的第三天，交通大学校长彭康根据高教部电话通知，迅速在校党委会议和校务委员会会议上进行了传达，并讨论和公布了《关于迁校问题的决议》。11月24日，《交通大学迁校方案》通过，并向全校公布。这个方案对迁校后的各项工作进行了具体安排，并且确定了迁移的人员。根据这个安排，1956年，一辆辆专列由上海徐家汇车站开出，满载着交大师生员工和家属支援、开发、建设大西北的一片深情，浩浩荡荡地开往西安，李伯虎正是其中一员。

经过几十个小时的长途奔波，列车终于缓缓开进了西安车站。然而，展现在李伯虎眼前的西安，并不是繁华的都市，也没有宽敞的柏油马路。等待他们的，只是一片未开垦的黄土地。当时学校正在进行基础建设，没有一条正规的道路，到处都是土路，同学们将这种路亲切地称为“下雨水泥路，天晴扬灰路”。当时从教学区通往学生区的路上，要跨越一条宽达20米的深沟，师生们来往要走临时用竹排搭成的浮桥。遇到下雨天，道路泥泞，桥面很滑，很多同学都在那里摔过跟头，李伯虎也不例外。西安的气候十分干燥，与上海的湿润形成了鲜明的对比，而且这里夏天烈日炎炎，冬天北风刺骨，对一直生活在上海的李伯虎来说，也是一个艰难的考验。然而，尽管困难重重，李伯虎却依旧保持着饱满的情绪，满怀着报效祖国的热情，全身心地投入到学习之中。

大学三年级下学期，已经适应了西安生活的李伯虎，再次面临着一个巨大的改变——因为学习成绩优异，他被交通大学选送至清华大学自动控制系计算机专业学习。

早在 1956 年，中央向全国人民发出了“向科学进军”的号召，中国计算机事业在周总理亲自领导制定的《1956~1967 年科学技术发展远景规划纲要》的引导下开始起步。其中，组织力量建立中国计算技术的研究部门，被国家定为紧急措施之一。

1957 年年初，国防部第五研究院钱学森院长同清华大学蒋南翔校长签订合作协议，确定清华大学的自动学远动学专业和电子计算机专业除配合国家原子能事业的需要外，也要同国防部五院密切配合，为国家的航天事业服务。1958 年 6 月，聂荣臻副总理批准高等教育部的报告，进一步确定了清华大学自动学远动学和电子计算机两个专业为国家尖端工业服务的方向。

1958 年 7 月 3 日，清华大学 1957—1958 年度校务行政会议第七次扩大会议决定成立自动控制系。同年 9 月，党中央下令从全国十所重点高等学校抽调 287 名高年级学生到自动控制系，为航天工业与核工业定向培养。这个刚刚成立的新系，一下子变成学生和教工总数近千人的大系。而李伯虎因为在交通大学的优异表现，也被选拔到清华大学自动控制系深造。

清华大学是国人心中的最高学府，更是学子眼中的圣殿。能到清华园里继续自己的求学路，李伯虎非常珍惜这个不可多得的机会。在清华园的三年时间里，他废寝忘食，潜心学习，在学业上的造诣更加精深了。

当时，清华大学蒋南翔校长提出了“德智体全面发展，为祖国健康工作五十年”的口号。每天下午四点半，学校的大喇叭准时响起：“同学们，现在是课外锻炼时间，走出宿舍，走出教室，去参加体育锻炼，争取至少为祖国健康工作五十年。”师生们纷纷走出教室参加锻炼，操场上、路上，到处都是跑步的人群，“龙腾虎跃”，十分壮观。

李伯虎积极响应学校的号召，不仅学习成绩在班上名列前茅，还积极参加各种体育和文艺活动。李伯虎凭借着优秀的体能与球技，加入了清华大学排球队，每天下午四点集中训练。在清华大学的生活因此安排得很紧，几乎每天都是上午做功课，下午进行排球训练。他排球打得很好，很快成为了清华大学排球队的主力队员。

排球队队员们吃住都在一起，孙振庭当时是清华大学排球队的队长，也是李伯虎的中学同学，两人的感情十分深厚。在孙振庭的印象里，李伯虎进入清华大学排球队之前虽然没有进行过专业训练，但身体素质很好，反应十分灵活，打球的时候充分表现出了自己的智慧。当时他在排球队担任二传的重要位置，机动灵活，反应迅速，只要出现空档，马上就能把球吊过去，直接得分。

李伯虎所在的清华大学排球队表现非常出色，曾经荣获北京市排球联赛冠军。他与队友们相处也非常融洽，几十年后，大家还时不时地聚一聚、聊一聊。

优秀的舞蹈才能也使李伯虎在学校崭露头角。有一次，清华大学舞蹈队和文工团一起到香山去游玩儿，香山有一个很著名的地方叫樱桃沟，景色怡人，两个队就从一个断墙的缺口进去，在那里一边欣赏风景，一边休息。年轻人热情活泼，大都喜欢热闹，于是就商量双方各出一个代表来“比舞”，活跃气氛。清华大学舞蹈队的队员们一致推荐李伯虎作为代表参加“比舞”。李伯虎和文工团推举的同学一起跳鄂尔多斯舞，灵活、富有美感的舞姿征服了在场的所有人。可惜的是，后来由于课业繁忙，李伯虎不能兼顾舞蹈和排球两项文体活动，因此决定退出舞蹈队，改为专心参加校排球队。

体育和文艺活动不但没有影响李伯虎的文化课学习，反而极大地充实和丰富了他的大学生活，而且“艰苦其身体，淬砺其精神”，使他锻炼出了健康的体魄，养成了一种刚毅不屈、力争上游、光明磊落的人格。正是在体育运动中，

李伯虎（后中）在清华大学排球队训练照

李伯虎懂得了如何将短暂的志气转化为持久的动力，如何在团队协作中发挥自己的作用，以良好的身体状况和精神面貌投身于国家建设。

李伯虎在清华大学求学时，他的亲戚们给予他的关爱和帮助让他感念一生。在北京建筑设计院任高级工程师的三舅沈兆鹏和在人民教育出版社任高级编辑的三舅母李德芳不仅担负了李伯虎的全部生活费用，还给予了他无微不至的关怀。在北京建筑设计院任高级工程师的堂舅沈参璜（后任北京工业大学建筑系主任）和在协和医院任高级营养师的堂舅母周璇等亲戚也常常会关心李伯虎的学习生活，他也经常去亲戚家做客，让他在异乡求学的日子里感受着来自亲情的温暖。

毕业留京工作后，李伯虎常会抽时间去看望他们，他的舅舅、舅妈、堂舅、堂舅妈都是各自行业的领军人物，他们对于工作的热忱与投入，以及对事业孜孜不倦的追求，都在潜移默化地影响着李伯虎，长辈们的言传身教也是他成长道路上一笔重要的财富。他和表弟表妹们也一直保持着密切的联系，尽管大家在各自的工作领域忙碌着，但依旧共同维护着大家族亲睦友爱的良好家风。

1959 年，李伯虎的弟弟李仲马也通过自己的努力考上了清华大学。兄弟俩感情本来就很深，如今同在清华园里读书，互相照应，更是其乐融融。

从 1959 年开始，新中国进入了三年困难时期，各种票据，尤其是食品和布料方面的票据管制非常严格，按照性别、年龄等制定不同配给标准。作为清华大学的学生，李伯虎和李仲马每人每月有半斤糕点券，定量供给。每到周末，他们就会买一些糕点，到附近的公园里，坐在草地上，一边吃着美味的糕点，一

1961年，李伯虎摄于清华园

边看书、聊天，好不惬意。虽然两个人总共只有一斤糕点券，但他们还是觉得非常享受，这也是他们大学生活中难得的悠闲时光。

1961年，在度过六年的大学生活之后，李伯虎以“优秀毕业生”的身份走出校门。能进入清华大学的，全都是众多学子里的佼佼者，而获得“优秀毕业生”称号的学生，更是这些佼佼者中的出类拔萃者。而且，清华大学评选优秀毕业生要求极其严格，不仅学习成绩要好，还要在德、智、体各个方面全面发展并得到认可，从实际评选率来看，算是真正的“百里挑一”。

然而，这个称号带给李伯虎的，不仅仅是光环，更是一种沉重的使命感——作为一名清华人，一定要学以致用，尽自己所能，报效祖国。

1961年，李伯虎（前排右一）清华大学毕业照

李伯虎

李伯虎院士传记

Academician Li Bohu's Biography

第二章

模拟领域露锋芒

从清华大学毕业后，李伯虎进入国防部五院二分院，参加了首台大型高性能模拟机 M2 和大型数模混合机 M6 的研制，两个项目均获 1978 年全国科学大会奖。

1. 初入航天 师从名师

李伯虎跋涉在漫漫求学路上时，中国航天事业正在经历着白手起家的艰苦创业历程。

追溯中国航天的足迹，还要从抗美援朝战争说起。在持续三年的抗美援朝战争中，时任美国总统杜鲁门曾经多次发表言论："我们一直在考虑使用原子弹！" 1952 年 12 月，艾森豪威尔视察朝鲜战场后，对中国发出了警告："我国将会考虑不限制战争所使用的武器……并且不再仅限于朝鲜半岛的敌对行动。"以对中国本土进行核打击作为威胁，企图迫使中国屈服。1953 年，美国又变本加厉，将核弹头运送到了冲绳。面对着美国丧心病狂的核讹诈，中国领导层开始考虑研制自己的原子弹和导弹。

此时，经历了抗美援朝战争和国民经济恢复阶段的新中国，在风雨中艰难前行，百废待兴。尽管如此，党中央、国务院、中央军委高瞻远瞩、审时度势，从国家发展战略的长远角度考虑，也为了建设强大的国防、保卫国家的领土安全、实现祖国的统一，决心要发展我国的国防尖端技术，并毅然做出了"两弹为主，导弹第一"的科学决策。

1956 年 2 月 17 日，冲破重重阻力从美国回到中国的著名科学家钱学森向国务院提交了《建立我国国防航空工业意见书》，全面阐述了发展中国火箭和导弹技术的规划设想。当时，为了保密，钱学森用“国防航空工业”来代表火箭、导弹以及后来的航天事业。《意见书》提出了我国火箭、导弹事业的组织方案、发展计划和一些具体措施，还罗列了可以调来参与这一事业的 21 位高级专家，其中包括任新民、梁守槃、庄逢甘、胡海昌等。

时任中国科学院院长的郭沫若看到这个规划设想以后，诗兴大发，欣然挥毫，题诗一首：

大火无心天外流，望楼几见月当头。
太平洋上风涛险，西子湖畔数风流。
冲破藩篱归故国，参加规划献宏猷。
从兹十二年间事，跨箭相期天际游。

这份《意见书》，得到了党中央、国务院的高度关注。1956 年 3 月 14 日，周恩来总理主持中央军委会议，经研究决定，由周恩来、聂荣臻和钱学森等筹备组建导弹和航空科学研究的领导机构——航空工业委员会。国务院任命聂荣臻为航空工业委员会主任，钱学森等为委员。

1956 年 5 月 10 日，负责此项工作的聂荣臻提出了《建立我国导弹研究工作的初步意见》，建议在航空工业委员会之下设立导弹管理局，由钱学森担任第一副局长兼总工程师；还建议成立导弹研究院，由钱学森担任院长。

这份《初步意见》很快就获得了批准，中共中央总书记邓小平更是表示出高度重视，他给大家吃了一颗“定心丸”：“大家放手去干，成功了，功劳是你们的；失败了，责任由书记处承担。”

1956 年 10 月 8 日，中国第一个导弹研究机构——国防部第五研究院（以下简称“五院”）正式宣告成立。这是我国第一个承担导弹武器研制生产的专门机构，也是一个承载着中华民族的希望和梦想、面临着巨大风险和挑战的研究机构。

这之后，导弹管理局，即“国防部第五局”，在1957年3月并入五院。1957年11月，五院成立两个分院，一分院（即后来的中国运载火箭技术研究院），位于南苑；二分院（即后来的中国航天科工防御技术研究院），位于五棵松西侧的永定路，其主要任务是承担各类导弹武器控制系统的设计工作。两个分院均属部队建制，除试制厂的工人、部分技术人员和工作人员外，分院机关和各设计部的科技人员、工作人员都为现役军人。

1957年11月16日，周恩来总理任命王诤为五院副院长兼二分院院长。12月，二分院根据五院的文件精神，调整组建了12个研究室和1个试制工厂，其中的第四研究室为模拟仿真电子计算机室。1958年3月以后，二分院根据国防部长彭德怀批准的二分院设计任务书，对组织机构先后进行了多次调整，把12个研究室改编为若干设计部，增设了测试处、试验处、计算处等。

在外人看来，二分院是一个充满神秘色彩的大院。每天，这个大院里有数千名军人进进出出，却总是安安静静、来去匆匆，更不见军事训练、操刀弄枪。究竟他们承担着什么任务，外人谁也不知道，一点儿风都不透。即使是在内部，也是讳莫如深，谁干什么，除了少数同事知道之外，其他人之间不准互相打听，就连对家人也不得说起自己的工作。但是大家都清楚，他们正在从事一项伟大的事业，对于增强我国的国防实力具有重要意义。

1960 年至 1961 年是五院快速发展时期，五院急需补充大量的科技人才，充实科研队伍。为了适应任务发展的需要，二分院除了自己举办中等专业技术学校，培养中等技术人才外，还从全国的多所重点高校招收优秀的本科毕业生。

1961 年 7 月，刚走出象牙塔的李伯虎怀着献身航天、为祖国的国防事业贡献力量的梦想，以清华大学优秀毕业生的身份踏进了五院二分院的大门，开始了人生的新里程。

踏进二分院的大门，成为航天大家庭的一员，为富国强军的伟大事业贡献一份力量，李伯虎的心情格外激动。穿上军装，他由衷地感受到了肩上沉甸甸的责任。他暗下决心：一定要在航天这片沃土上，辛勤耕耘，壮志报国。

五院二分院积极响应聂荣臻副总理提出的“大力促进青年人的成长，由专家带徒弟”的号召，从这些新招收的毕业生中选出了数名有培养前途的毕业生到院办学习组学习，由二分院副院长（总工程师）蔡金涛、吴朔平担任老师。这些学生在老师的指导下，边学习边工作，学习有关专业知识，提高业务技术水平，尽快熟悉二分院的任务，然后再到院机关或基层工作。这是当时培养高层次人才的一种尝试。

能到专家身边学习工作，接受专家的谆谆教诲和亲自指导，是很多进入二分院的毕业生梦寐以求的事情。因为在校期间学习成绩优异，而且才华横溢，思路敏捷，李伯虎有幸成为这些幸运者中的一名，被选到院办学习组，师从蔡金涛、吴朔平两位老专家。

蔡金涛和吴朔平是全国知名的无线电专家，在电子通信方面具有很高的学术造诣。五院成立时，他们随单位调进了二分院，先后担任二分院的总工程师及副院长等职务。李伯虎深知，能跟随专家学习，是一个不可多得的学习锻炼机会。

高兴之余，李伯虎还颇为自豪地给远在上海的父母写信，向他们汇报了自己的近况，并表示一定会好好学习、工作，争取早日成为航天事业的骨干。从小就对儿子要求非常严格的李继三，看到儿子已经走上工作岗位，并由专家亲自指导工作，心里有种说不出的高兴，更期待着儿子能用优异的业绩献身航天，报效祖国，服务社会，服务人民。他马上给李伯虎回信，希望他好好向专家学习，当好徒弟，大胆工作，在实践中增长知识、增长才干，并告诫他："要学点真功夫，争取有大作为，千万别翘尾巴"。

父亲的支持、鼓励和期待，令李伯虎深感责任重大。他知道，在自己背后，始终有父母关注的目光，无论如何，也不能辜负父母的期望，一定要好好向老专家学习，刻苦钻研，争取学到更多的知识，为以后的工作打下基础。

走上工作岗位，进入部队，李伯虎的工作和生活都发生了很大改变。以前在学校里，大家都是学生，最重要的任务是读书，每天上课、做作业、去图书馆，业余时间自由活动，一切都是那么自然，那么简单，那么随意。然而，到了五院二分院，一切都不同了。军队建制，承担国防尖端的研制生产任务，各方面要求都很严格，不但生活军事化，而且工作任务非常繁重，保密要求很高，一丝一毫都不能马虎。

从学生到军人，要有一个适应过程。刚出校门参加工作的李伯虎开始时总觉得很受束缚，很不自由。不过，在专家的指导下，向来严于律己的李伯虎没过多久，便习惯了这种军事化的工作生活环境，并且按照院里的各项规定严格要求自己、规范自己的言行。

蔡金涛、吴朔平两位专家都是不折不扣的“严师”，在他们看来，培养年轻人，不仅要教给他们知识、教给他们学习工作的方法，更重要的是要教给他们如何做人，走好人生路，如何在航天事业的大家庭里团结协作、发挥自己的作用。他们给几个学生指定了一大批学习资料，让他们自己学习，不懂就问，同时协助从事一些科研工作。李伯虎和他的同事们也非常争气，他们学习主动、刻苦钻研，从不让老师操心。

为了更好地引导学生，两位老专家严于律己，治学严谨，以自己的实际行

1962年，李伯虎戎装照

动对学生进行言传身教。在李伯虎看来，蔡金涛、吴朔平既是严师，又是慈父，对自己在学习中提出的问题，他们总是耐心解答，直到自己明白为止。从他们身上，李伯虎学到了很多东西，学习了怎样做人，如何做事，这为他后来的成长进步打下了坚实基础。

建院初期，二分院的军品型号研制任务非常紧张，为了完成任务，每个人都竭尽自己的全部力量。大家心里都清楚，当时在美国的支持下，盘踞台湾的蒋介石经常派出侦察机对中国大陆进行骚扰，企图反攻大陆。尽快研制出自己的导弹对于新中国来说实在是太重要了，这是党和国家对五院寄予的厚望，也是保卫祖国领土、实现祖国统一的迫切要求。

然而，创业维艰，要实现从无到有的飞越，何其艰难。由于苏联撕毁协议，撤走专家，给我们的研制工作带来很大困难。而当时国家正处于经济困难时期，不可能拿出很多钱投入国防科研，军队的待遇也很低，大学本科毕业生每月工资只有几十元。尽管如此，谁也没有怨言，大家都以献身国防为己任，以“生在永定路，死在八宝山”的豪言壮语，立志为祖国的国防事业拼搏奉献。

设计部的同志们常常晚上加班加点，夜以继日地工作，即使到了夜里十一二点，办公楼仍然灯火通明。设计部的领导不得不去办公室劝同志们早点下班，回宿舍休息，但科研人员对此却“不予理会”，照样加班。这使李伯虎深受激励，他和学习组的同事也经常加班学习或者研究问题到深夜。

为了尽快研制出我国自己的导弹，国家举全国之力来支持五院的发展。由于三年自然灾害，粮食欠收，城镇居民的粮食都由国家计划供应，军人的粮食定量也不高，每人每月只有 30 斤左右，油和副食品也非常少。在如此艰难的情况下，各大军区纷纷向五院伸出援助之手，为他们送来了“科技豆”“科技油”和“科技肉”等，千方百计为科技人员改善生活，加强营养。

然而，虽然这些承载着全国军民心意的豆、油、肉一批批送来，但是平均到拥有一万多人的二分院，这些东西又显得那么少。李伯虎是 20 多岁的小伙子，正是食欲旺盛、食量大增之时，粮食的不足，副食品的匮乏令他经常饿得肚子“咕咕”叫。蔡金涛和吴朔平两位老师看在眼里，记在心上，虽然自己家里的粮食定量也很少，但却经常分出一些来给自己的学生，给他们补充营养。李伯虎和学习组的同事们都非常感动，心里默默地感谢老师的“雪中送炭”，学习工作的劲头更足了。

李伯虎在院办学习组的学习内容主要是模拟机的有关知识。当时，我国模拟机的研制还处于起步阶段，而且可以用来学习、参考的资料很少。虽然从苏联和法国相继引进了几台模拟计算机，但他们的机器一般规模小，难以适应较大系统的型号仿真。因此，尽快研制出自己的模拟机就成了摆在二分院面前的迫切任务，而尽快培养出模拟机方面的骨干人才更是刻不容缓。

为了使李伯虎他们掌握模拟机的更多知识，参与模拟机的研制，尽快成长为这一领域的骨干，蔡金涛、吴朔平常常带着他们下基层，和技术人员一起学习、一起研究，讨论模拟机研制中的有关问题，共同克服研制过程中遇到的各种困难。看到老师认真工作的劲头儿，李伯虎深受感动，经常自己到基层去，和技术人员一起摸爬滚打，边干边学，在实践中提升自己的能力，为日后参与模拟机的研制工作积累经验。

时间如白驹过隙，倏忽之间，两年多的学习生活很快就过去了。在这两年多的时间里，李伯虎在老师的指导下，把过去学到的书本知识与实际研制工作紧密结合，在实际工作中增长了知识，增长了才干。这时，李伯虎本应和院办学习组几个同事一样，将关系按要求转到院技术处，从事技术管理工作。但李伯虎觉得，留在机关固然不错，但自己更适合在基层，在一线模拟机的研制中发挥作用。因此，他向领导提出到第五设计部参加模拟机研制的请求。领导批准了他的请求，同意他去基层工作。

2. 专业领域 崭露头角

1963 年 12 月，李伯虎满怀信心地来到了二分院第五设计部三室，开始了模拟机研制的新阶段。他期待着，在模拟机研制生产的领域施展才干，做出成绩，无愧于人生。

为了适应型号研制生产的需要，加速二分院计算机专业的发展，第五设计部的体制几经变动。1961 年 12 月，二分院以计算处为基础成立了计算机专业设计部，代号第五设计部，其主要任务是：为五院各型号的研究设计单位提供数值计算和型号系统的模拟仿真服务；为型号研制装备用的计算机。下设五个研究室，其中三室是模拟仿真计算机研究室。1964 年，第五设计部把原来的五个研究室调整为八个研究室，三室变为四室，仍然是模拟仿真计算机研究室，该室的主要任务是调试消化进口的模拟仿真机，并开始研制中国自己的模拟机，进行模拟仿真的实际应用工作。

1964 年 11 月 23 日，为了适应国内外形势发展的需要，加强对高精尖武器研究的组织领导，尽快研制出更多的尖端武器，中共中央、国务院发出了《关于成立第七机械工业部的通知》，决定以五院为基础成立第七机械工业部（简称“七机部”），承担导弹、火箭和卫星的研制生产任务。1965 年 6 月，五院全体军人集体转业，二分院转为七机部第二研究院，主要任务也从研制导弹控制系统转为研制地空导弹，二分院第五设计部改名为二院 706 所。李伯虎也从部队建制时的中尉脱下了军装，转为 706 所的科技人员，虽然身份不再是现役军人了，但工作内容没有丝毫变化。

706 所四室是专门从事军用模拟机研制的研究室，按专业分为：总体组、整机组、线性部件（放大器）组、非线性部件组、伺服系统组、弹上机工程组、预研组、电源组，共 100 多人。该室的科技人员早在 1957 年年末，就按院的要求参加了我国第一台小型电子管计算机（103 机）以及我国第一台大型电子管计算机（104 机）的研制工作；1959 年 6 月，还参加并负责了我国第一台自行设计和研制的大型通用电子计算机 119 机的总体和逻辑设计工作，1964 年该机通过了国家鉴定。参与这些计算机的研制，为后来 706 所独立开展计算机研制积累了经验，培养了人才。

李伯虎作为蔡金涛、吴朔平的学生，在院办学习组时，就重点学习了模拟机研制的有关理论，并参加了研制实践，到研究室后，理所当然地成为了室领导眼中的“种子选手”。前总体组组长调到其他室后，李伯虎被指定为总体组组长，负责模拟机的总体设计工作。这对于初出茅庐的李伯虎来说，既是一次难得的锻炼机会，也是一次严峻的挑战与考验。

第五设计部模拟机研究室在初创时期曾经进行过 50501 模拟样机、FM-8、M1 小型模拟机等的研制，为后来大型模拟机的研制积累了丰富的实践经验。其中 1958 年研制的 50501 模拟样机由于多种原因，存在着运算放大器不稳定等问题，一直不能使用。为了使其发挥更好的作用，四室经所领导同意，决定对 50501 机进行分解，组织技术人员针对其中的放大器、变系数、计时器等部件进行技术改进，提前进行技术储备。李伯虎也参与了这次改进研制工作，通过改进，李伯虎学到了很多知识，为后来进行 M2 机的研制做了充足的准备。

20 世纪 60 年代初，导弹控制系统的模拟仿真主要在苏联进口的 Φэ 模拟机上进行。由于中苏两国之间的矛盾，苏方删减了合同书上所规定的积分器数目并拒绝提供总控制台和自动寻优器，严重制约了控制系统模拟仿真的能力。随着我国自行研制导弹型号任务的增多，二分院领导多次提出应增强系统模拟仿真的能力，加速推进“模拟打靶”的任务。而 Φэ 模拟机已越来越不能满足这些要求了。为此，在二分院副院长吴朔平的领导下，从 1964 年开始，第五设计部展开了 Φэ 仿真机中国化的讨论。在探索新技术、研制新机型的道路上，科研人员的智慧不断碰撞，有人认为 Φэ 模拟机问题多，不能满足型号仿真的需要，必须研制出我们自己的模拟机；有人不赞成，认为原来的机型还能用，不需要改进；还有一些人持怀疑态度，靠我们的技术实力能完成改型吗？不过，在院领导的协调和主导下，大家最终还是形成了统一的认识，积极参与到 Φэ 模拟机的改型工作中。

为了顺利完成 Φэ 模拟机的改型，第五设计部决定成立一个领导小组，负责讨论研究及改造方案的提出，由当时第五设计部政委蔺瑞丰担任组长，由模拟机研究室副主任徐荣昌负责技术抓总，李伯虎被任命为总体组组长。改型后的模拟机被定为 M2 模拟机，这是五院当时确定的首台大型高性能模拟机，受到了部院领导的高度关注。

模拟机研究室的大部分科研人员都像李伯虎一样，是刚参加工作不久的年轻人，有的参加过模拟机的研制，有的虽有理论知识，却没有进行过实践，所以，在工作中遇到不少难题。尽管如此，但他们怀着为国争光的决心，“摸着石头过河”，进行着紧张的探索和技术攻关工作。

1963 年年初，毛主席提出“向雷锋同志学习”的号召，在雷锋精神的鼓舞下，刚刚度过三年自然灾害的中国人民，精神状态发生了巨大变化，建设社会主义的积极性空前高涨。李伯虎和同事们也深受这种氛围的感染，积极发扬“自力更生、艰苦奋斗”的精神，在设计工作中提出了“设计革命化”的口号，以“一次成功、一次验收通过”的高标准来严格要求自己的工作。

1965 年春节刚过，M2 模拟机的研制工作就紧锣密鼓地展开了。上级领导要求在确保质量的前提下，于当年国庆节前生产出两台样机。

作为总体组组长的李伯虎深知，时间紧迫，任务繁重，困难很多。总体组在整个研制工作中处于顶层设计地位，责任更大，任务更重。他们既要有较高的理论水平和较强的策划能力，能够拿出整机的总体方案，还要有较强的组织协调能力，协调各部分之间的关系，接口多，难度大，不允许出现任何闪失。

李伯虎深感自己肩上担子的分量，在工作中从未有过一丝一毫的懈怠。所幸的是，最艰难的技术攻关工作已经进行了一段时间，初期的技术积累基本完成，加之有些部件已经进行了试验，按照要求完成研制还是有可能的。尽管如此，李伯虎仍不敢掉以轻心，在室领导和老同志的指导下，他认真思考设计要求及各种指标，与小组的同事们反复研究，最终提出了总体方案，为整机研制的按时完成创造了条件。

706 所作为我国最早从事计算机研制的单位之一，聚集了一大批来自北京大学、清华大学、北京航空学院、北京工业学院、哈尔滨工业大学等重点大学的优秀毕业生。这些刚走出校门的年轻人都像李伯虎一样，对祖国的航天事业充满了热爱，有志于在这个领域发挥作用，贡献自己的聪明才智。而706所也为他们的发展提供了广阔空间，成为人才成长的摇篮、锻炼的熔炉。后来调军队系统工作并被推荐评选为中国工程院院士的汪成为、何新贵等都曾经在第五设计部及其后的706所工作多年，他们在航天文化的熏陶下，在技术发展的道路上迅速成长。

李伯虎在总体工作中的最大特点是善于思考和分析，敢于挑战前人。他常说："作为总体设计人员，必须站得高、看得远，要分析问题、吃透要求、搞清情况、在顶层设计上下工夫。"他认真分析了Φэ模拟机设计中的问题，大胆提出了整机精度与稳定性设计的新思路，得到了领导和同事的赞成。

李伯虎深知，模拟机是仿真试验的工具和手段，对机器的精度要求极高，没有高精度的模拟机，仿真试验肯定不会准确，必然会给导弹发射带来误差，造成"差之毫厘、失之千里"的严重后果。因此，他在整机设计精度和稳定性方面反复研究，提出了一系列新方法。主要包括，基于Marry-Miller理论，在误差源分类中，增加整机布线、地线及控制系统等误差源。精度方面，提出：一种用二谐振荡器来分配部件及整机部分的静、动态指标的公式；

一种自稳零放大器的振子地影响放大器精度的公式、布线感应公式；一种实用的积分器相移补偿公式。稳定性方面，提出：积分回路反馈线、地线、电源对稳定性影响的各种分析方法、解决措施及一种降低电源动态阻抗要求的观点。按李伯虎提出的思路与方法，在大家的共同努力下，实现了整机精度的提高，并增强了稳定性。

与此同时，李伯虎还与同事们一起，大胆采用了随动系数变系数、自动设计常系数、自动计时、数字变压表等新技术，并突破原有设计，使其功能和效率优于苏联的 Ф э 模拟机。其中，排题板是模拟机中不可缺少的输入输出部件，板面上有上千个单孔插座，后面连接各种计算机部件，通过面板表面插头的编排连接，组成不同的计算内容，在试验中既麻烦又容易出错。为提高编排效率，他们建议采用“活动排题板”，将题目预先编排连接好，然后整体换上，同时研制“平推式插拔结构”，方便插头的连接，实现“零插拔力”的连接方法，减少试验准备时间。他们的这些建议和办法，得到了技术总负责人徐荣昌和有关领导的肯定和支持，在整机的改造中发挥了重要作用。

二分院领导蔡金涛、吴朔平非常关心 M2 模拟机的研制工作，曾多次到现场察看研制进展情况，指导工作，帮助技术人员分析问题，鼓励科研人员克服困难，确保按时完成研制任务。院领导的关心，极大地鼓舞了李伯虎和四室的全体人员，他们加紧工作，边学边干，加快了研制进度。

天道酬勤，经过几个月的艰苦奋斗，M2 模拟机的设计终于在国庆节前如期完成。正当李伯虎为任务的完成而高兴不已时，新的难题又出现了，在调试过程中经常出现干扰杂波，使试验一时难以进行。

李伯虎静下心来，经过仔细分析后发现，电磁波互相干扰、出现杂波，可能是地线问题。在他的带领下，总体组改变了地线设计，问题迎刃而解。干扰杂波消失了，大家都非常高兴，对李伯虎也刮目相看。

1965年，李伯虎在706所工作时留影

在所里有关人员的大力协作下，M2模拟机最终顺利通过了验收，很多人都松了一口气。然而，这只是万里长征的第一步，更艰巨的任务正等待着李伯虎他们去完成。

M2模拟机通过验收后，二分院要求对机器进行定型。领导委任李伯虎为定型机总负责人，并承担四台定型机生产的组织工作。

定型作为研制工作的一个重要环节，同样非常重要，不可轻视。李伯虎非常珍惜这个难得的机会，制定了定型工作的详细计划，精心组织，周密安排，对参与定型人员的工作进行合理分工，落实责任。之后，他和定型组的同事们对M2整机的设计、生产、安装、调试等进行了进一步研究，提出了整机布线及测试方法的新方案，与使用模拟机的研究室合作，用实测数据对机器进行可信性验证，有效加快了定型进度，按时完成了M2 模拟机的定型设计工作。

M2 模拟机的研制工作终于如期完成了，李伯虎如释重负。但他没有满足，四台定型机的生产还需要艰苦努力。按上级要求，定型机的生产在天津电子仪器厂进行。为了保证生产任务的顺利进行，李伯虎率领下厂工作组，到天津向生产厂家详细介绍 M2 模拟机总体设计情况和生产中需注意的问题，使厂里的技术人员和工人掌握 M2 模拟机的生产、安装和调试的基本技术。

在天津，李伯虎每天都要和厂里的技术人员一起，讲图纸，提要求，不厌其烦地为技术人员和工人提出应该注意的问题，得到了技术人员和工人们的一致好评。经过技术人员和工人的共同努力，四台定型机的任务如期完成。

M2 模拟机因为整机性能良好、操作简便，得到了业内的一致认可，并且逐渐成为当时国内模拟仿真试验的主流机型。七机部生产了 12 台，为国内的多个科研单位提供了先进的仿真设备，使他们的科研工作如虎添翼。

M2 模拟机的研制成功，表明我国的模拟机研制技术跨上了新台阶，它的很多指标都优于苏联的 Φэ 模拟机，比如整机精度与稳定性、自动计时、自动设计常系数等，深受使用人员的欢迎，成为当时我国多个航天重点型号任务的主要模拟仿真设备。这种建立在消化基础上的创新，为后来成功研制其他模拟机提供了有益经验，走出了一条成功之路。

706 所的模拟站以及后来的计算站模拟仿真研究室都把 M2 模拟机与法国进口的 NDK-100 联合使用。二院研制生产的多型导弹武器系统都是靠它才完成了模拟仿真任务，它为航天型号的研制生产做出了重要贡献。

1978 年，M2 模拟机获得全国科学大会奖。

李伯虎第一次参加模拟机的研制就出色地完成了任务，这使他在专业技术领域崭露头角，受到各方面的好评。对于一个从事仿真技术研究的科技工作者来说，完整地参加 M2 模拟机的研制、调试、定型、生产的全过程，无疑是一次高效的“练兵”和学习，这次“练兵”和学习为李伯虎后来在系统仿真领域的全面发展奠定了良好的基础。

3. 风暴漩涡 沉着应对

正当李伯虎和他的同事们全身心投入到 M2 模拟机的研制生产中时，大院外面的世界发生了巨大的变化，一场暴风骤雨席卷了中国大陆，所有人都被卷入了历史的巨大漩涡中，人们无助、无奈，更难以掌控自己的命运，只能被时代的洪流裹挟着向前走。

1966 年 6 月，轰轰烈烈的“文化大革命”开始了。对于这场突如其来的“大革命”，人们始料不及，更毫无思想准备。短短几个月的时间，各地就陷入了一片混乱之中，正常的生产、生活秩序被打乱了，各级领导机构瘫痪，国民经济处于崩溃的边缘。

七机部是“文革”的重灾区，群众对立情绪非常严重，很多科研工作处于停顿状态，根本无法正常进行。许多科研人员或主动、或被动地离开了自己一直坚守的工作岗位，投身于“革命”之中。和许多人一样，李伯虎原本直线般平平稳稳的人生轨迹被彻底改变了。

面对这场“大革命”，李伯虎感到迷茫、不解：

李伯虎与陶华结婚前合影

怎么那么多热爱祖国、热爱航天、努力工作、关心员工的老领导都成了“走资派”，那么多有名的专家、学者都成了“反动学术权威”了呢？他怎么也想不通，但又不敢说，只能做不问世事的“逍遥派”。

这一阶段，李伯虎的工作停滞不前，但“失之东隅，收之桑榆”，在家庭方面他却有了巨大的收获——找到了与自己相伴一生的伴侣，结婚成家，完成了人生的一个重大使命。

1967 年 10 月，已经 28 岁的李伯虎与在一院 12 所工作的陶华组建了一个温馨、甜蜜的小家庭，从此有了一个心灵栖息的港湾。陶华也是一位优秀的航天人，她的聪明、漂亮、贤惠，有口皆碑。无论是对工作、对丈夫，还是对家庭，她都满怀着浓浓的热爱与强烈的责任感。作为航天人，她对工作认真负责，爱岗敬业，积极完成组织上交给的各项任务；作为妻子，她心甘情愿地当起了李伯虎的“贤内助”，将家里的大小事务一并承担，打理得井井有条，从无怨言，给了李伯虎一个安宁、无忧的“后院”；作为母亲，她还一手负责孩子的照管和教育，使儿子健康成长，从不让李伯虎操心。俗话说，一个成功的男人背后一定有一个伟大的女人，李伯虎的事业之所以能取得今天的成就，“军功章”上也有陶华的一半。

1967年，李伯虎与陶华结婚照

1968 年年底，根据毛主席的“五七指示”精神，上级要求七机部的技术人员也要到农场进行劳动锻炼，接受工农兵的“再教育”。曾经在院办学习组学习，后来又在 M2 模拟机研制中显露头角的李伯虎，被当成了“修正主义苗子”，理所当然地要去农场劳动锻炼。

1969 年 4 月，李伯虎带着迷茫、依依不舍的心情，离开结婚不到两年的妻子，被下放到安徽全椒南京军区荒草圩军垦农场，接受工农兵“再教育”。他与当时的很多知识分子一样，不得不放弃自己热爱的事业，每天在农场里从事繁重的体力劳动。面对一望无际的田野，李伯虎的内心里充满了无奈。谁也不知道，在这里究竟需要干多长时间，什么时候才能回单位继续工作……在这里，所有的问题都没有答案。

离开北京，离开科研大院，离开自己热爱的航天事业，在农场里从事繁重的体力劳动，对每个知识分子来说都是一场严峻的考验，李伯虎能否闯过这一

1970年，李伯虎（后排右）于安徽全椒荒草圩军垦农场

关？对这个从上海大城市走出来的书生，很多人持怀疑态度，他的爱人陶华更是担心不已。

军垦农场是部队农场，生产的粮食和其他农副产品供部队官兵食用。农场的领导都是部队干部，他们对学员实行军事化管理。每天清晨起床号一吹响，李伯虎就必须马上起床，洗漱完要向毛主席“早请示”后才被允许吃饭。晚上睡觉之前还要雷打不动地进行“晚汇报”。

在安徽，每年春夏之交的梅雨季节常常一连许多天都是阴雨蒙蒙，夏季气温高，冬天又很冷，宿舍没有暖气，北方人很难适应，即使是出生在南方的李伯虎也很不习惯。但是农活可不会因为天气不好就不干，再冷再热也不能耽误农时。作为到农场接受“再教育”的知识分子，谁也不敢偷懒，咬牙也要坚持。

种植水稻，即使对干惯了农活的农民来说，也是一种重体力劳动，那些很少从事体力劳动的知识分子更是吃不消。从水田的整理、育秧、插秧、施肥，到喷洒农药，再到收割，每一个环节都要消耗很多体力，令人疲乏不已。尤其是插秧，弯腰弓背，一天下来，常常把人累得腰酸背痛。还有施肥，完全靠人挑肩扛，走在窄窄的田埂上，稍不小心就可能摔倒。李伯虎从没有干过这样的农活，一天下来，累得吃不下饭、睡不好觉，回到宿舍就想躺下休息。

日复一日，早出晚归，没有希望，没有前途，这样的生活让李伯虎感觉到迷茫，只有早日回到北京的信念还在支撑着他苦熬，使他将放弃的念头一次又一次扼杀在萌芽之中。

既然无法摆脱现实的残酷，与其逃避，不如适应。渐渐地，李伯虎开始调整自己的心态，让自己重新变得积极起来。他深知，既然来了，不干也得干，跑不了，也躲不过，何不好好干呢？即使是身处农场，他也没有降低对自己的要求。“不做则已，要做就做到最好”，凭着这样的信念，他严格遵守农场的劳动纪律，在劳动中表现突出，苦活脏活带头干，得到了大家的一致好评，连续两年被农场评为“五好战士”。这样的表现，令很多同事刮目相看，有的同事在背地里议论说：“没想到李伯虎这小子这么能吃苦。”

除了积极劳动外，李伯虎还非常关心集体、关心农民。有一次，安徽全椒地区突降大雨，洪水泛滥，低洼地段顿时成了一片汪洋。农场周边的农民

1970年，李伯虎在安徽全椒荒草圩军垦农场

为了转移家中的物品，纷纷用木料、门板等扎成木筏，把家里的吃穿等用品转移到高处安全的地方。在物质匮乏的年代，这些东西就是农民的全部家当，也是他们生活的希望。

同去农场锻炼的很多同事都是“旱鸭子”，不识水性，只能眼睁睁地看着农民们艰难地转移物品。李伯虎看在眼里，急在心头。他发挥游泳专长，招呼会游泳的同事一起游到农民的木筏边上，一边游泳、一边用手推木筏，往返多次，帮助农民把东西运往高处。最后，农民的财产得到了保护。

李伯虎和一起下放的同事们不顾个人安危，帮助农民转移物品的行为，得到了当地生产大队的高度评价和农民们的交口称赞。

上海离安徽不算很远，但李伯虎却不能回家看望父母。有一次，妹妹李绿漪带着父母的嘱托专程从上海来看他，给他带来吃的、穿的。李伯虎看着父母托妹妹带来的吃穿用品，想到自己不但不能回家陪伴父母，还让父母操心，内心愧疚不已。但在下放锻炼的情况下，他也只能通过妹妹转达对父母双亲的殷切问候和怀念之情。

在农场期间，按照上级规定，所有的专业书籍都不准看。但李伯虎很想读书，于是他想了一个聪明的办法——买了本英文版的《毛主席语录》，这样既复习了英语，又巧妙地避开了当时的规定。白天没时间，他就利用晚上的休息时间看，熄灯以后还打着手电筒在被窝里学习。有人私下里劝他："现在这种形势下你还敢学英语呀，你不怕被批判吗？"李伯虎笑着说："我是学习毛主席语录，为将来向全世界宣传毛泽东思想做准备呀！"这样有理有据而又无可挑剔的话，谁又能反对呢？正是凭着这样一种执着、认真的劲头儿，在两年的农场生活里，李伯虎不但没有荒废时间，而且提高了自己的英语水平，为后来的出国进修打下了基础。

风暴漩涡里的历练，使李伯虎的心志得到了锻炼，在以后的科研工作中，即使再苦、再累，他也毫不畏惧。在李伯虎眼中，苦难虽然可怕，但如果把它当成磨刀石，苦难也没有什么了不起。他说："农场劳动虽然很苦很累，但它锻炼了我们的思想，锤炼了我们的意志，对于我们科技人员来说也是难得的一课，科技攻关不是也需要吃苦耐劳的精神吗？"

1971 年春天，由于型号研制的需要，二院需要研制大型数模混合计算机，急需一批技术骨干，李伯虎幸运地被调回 706 所，离开军垦农场回到了北

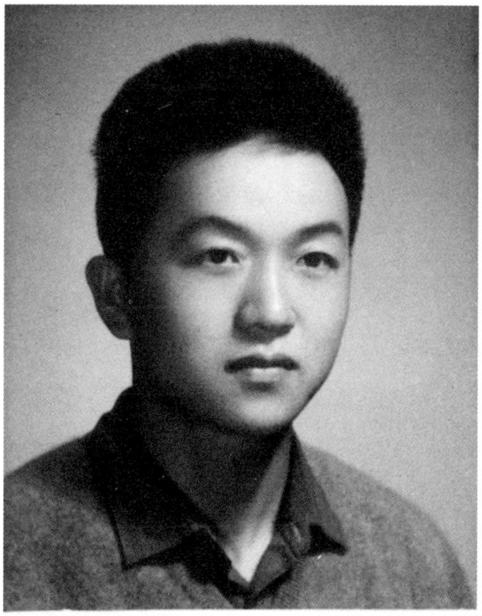

1970年，李伯虎从军垦农场休假回上海

京，奔赴天津参加“大会战”。

等待他的，将是一场新的战斗和考验。

4. 天津会战 忘我工作

四月，乍暖还寒、草长莺飞的时节，李伯虎回到了阔别已久的北京。在他的眼中，北京的春景是如此迷人：蔚蓝的天空中，鸟儿在自由自在地飞翔；鹅黄色的嫩柳在冰雪初融的昆玉河畔垂下了丝绦；被春光吻过的一朵朵娇嫩的花蕾，悄悄在枝头含苞待放……一切都是那么美，到处都是春意盎然、充满活力。身处其中，李伯虎也不由自主地深受感染，感觉自己将要迎来一次新生。

然而，春景虽美，却不能一直将目光滞于其中。北京并不是李伯虎此行的目的地，他的终点是天津，在那里等待他的，是一次异常艰巨的任务——晶体管大型数模混合计算机 M6 的研制。

在此之前，为了满足国防科委基地对地空导弹试验和部队训练的需要，1965 年到 1971 年，706 所四室曾努力克服“文化大革命”造成的影响，先后完成了 M3 和 M4 专用模拟机的研制，为部队减少了引进靶机的数量以及空军飞行训练的消耗，在满足部队迫切需求的同时，也使模拟机研制队伍得到了一次又一次的锻炼。

完成 M2 模拟机以后，为了更好地适应大型系统仿真的需要，706 所开始酝酿 60 阶的大型模拟机 M5 的研制。经过领导和技术人员的多方调查研究和方案论证，初步确定了 M5 的配置和技术指标，这些技术指标比之前研制的 M2、M3、M4 都有了很大的提高。为了实现这些技术指标，科研人员们全身心投入到了 M5 的各项研制准备工作中。

20 世纪 60 年代初期，毛泽东主席从战略防御角度出发，为了打破美苏的核垄断，提出要搞些防御武器。之后，党中央、国务院以及国家有关部门对防御任务的研制生产进行了一系列部署。1969 年 8 月，周恩来总理批示同意调整后的七机部二院可承担防御任务的研制工作。其后，根据上级批准的体制调整方案，二院正式组建成防御任务的总体研究院，开始集中力量对防御系统展开攻关。

为了解决防御系统的相控阵雷达等设备的研制

问题，1970 年二季度，国务院、中央军委批准了天津市和七机部关于协作会战的有关方案。据此，以精密跟踪相控阵雷达、导弹发射架、控制指挥用数字计算机、模拟机等多个项目为主要任务的“天津会战”开始了。参加单位有天津市七个工业局的 120 多个工厂和七机部二院等有关单位。M5 大型模拟机也在会战项目之中。

然而，M5 领导小组和技术人员经过反复研究，认为原先确定的 M5 大型模拟机存在着一些局限性与不足，比如逻辑性能不强、运算精度低等，无法满足防御型号仿真试验任务的需要。

706 所与天津电子仪器厂经过认真讨论，最终决定放弃 M5 大型模拟机的方案，改为研制大型数字 / 模拟混合计算机 M6，这一方案得到了军方和部院领导的批准，M6 机被定为国防科委某新型号试验基地的大型数模混合计算机。M6 机就是在这样的背景下开始研制的。

作为国内首台晶体管大型数模混合机，M6 机的研制任务之繁重、艰难可想而知。当时最为缺少的就是数模混合机研制的技术骨干。因此，领导自然而然地想到了在 M2 模拟机研制中的总体组组长、正在下放农场锻炼的李伯虎，把他抽调回来，参加这一项目的研制。

怀着对未来的憧憬和向往，回到北京的李伯虎没来得及好好休整，就风尘仆仆地奔赴天津，参加到“天津会战”之中，加入到国内首台晶体管大型数模混合机 M6 机的研制行列。

既然是会战，不仅参与的单位和人员多，而且还有一个突出的特点，那就是时间紧、任务重。为了如期完成这个艰巨的任务，科研人员需要连续作战，加班加点，日以继夜地工作，即使是每周唯一的休息时间——星期天，他们也很少休息，偌大的宿舍楼里经常空无一人。

虽然身体疲惫，几近透支，但李伯虎始终没有怨言，他心里想的全都是如何尽快攻克难关、完成任务，拿出合格的M6机，为巩固国防贡献自己的力量。

20世纪70年代，国际上的混合仿真技术发展很快，美国和苏联的许多导弹研制都采用了混合仿真的方法。为了满足新一代航天复杂仿真试验任务的需要，尽快研制出我国的数模混合计算机已迫在眉睫。M6大型数模混合机，以电子开关控制的模拟电路构成的求和器、积分器及非线性运算器等为基本部件，加入采用数字电路实现的时序、逻辑等运算与控制部件，并要求采用当时国际上比较先进的晶体管来实现。从电子管模拟机技术向晶体管数模混合计算机技术迈进是计算机仿真技术发展的一个新飞跃，技术要求高，难度大。由于西方和苏联都对我国实行技术封锁，M6机的研制没有样机可供参照，资料也非常少，李伯虎和同事们只能靠自力更生来完成。

M6机包括四大分系统。即：晶体管模拟部件系统、自动寻优机系统、坐标转换系统以及AD/DA转换系统。其中，在混合模拟机上自动实现参数、曲线、统计寻优尚无先例，是M6机的突出亮点，也是研制中的技术难点。谁来负责这一工作？室领导经过认真考虑，认为李伯虎是最为合适的人选。因此，李伯虎成为M6机中自动寻优机系统研制的技术负责人之一。

接到这一任务，李伯虎感受到了组织对他沉甸甸的信任，内心顿时涌起了一股力量。他信心满满，相信在大家的支持下一定能按时完成任务。然而，组里的同志们却替他捏了一把汗，因为大家心里都清楚，这个任务很难。

李伯虎负责自动寻优技术攻关后，查阅了尽可能搜集到的资料，参考了国内外的寻优算法，经过认真分析、论证，找到了设计的关键，提出了采用多种寻优算法，并用数字逻辑部件与电子开关控制的模拟部件混合来实现动力学系统参数、曲线、统计自动寻优的技术方案。通过分析论证，经整个研制团队认真讨论，该方案获得一致同意，也得到了领导的认可。

虽然思路是对的，但在实际工作中仍然存在着很多困难：如何实现自动寻优，把设计问题变为优化问题，通过自动调试达到最优点？为了解决这个问题，李伯虎进行了无数次的推理和演算，多少个日日夜夜，他辗转难眠。究竟如何实现自动寻优的突破呢？

苍天不负有心人，最终，他找到了切入点，找到了在混合模拟机上实现自动寻优的方案。他提出把等式、不等式、等式终端三种限制条件，统一处理成等式终端绝对值限制条件之和。当任一条件不满足时，使用对限制条件寻优的方法使之返回到满足。引入非线性比例尺，以提高寻优精度。基于参数寻优程序，加进混合式函数线性插值可编程序，实现了在混合模拟机上全自动函数（时间、非时间）寻优。在上述基础上加进统计处理所需要的可编程序，实现了全自动统计寻优，达到了设计指标，突破了 M6 机中自动寻优机系统研制的关键。

虽然时间紧、任务重，但参加“会战”的每个人心中都憋着一股劲儿，“一定要成功，为祖国争光”这句话成为科技人员的座右铭！大家常常夜以继日、废寝忘食地工作，连续作战，先后攻克了一个又一个技术难关，只为早日完成研制任务。

当时李伯虎的宿舍并不在电子仪器厂里，而是离厂区好几里地，每天都要来回跑，很是辛苦，但他却毫无怨言，乐观面对。多少个夜深人静的夜晚，机房里灯火通明，李伯虎仍在和同事们为设计方案反复讨论和计算；多少个酷暑难耐的夏日，他们挤在狭小的机房里进行焊接、测试，蚊叮虫咬，汗流浃背，却从未抱怨过。

参加“天津会战”，李伯虎不得不与妻子两地分居。北京到天津相距100多公里，返回北京一次需要好几个小时，而组织上考虑到技术攻关的需求，也不允许参加“会战”的人员频繁回北京。而且每周一天的休息时间也常常要加班。所以，李伯虎很长时间才能回一次家。

这时的陶华已经身怀六甲，孤身一人留在北京，无人照料，既要坚持上班，还要照顾自己，生活非常艰难。她多么希望丈夫能够留在自己身边，帮自己烧水、做饭呀。但是，作为航天人的一员，陶华理解丈夫的工作，航天人有哪一个不是一切以国家利益为重呢？为了祖国的国防事业，即使再难，也不能拖丈夫的后腿，只能想办法克服困难，自己照顾自己。其实，此时远在天津的李伯虎又何尝不挂念自己怀孕的妻子？可是国为重，家为轻，他只能将自己的全部心思放到M6机的研制中。不过，虽然工作很忙，但只要组织同意，他就会回家探望妻子，尽一份做丈夫的责任。

1971年年底，他们的儿子即将来到这个世界。

可是，M6 机的研制也进入了关键的攻坚阶段，李伯虎无法回北京照顾妻子。无奈之下，陶华只好回到天津的娘家分娩。产假过后，因为北京没有人帮助照看孩子，陶华和李伯虎商量，把儿子放在天津姥姥家看护，陶华只身回到北京工作。初为人父的李伯虎又增加了一份牵挂，既想念远在北京的妻子，又常常挂念幼小的儿子，难啊！

李伯虎虽然身在天津，但也不能每天回去看望儿子。有一次，儿子发烧到 40 摄氏度，姥姥无计可施，急得团团转。在这样紧急的情况下，李伯虎不得已才向组织请假，回去带儿子到医院看病。看着儿子烧得发红的小脸蛋，李伯虎的心中满是愧疚。可是，有什么办法呢？航天人的责任、航天人的使命，注定了参加航天事业的每一个人都必须把“国家利益高于一切”作为自己行动的最高准则。

后来，由于“天津会战”暴露出很多问题，如组织工作比较混乱，单位之间协调十分困难，为了便于工作、尽快完成研制任务，1973 年年底，经过上级领导同意，在完成 M6 大型数模混合计算机部件的研制即第一期工程任务后，还没有组装的 M6 机被运回了北京，在二院 706 所机房进行总装测试，李伯虎和其他参加模拟机会战的人员也都陆续撤回了北京。“天津会战”的其他项目仍在进行，直到 1979 年 8 月经上级批准，“天津会战”宣告结束。

在 706 所的机房里组装 M6 机，并不像想象的那么轻松。上级要求尽快完成组装调试交部队使用，二院领导常常到现场了解情况、指导工作，有关领导几乎每天都到现场，和技术人员一起加班加点。回到北京后，科技人员虽然每天可以回家吃住了，但加班仍然是家常便饭。李伯虎也是如此，每天一大早他就来到机房，一干就是八九个小时，有时连中午饭都忘了吃，一直到肚子饿得“咕咕”叫，他才想起来自己一整天粒米未进。就这样，大家废寝忘食、连续作战，经过半年多的努力，终于按总体要求完成了 M6 大型数模混合机的装配工作。

在调试和测试过程中，困难依然层出不穷，任务相当繁重。李伯虎和同事们同心协力，先后攻克了各类电子开关控制的模拟部件动态精度，及模拟部件状态瞬间变换时数字部件的干扰等一道道难关，边实验、边调试，经过两年多的艰苦奋斗，终于达到了设计要求。1976年6月，作为“天津会战”主要成果之一的国内首台大型数模混合机M6研制成功。经鉴定，达到设计指标，满足部队使用要求，于1977年6月交付国防科委某试验基地使用。

1978年，M6大型数模混合机获得了全国科学大会奖。

自20世纪60年代以来，706所模拟机研究室在航天系统率先建立起中国计算机系统仿真学科，70年代成为全国系统仿真学科的积极参与者和带头者之一。李伯虎作为M2模拟机以及M6大型数模仿真机中自动寻优机系统研制的主要参与者，在整个研制过程中，对系统仿真学科的建立产生了浓厚的兴趣，这为他后来成为我国系统仿真界的佼佼者奠定了基础。

1978年12月，党的十一届三中全会胜利召开。这次具有重大历史意义的大会，确定把党的工作重点转到经济建设上来，实行改革开放的总方针，使中国开始了改革开放的新里程。这次大会确定的路线方针政策不但改变了中国的命运，也为航天事业的发展带来了新的生机，同时也使李伯虎的人生道路发生了根本变化，为李伯虎后来的发展开拓了广阔前景。

1979 年 3 月，由于种种原因，706 所撤销了模拟机研究室建制。室里的人员有的调动到数字计算机研究室，少数人离开了 706 所。此时，摆在李伯虎面前的是一个艰难的抉择：以后干什么？

未来再次变得扑朔迷离，他会做出何种选择？

5. 兵头将尾 责任重大

在 M2 模拟机和 M6 大型数模混合机的研制中，李伯虎除了在技术水平上有了长足进步外，他的组织管理能力也有很大提高，特别是顶层策划设计能力、组织协调能力也经受了锻炼，得到了上上下下的认同。

担任总体组组长，使李伯虎得到了一个难得的锻炼机会。航天型号研制是一项大的系统工程，每一个新型导弹武器的研制，都需要无数协作单位的共同努力，每一个型号的成功都凝聚着千千万万航天人的心血。因此，团结协作、刻苦攻关、顾全大局、无私奉献是航天人必须具有的品质。担任总体组组长的李伯虎深知：工程组[①]虽小，在航天大家庭中只是一个小小的细胞，但它却是航天事业大系统中不可缺少的一部分，型号的各种任务需要在这里组织完成，技术难题需要在这里组织攻关，上级领导的各种指示需要在这里落实，哪一项任务都离不开工程组。作为小组长虽然算不上什么“官”，但作为兵头将尾，责任重大，关系全局，能否按时完成任务，关系全室、全所、甚至整个型号。他还常说：“工程组人虽少，但是却是一个难得的舞台，对于锻炼人的策划能力、组织能力、团结协调能力都有很大帮助。”李伯虎说的这些话不无道理，许多知名专家在回

① 工程组是航天系统最基层的研究单元，负责不同的研究方向，总体组是负责总体工作的工程组。

顾人生经历时，都谈到在工程组组长岗位上的经历对自己成长进步发挥的作用。

技术人员的成长进步需要多方面的实践锻炼，工程组组长（或课题组组长）这一岗位，在李伯虎人生的历练中是重要的一环。在这里，李伯虎学到了很多书本上学不到的东西，每天从事的科研课题、技术攻关、质量保证、安全生产、团结协作等，遇到的问题最多、对人的锻炼也最大。

工程组虽然人数不多，但要带好这一班人也很不容易。李伯虎认为，要当好组长首先要严格要求自己，处处都要起模范带头作用。“正人先正己，打铁先得自身硬，要求别人做到的，自己必须首先做到。”他是这样说的，也是这样做的。他带头遵守各项规章制度，无论在北京还是在天津，不论是赤日炎炎的酷夏，还是滴水成冰的寒冬，李伯虎很少迟到早退。孩子的接送、学习，家中买菜、做饭，亲朋好友来北京，等等，他都无暇顾及，家里的大小事务都交给了爱人陶华承担。北京的名胜古迹比较多，但李伯虎很少陪爱人、孩子去游玩，一心只想着工作。对于李伯虎的这些表现，陶华也早已习以为常：“他没时间干，我就干呗。”

李伯虎对自己严格要求的行为，小组的同志看在眼里、记在心里，默默地向他学习。在他的带动下，小组的其他同志都能严格要求自己，自觉遵守所里的各项规章制度。他这种长期养成的良好习惯，从没有改变，即使后来担任了204 所所长、二院科技委常务副主任等职务，在他人看来已经是不小的“官”了，但他仍然是这样，从不放松对自己的要求。

李伯虎不但对自己要求很严，在小组管理上，也非常严格。在航天系统，特别倡导“三老四严”的工作作风，要求每个人都要做到“严慎细实”，一丝不苟。李伯虎认为，这些要求在组里必须严格落实，作为科技工作者不容许有半点儿差错，只有严格要求、认认真真，才能设计出高质量的产品，任何工作上的粗心大意，都有可能给国家造成巨大的损失。他对组内同志的要求是：工作之前想清思路，工作过程中认真细致，完成之后认真检查，每天都要回忆一天的工作，想想还有什么问题。他的这些要求，开始有的人觉得不习惯，认为太麻烦、太繁琐，久而久之，大家也都习以为常了，都能坚持下来。

李伯虎最大的特点是尊重人，关心人，能听取各种不同的意见，作风民主，即使是反对他的意见，他也认真听取。他常说：“在科学探索的道路上，没有哪一个人是一贯正确的，每个同志都有自己的长处，对于技术问题有各种不同的看法是完全正常的，可以从不同意见中吸取有益的东西。”在 M2 机和 M6 机的研制中，他就是在听取不同意见中，不断完善自己的方案，最后达到最佳设计效果的。

李伯虎对同志的关心和爱护，组里的同志也是深有体会。同志有缺点他不轻易批评，总是先从自己身上找原因。他经常说：“人无完人，每个人都难免有缺点错误，只要能够认识，注意改正就好，不要揪住别人的缺点不放。”李伯虎对自己的事关心很少，但对同志他却处处关心。他经常嘱咐组里的同志：“家里有事，一定要告诉我，我一定尽力帮助，京外来人，要热情接待，不要怠慢。”有一次，组里的一位同志孩子生病，需要住院。当时研制任务正处于紧张阶段，他不好意思请假，李伯虎就“强迫”他回家去看望孩子，配合医生尽快把孩子的病治好。后来，这位同志非常感动地说："伯虎不关心自己的事，却处处关心我们。我们没有理由不做好工作。"

在技术上，李伯虎坚持不断学习新技术，探索新领域。在他看来，中国的技术水平与国际先进水平还有差距，必须刻苦钻研，边干边学，才能不断提高自己，研制出高水平的计算机。他在清华大学读书时是学校的排球队员，酷爱排球运动，但参加工作以后，他却很少打排球，业余时间基本上都被看书、翻阅国内外资料占用了。他把及时掌握国内外同行的新观点、新理论、新动向作为自己的目标，孜孜不倦，常常学到深夜。李伯虎酷爱学习的这一习惯，使他终生受益，他之所以能在系统仿真及制造业信息化领域不断取得新突破，与他坚持看书学习是分不开的。

他不仅自己学习，还要求大家也多看书，多查资料，带着问题读书，不断充实提高自己的业务技术水平。他还经常带领小组的同志一起学习，研究问题。在李伯虎的组织下，组内形成了读书学习、研究问题的良好风气。

在科研单位，有些知识分子思想难免有些保守，生怕自己的研究成果被别人知道，超越自己。而李伯虎常说："作为科技工作者，要有宽广的胸怀和海纳百川的精神，让别人知道你的研究成果，丝毫没有害处，只能对自己有帮助，既可以听取各种不同意见，也是促进自己继续学习的动力。”他经常把自己的研究成果、想法等毫无保留地和同志们分享，让大家出主意，想办法，完善自己的思路，在探讨中学习，在研究中提高。在他的带领下，小组里的学习、探讨、交流的氛围很浓，同事之间的关系都很融洽。很多人都庆幸自己能在李伯虎小组工作，因为在他的带领下可以学到很多新知识、新东西。

在完成任务方面，李伯虎从来都是勇挑重担，敢啃硬骨头，总是把最难的工作留给自己，带领同事们一起攻关。他认为，航天事业是千千万万人共同奋斗的事业，只靠少数人是不行的，只有靠大家的共同努力、团结协作才能完成。所以，在那些共同工作的岁月里，李伯虎始终以自己的行动带动和团结全组人共同为完成上级交给的各项任务，忘我工作，刻苦攻关，拼搏奉献，在航天事业的征途上，默默地耕耘。

和李伯虎一起工作的同志在评价他时，都说：“李伯虎具有儒将风度，虽然只是工程组组长，但他的思路清晰，技术水平高，全局性强，具有统领学术领域的才能。”至今，很多人仍然怀念与李伯虎一起工作时的那段难忘岁月。

李伯虎

李伯虎院士传记

Academician Li Bohu's Biography

第三章

负笈海外学归来

李伯虎怀着一颗拳拳报国之心回到了祖国，他带回了在海外学到的先进知识，而迎接他的——彼时的中国科技界——则是刚刚走出蛰伏期，亟待发展。

1. 惜别家人 远渡重洋

时间的齿轮从未停止转动，转眼间，就进入了20世纪80年代。此时的李伯虎已经进入了不惑之年，在航天领域，他摸爬滚打了近20年，已经成为了706所的技术骨干，在业内小有名气。他虽然经历了很多坎坷、挫折，但最艰难的时刻已经过去，生活和工作逐渐进入了波澜不惊的阶段。原本，李伯虎以为日子将会这样平平淡淡地继续下去，然而，706所模拟机研究室的撤销，却如同一声惊雷，打破了他平静的生活。

面对着这突如其来的变故，李伯虎开始也有些茫然，然而，峰回路转，新的机会摆在了李伯虎面前，上级决定派少数技术骨干作为访问学者去美国进修。虽然李伯虎也想过出国，但他不敢抱有希望：自己在技术方面虽然大有长进，在模拟机研制中表现还可以，但自己的出身行吗，领导能派自己去吗？

20世纪80年代，不论是中国还是世界，都处于大变革时期。尤其是在国内，党的十一届三中全会做出了改革开放的重大决策以后，人们的思想观念、生活方式都在不知不觉中发生着深刻的变化。不论你愿意不愿意，自觉不自觉，改革开放的洪流正在冲击着社会生活的各个方面，从农村开始的家庭联产承包责任制到城市的经济体制改革，正改变着人们的思想观念，长期被计划经济体制束缚的人们正被改革开放的洪流推动着向前发展。

高考制度的恢复，为青年知识分子的发展开辟了广阔前景。全国科技大会的召开，吹响了向科技进军的号角。国际上，知识经济的发展步伐逐步加快，经济的竞争、知识的竞争、综合国力的竞争愈演愈烈。

然而，怎样才能让科技迅猛发展呢？首先需要大量的人才。可是，在那个年代，人才是最稀缺的资源。持续十年的“文化大革命”，对教育、科学、文化的破坏非常严重，影响极为深远。很多知识分子受到迫害，学校停课，文化园地荒芜，许多科研机构也被撤销，由此出现的“文化断层”“科技断层”“人才断层”，一时难以改变。对此，中央领导忧心忡忡。1977 年，邓小平在一次谈话中说：“我们要实现现代化，关键是科学技术要能上去。发展科学技术，不抓教育不行。靠空讲不能实现现代化，必须有知识，有人才。没有知识，没有人才，怎么上得去？科学技术这么落后怎么行？”

为了改变这种青黄不接的“断层”现象，1978 年，中央做出了扩大派遣留学生的重要部署，鼓励人们走出去，学习西方发达国家先进的科学技术，以此培养一大批掌握高科技的骨干人才。1978 年 6 月 23 日，邓小平在听取清华大学的工作汇报时明确指出：“我赞成留学生的数量增大。”“要成千成万地派，不是只派十个八个。”“这是五年内快见成效，提高我国科教水平的重要方法之一。”“要千方百计加快步伐，路子要越走越宽。”

在邓小平的指示下，我国政府以前所未有的开放姿态，利用各种渠道筹集留学经费，同时制定多种政策法规，通过公派或自费出国留学、出国进修或劳务派遣等多种形式，培养人才。1979 年，中美两国正式建交，太平洋东西两岸两个大国的两只手终于握在了一起，这也为中国向美国学习先进科学技术打开了一扇广阔的大门。一批批青年知识分子远渡重洋，一股前所未有的留学大潮由此掀起。

中央也在此际下发了相关文件，希望各单位选派优秀人员出国深造。李伯虎在 M2 模拟机和 M6 数模混合机研制中表现突出，自然成为单位领导选派出国人员的首选。706 所时任所长张梓昌郑重地找他谈话，询问他是否愿意出国留学，学习国外先进科学知识，回来报效祖国。

由于公派出国进修刚刚开始，且人数很少，所以在选拔上有一套严格程序，首先要经过组织推荐、之后参加政审和资格考试，最后报上级批准。李伯虎虽然也想出国进修，但又担心自己的出身，所以没有及时答复所长。

政审对于李伯虎来说，是一个不小的难关。虽然他在清华大学一直是“三好学生”，在单位也表现出色，始终孜孜不倦地为祖国的航天事业做着自己的贡献，但是，他却有一个致命的“短板”——出身不好，这使他出国留学的前途变得叵测起来。

多年来在以“阶级斗争为纲”的思想指导下，一大批所谓出身有“问题”的人被列入另类，入党、提干、升学、出国等都受到影响。党的十一届三中全会后，党中央开始拨乱反正，平反了一系列冤假错案，为右派摘帽，使一大批人在政治上获得新生，极大地调动了他们投身于社会主义现代化建设的积极性。

但是，由于“左”的思想在一些人的头脑中没有肃清，在组织上讨论李伯虎出国问题时，仍然有人抓住李伯虎的出身不放，认为他的出身有点问题，建议派别人。虽然张所长认为，李伯虎的出身没有什么大问题，且党中央正在拨乱反正，李伯虎本人热爱航天事业，思想表现好，工作积极肯干，业务技术水平高，英语水平相对比较好，应该给他这个机会，将他作为出国预备人选。然而，上级组织的有关人员也认为不推荐李伯虎出国学习为好。706 所领导得知这件事后，为李伯虎鸣不平，所长专门向上级组织据理力争，最终获得了上级的同意。李伯虎通过了政审，得到了宝贵的推荐机会。

政审通过之后，接下来就要对推荐对象进行技术水平考察。按上级要求，出国进修人员必须具有较高的业务技术水平，学习能力强，综合素质比较好。在公派出国“百里挑一”的年代，这些要求一点儿也不过分，如果派出学习的人缺乏足够的业务技术素质，最终达不到预期的学习目的，既浪费了国家的资金，也给单位造成不必要的损失。李伯虎在 706 所工作的十几年时间里，工作能力和技术水平已得到充分体现，有目共睹，因此，技术考察这一关，也顺利通过了。

过五关斩六将，历尽千辛万苦之后，李伯虎终于获得了参加考试的资格。当时的考试，就是对英语水平的考试，这对李伯虎来说也不是问题。英语一直是他的强项，他从小就在私立学校位育小学接受了良好的英语教育，走上工作岗位后也从未放弃英语学习，即使是在军垦农场下放锻炼的艰苦岁月里，他也不忘读英文版的《毛主席语录》，所以，最后他以较好的成绩通过了英语考试。

从政审，到技术考察，再到英语考试，一步步走来，李伯虎的心情就像坐过山车一样，一会儿跌进最低谷，一会儿被抛上最高点，悲喜交加、跌宕起伏。如今，出国进修几乎铁板钉钉，他的心终于从嗓子眼落回了肚子里，剩下的只有兴奋之情和对未来的期待。

可是，在高兴之余，他的心头又涌起了一丝愧疚、一丝担忧：年过四十，家里上有老下有小。父母日益衰老，身体不复往日的强健，尤其父亲的眼睛不好，经常三天两头地往医院跑。孩子正是调皮的年龄，不但需要照顾好衣食住行，更需要时刻教育、提醒。自己这一走就是好几年，沉重的家庭负担全部落到了妻子陶华的肩上，老老少少都需要她去照顾。她瘦弱的肩膀能否撑得起这个家？作为家里的顶梁柱，自己做出这样的决定，是不是太不负责任了？

令他没想到的是，妻子陶华得知了他要出国深造的消息之后，不但没有埋怨他，反而全力支持他的决定。为了帮李伯虎排解心中的忧虑与内疚，陶华对他说："伯虎，这是一个好机会，你一定要抓住。不要为家里的事担心，放心吧，一切都有我，你就一心一意去深造吧。"陶华的支持令李伯虎感动不已，暗自庆幸自己有这样一个通情达理、顾全大局的妻子。

父母听说这个好消息后，也为李伯虎感到欣慰。李继三和妻子都是深明大义的人，在他们看来，儿子能去美国学习先进科学技术，这是难得的机会，学成归来报效祖国，就是最大的孝顺。他们马上写信鼓励李伯虎安心去美国学习。

来自妻子、父母的支持为李伯虎提供了坚实的后盾。生活在这样的家庭中，

1980年，李伯虎（右一）在密歇根大学校园内

何其幸哉？临走之前，李伯虎的心里一直充满了对家人的感激，感激父母对自己事业的莫大支持，感激妻子对自己的无私奉献。

1980 年 1 月，李伯虎怀着对祖国航天事业的热爱，怀着对未来生活的向往，肩负着国家和人民的期望，走出国门，远渡重洋，来到位于太平洋彼岸的美国进修，踏上了人生道路的新起点。

2. 拜谒名师 涉足仿真

当李伯虎第一次踏上美国的土地时，首先映入他眼帘的，是此起彼伏的高楼大厦、纵横交错的马路宽街、满街奔驰的汽车以及熙熙攘攘的人流。这里的一切都与中国不一样，面对着陌生的环境，看着一张张金发碧眼的面孔，初来乍到的李伯虎感到非常不适应。

远离了亲人朋友，身处异国他乡，孤独就像不知藏匿在哪个角落里的小虫子一样，时不时地爬出来，噬咬着李伯虎的灵魂。尽管如此，他也没有成为它的“俘虏”，更没有向陌生的环境举手投降。李伯虎牢牢记住，自己之所以来到这里，是为了学习先进技术，是为了报效祖国。在他留学的这几年时间里，这种信念一直支撑着他，使他在孤独的环境里依旧自强不息。

在美国，李伯虎就读的是密歇根大学。这是一所创建于 1817 年的百年老校，是美国历史上最悠久的公立大学之一，在国际上享有盛誉。无论是学术地位、教学资源还是学生素质，密歇根大学都是美国州立大学的翘楚。作为美国的“学术重镇”，密歇根大学还拥有浓厚的学术气氛、优良的师资队伍以及顶尖的法学院、医学院、工学院、商学院、艺术学院、文理学院。对于热爱学习的李伯虎来说，这样的学习环境和读书氛围令他如鱼得水，他仿佛又回到了昔日纯朴安静的学生时代。

在密歇根大学，李伯虎重新过上了三点一线、简朴宁静的校园生活。每天，当清晨的第一缕阳光照射进校园，李伯虎就会起床，开始一天的学习。在这里，他的研究方向转移到了数字仿真技术方面。数字仿真技术是一门尖端科学，在核电、航空、航天等领域应用非常广泛。20 世纪 80 年代，中国的数字仿真技术正处在起步阶段，急需这方面的领军人才。因此，李伯虎决定研修数字仿真技术，这在很大程度上，是为了适应祖国的需要。对于这一代留学生来说，“留学报国”的理念是普遍共识，他们把自己当成了祖国的一块砖，哪里需要就往哪里搬。

要想在专业领域获得最好、最迅速的发展，就要拜名师、取真经。可是，刚到美国的李伯虎对这里的学术情况可谓“两眼一抹黑”，如何才能找到名师呢？不得已之下，他只好向组织求助。最初，组织打算为他联系一位叫科恩（Korn）的教授，但是

1980年，李伯虎（后排左二）与同学参观底特律航天中心

1980年，李伯虎在密歇根大学校长办公楼前

因为种种原因没有联系成功。后来，中国科学院学部委员蔡金涛向李伯虎伸出了援手，通过他在美国的一位同学联系上了豪伊（R.M.Howe）教授。

豪伊教授在美国数字仿真技术领域颇有名气，曾经担任美国仿真学会首届理事长，学术之精深可谓有口皆碑。了解了他的学术背景之后，李伯虎立刻感到眼前一亮，他敏锐地意识到：这就是能引导自己走上数字仿真之路的良师！于是，他满怀信心地拜到了豪伊教授的门下。

在异国他乡学习，首先要过的是语言关。虽然李伯虎在来美国之前顺利通过了英语考试，可是真正到了美国之后，他才发现，自己的英语水平根本不足以应付日常学习。美国大学大部分课程的上课方式都是老师讲课和课堂讨论相结合，这可令李伯虎伤透了脑筋。他的英语听力欠佳，上课时听不太懂老师说的话，很多时候，感觉自己就像在听天书一样。因为一直学的是“哑巴英语”，口语表达能力差，所以也无法与老师交流自己的所思所想，经常苦恼于“茶壶里煮饺子，有嘴倒不出”。

1981年，李伯虎（左）与导师豪伊（右）合影

听也听不懂，说也说不出，怎么能学到真正的知识？语言的“短板”使李伯虎备受困扰。然而，虽然困难重重，但他并没有气馁，而是迅速冷静下来，努力寻找解决之道。他想，要想迅速提高自己的语言水平，就必须多与外国人接触，多说，多练。俗话说，功夫不负有心人，只要自己敢于开口，努力坚持，早晚有一天能过这一关。

刚到美国时，李伯虎住在中国留学生宿舍，大家都习惯了用母语互相交流，一回到宿舍，就能听到带着各种方言的中国话，常令人产生自己仍然身在中国的错觉。这样的语言环境在某种程度上给李伯虎学习英语带来了阻碍，左思右想，他决定从留学生宿舍搬出去，到外面跟外国人合住，在与他们的日常交流中学习英语。

李伯虎的这个打算很快就传到了其他中国留学生的耳朵里，对此，大家都感到有些费解，不明白他为什么要这样做。李伯虎向他们阐述了自己的想

1980年，李伯虎（后排左一）和同学在时任美国财政部长家中做客

法，同时也让他们帮自己参谋一下这个方法是否有用。结果，大家都觉得这个方法不错，是提高英语水平、融入当地文化的一个可行之径。

得到了大家的支持，李伯虎的信心更加充足了。于是，上课之余，只要一有时间，他就四处奔波，寻找合适的房源。一开始，跟他打交道的美国人都对这个陌生的“老外”抱有戒心。由于信息交流不畅，外国人缺乏了解中国的渠道，在他们的理解里，中国是“落后”“闭塞”“贫穷”的代名词，而从中国来的人，自然也是奇特的、贫苦的、不安全的。虽然美国人习惯了戴着“有色眼镜”来看待自己，但是李伯虎并没有因此而感到自卑、愤懑，他知道，这一切只不过是误解，而他正在为消除这种误解而努力。

也有一些美国人对他充满了好奇，向他打听中国的情况。每当这时，李伯虎就会滔滔不绝地向他们介绍中国的地大物博、历史悠久，介绍中国的改革开放政策，介绍中国人民的善良与勤劳……他希望通过这样的交流，与对方建立起友谊，促使他们更客观、更深入地了解中国的过去与现在。

来自不同国家、不同地区的知识分子们住在一起，经常会出现各种思想的碰撞。同一件事情、同一个问题，从不同的视角来看，就会展现出不同的一面。为了减少分歧、和睦相处，李伯虎一直秉持着求同存异的原则，表现出思想开放、乐于沟通的姿态。

1980年，李伯虎在国庆招待会上

与他住在一起的，除了外国人，还有来自台湾的学者。海峡两岸虽然同属一个中国，但是却因历史原因被无情阻隔，人为地造成了彼此之间的巨大隔阂。每每想到这一点，李伯虎总是备感痛心。在痛心之余，他也想方设法寻找与台湾同胞交流的机会，希望用自己的热忱和坦诚来打破彼此心中的坚冰，拉近同胞之间的距离。

有一次，李伯虎到电影院里看电影，上映的是在大陆风靡一时的爱情故事片《庐山恋》。一位台湾留学生看完电影后，对扮演女主角周筠的演员张瑜念念不忘，还对同行的人大发感慨："大陆竟然有这么漂亮的女演员！"李伯虎走在他们身后，恰好听到了他的言论，他想："大陆还有很多你不了解的事情呢，现在的大陆，已经是今非昔比了！"但是转念一想："这不正是一个帮助他们了解大陆的好机会吗？”于是，他主动走上前去，与那位台湾留学生攀谈起来，向他耐心介绍了大陆的一些电影，并向他讲述了改革开放后大陆的巨大变化。那位台湾留学生听完震惊不已，这才知道，原来自己以前对大陆的了解是如此浅薄、滞后！

李伯虎勤奋好学、抓住一切机会与外国人对话，很快，他的英语听力和口语表达能力就像坐上火箭一样，得到了跨越式提高。后来，在课堂上他不但能毫不费劲地捕捉老师讲述的观点，而且还可以用流利的英语清晰地表达自己的看法，与同学们进行流利的交流。

除了语言这一关，摆在李伯虎面前的还有生活难题。作为公派留学生，李伯虎的生活费都是由国家提供的。为了节约成本，也为了更好地管理这笔钱，组织上实行的是报销制度，花多少报多少，实报实销。即便是买一块豆腐、一根葱，也需要提交单据进行报销，这给留学生们的生活带来了极大的不便。每天，李伯虎都要把大量的时间浪费在整理单据之类的琐事上，令他不堪其扰。

后来，留学生们针对这种情况向组织进行了反映，这个颇为麻烦的报销制度才得到调整——由实报实销变成给每个留学生每月四百美元生活费，由他们自行支配。这样一来，李伯虎的生活就方便多了，不必再为这些无关紧要的小事而牵扯太多的精力了。

为了节约房租，李伯虎在导师的帮助下，从合租屋搬到了当地居民家中。他的房东是澳大利亚人，在密歇根州一所小学担任校长。房东和他的妻子都非常善良、古道热肠，不但经常陪着李伯虎练口语，而且还在生活上无微不至地关心他。每到周末，房东都会请李伯虎与他们一起共进午餐，帮他改善伙食。在日复一日的交往中，李伯虎与房东结下了深厚的友谊，后来，他与房东夫妇一直保持着联系，即使是在回国之后，每到节假日，他还会给他们寄去精心准备的贺卡。

生活上没有了后顾之忧，李伯虎对学习和科研更专注了。他不允许自己有

1981，李伯虎（右一）与同学在贝尔实验室前

一丝一毫的懈怠，每当脑子开小差时，他就会告诫自己：国家拿出这么多经费，资助自己到美国学习，不是让自己在这花花世界享乐的！如果不把国家需要的科学技术学到手，怎么有脸回国，又怎么对得起祖国、对得起培养自己的人民？一想到这儿，李伯虎在学习上就更加勤勉、努力了。

关于李伯虎对学术的专注，在留学生圈子里还流传着这样一件趣事：

国内一家单位在美国购买了一台仿真计算机，准备应用于科研领域，派了一些科研人员来美国办理购买手续。为了给他们接风，李伯虎和其他中国留学生一起请他们吃饭。因为生活费有限，“下馆子”对他们来说是一件奢侈的事情，所以，留学生们决定自己做饭来招待这些远道而来的朋友。

李伯虎特意跑到超市，买来了新鲜的牛肉，打算做一份香喷喷的炖牛肉给大家打牙祭。牛肉炖上之后，李伯虎听到其他人在一旁正热火朝天地讨论着学术问题，也情不自禁地加入其中。讨论越来越热烈，后来，还有人因为一些小分歧而争论起来，一些学者为了证明自己的观点，甚至当场拿出书来查找论据。

就在大家你一言、我一语争论时，忽然有人说道：“同志们，先别说了，停一下！我怎么闻到这屋子里有一股饭糊了的味道？你们来闻一闻，怎么回事儿？”

这时，李伯虎的思维才从学术上回到了现实中，他猛然想起：自己的牛肉还炖在锅里呢！他急忙对大家说：“快，快，厨房还炖着牛肉呢，肯定炖糊了。”离厨房最近的人一个箭步冲了进去，手忙脚乱地把阀门关好。李伯虎把锅盖拿下来一看，果不其然，牛肉早就糊得一塌糊涂了。

“哎呀，真是太可惜了。多好的牛肉……”一位对营养学略有研究的留学生惋惜地说，“既然这样，我们还是不要吃这些牛肉了，它们已经没有什么营养价值了。”

“不要紧，不要紧！”李伯虎赶紧摆摆手，说：“这牛肉糊得不是很厉害，只不过糊了一个底儿，上边的又没糊，还可以吃嘛！国家的钱不要随随便便浪费了，能吃的我们还是吃了吧。”说完，他拿起刀叉，把锅里面那一层没有糊的牛肉取了出来。

这顿饭虽然吃得并不丰盛，但是每个人都感到非常尽兴，他们已经有很久没有这么淋漓尽致地用母语聊天了！更何况，从来自国内的科研人员口中，他们也了解到祖国现在正发生着日新月异的变化，这怎能不令他们感到振奋！

在紧张忙碌的学习之余，李伯虎也会忙中偷闲地去参加一些有意义的文化活动，使自己的身心得到暂时的放松。在美国的留学生组织了一些同乡会，每逢中国传统节日，他们就会聚在一起庆祝，唱歌跳舞，借此机会抒发对祖国、对家乡的怀念。留学生的联欢会组织得既热烈又有趣，很多外国留学生都备受感染，主动参与到其中。通过丰富多彩的文化活动，李伯虎认识了很多外国朋友，与他们建立起了深厚的友谊。

然而，友谊归友谊，文化上的差异依然很难消除。李伯虎在美国留学时，中国刚刚改革开放不久，中国人在男女交往方面是非常保守的，李伯虎也一

1981年春节联欢会，李伯虎（中）在节目演出后

留学期间，李伯虎（跳起扣球者）参加密歇根大学排球赛

1981年，李伯虎在密歇根大学的宿舍弹吉他

直遵循着“非礼勿视、非礼勿听、非礼勿言、非礼勿动”的古训，不敢有一丝一毫的越界行为。可是西方国家就完全不同了，那些来自英国、法国的留学生，到了美国之后，有不少都交了异性朋友，甚至周末时还会把女朋友带到家里来。

不但如此，他们还为李伯虎“操心”：“李，原谅我的直率，你离开家庭这么长时间到这里来学习，你的妻子难道没有怨言吗？你这么做，家庭肯定是会受到影响的。”还有人为李伯虎出了个馊主意：“你们两地分居这么久，感情还能像以前那么牢固吗？亲爱的李，听我的劝说，不要再去想国内的那个太太了，我可以给你在这里找一个更好的女朋友。你不要太古板了，人生如此短暂，何必活得这么累呢？”

听了这番话，李伯虎简直哭笑不得。如果在国内，有人敢和他说这样的话，李伯虎一定会厉声反驳。可是在国外，他却不能这么做。因为他明白，中国文化与西方文化上存在着根深蒂固的差异。这些外国朋友之所以这么做，也是出于好心，并不是有意挑拨他与妻子的关系。于是，他只能耐心地向他们解释，在中国对家庭的忠诚是何等重要，他深深地爱着自己的妻子，即使相隔万里，他也不愿意做任何有可能伤害她的事情。

在李伯虎的朋友圈中，还有一个非常重要的组成部分——来自台湾的朋友。20世纪80年代，中国大陆与台湾的关系还处于冰封阶段。但是，身在美国的海峡两岸留学生却有着一种天然的亲密感，李伯虎他们对台湾同胞一直抱着友好的态度，时不时地还会互相切磋、探讨科学技术。有一对台湾夫妇，每周六都会邀请李伯虎一行到家中做客，谈天说地，非常投缘。来自台湾同胞的友谊，成为李伯虎在异国他乡重要的精神食粮。

3. 潜心钻研 学有所成

李伯虎在美国两年，认真努力、刻苦钻研，学习成绩一直非常优异，他的导师豪伊对此非常满意，将他当成了自己的得意弟子，将自己的平生所学无私地传授给他。

豪伊教授是数字仿真技术的权威，他研究的主要方向是动力学系统的数字仿真。在动力学系统里，有连续的也有不连续的非线性部件。如果都是连续的，系统就会一步一步地向前求解，但如果其中遇到突变非线性，再连续求解就不可能了。针对这个问题，经常采用的一种解决方法是把求解步长变小，但这样一来，仿真时间就慢了。除了随非线性现象时间变化之外，还有其他的限制条件，任何一个条件发生变化，都会使问题变得难以连续求解。因此，如何求解动力学系统间断非线性的问题，就成了一个非线性动力系统数字仿真中棘手的难题。

为了破解这个难题，李伯虎夜以继日地进行研究。天道酬勤，他的努力没有白费，最终，他终于成功研究出了一个新的算法——求解带有间断非线性的动力学系统的一种改进方法。用通常的定步长积分方法对带有间断非线性的动力学系统进行实时仿真时，采取常规的积分步长会导致很大的误差。为此，他提出了一种改进的方法，修正了定步长算法以适合包含一个间断点步长的积分。算法的特点是利用 Hermite 内插和连分式求零算法确定间断点的时刻，并求出该点的状态变量，然后自动产生新积分步长，再进入下一个定步长。

李伯虎的这项成果得到了豪伊教授的认可，他让李伯虎将研究成果写成论文公开发表。这篇以间断非线性动力学系统仿真新算法为主题的论文，载于美国仿真学会季刊《TRANSACTIONS of The Society for Computer Simulation》的创刊号上，受到仿真领域专业人士的广泛赞誉。

豪伊教授高兴地对李伯虎表示祝贺："李，你成功了！"

李伯虎感激地说："我今天取得的成绩与老师的帮助是分不开的。"

"李，你真的是太客气了。"豪伊教授摇摇头说："你今天能够取得这么出色的成绩，得益于你自己的努力和勤奋。记住我的话，努力坚持下去，以后你一定能创造出不凡的成绩。"

彼时，李伯虎由衷地感到自己所付出的努力是值得的。他让导师和同学们真正认识了中国人：中国人不比任何人差，只要我们走对路，一定能赶上甚至超过别人。

大千世界，芸芸众生，最难得的是良师益友。在李伯虎的求学道路上，最幸运的是能屡屡遇到愿意为他的人生添砖加瓦、为他的点滴进步由衷喝彩的良师。豪伊教授如此，卡普拉斯（W.J.Karplus）教授也是如此。

李伯虎与卡普拉斯教授的相识，源于豪伊教授的介绍。1981 年下半年，李伯虎用了一年零九个月就完成了原计划两年完成的研修内容。豪伊教授的研究以航天项目为主，出于保密的需要，他不便让李伯虎参与到项目中来。再加之工作繁忙，他也没有太多的时间对李伯虎进行具体的指导。豪伊教授不愿意浪费李伯虎的才华，更不想束缚他高飞的翅膀，于是，左思右想之后，决定将他介绍给自己的一位朋友、同样在数字仿真技术上有所建树的卡普拉斯教授。

卡普拉斯教授对这位来自中国的留学生早有耳闻，李伯虎对带有间断非线性的动力学系统求解方法的研究成果给他留下了深刻的印象，令他对中国学者刮目相看。因此，他乐于接受李伯虎加入自己的实验室。于是，李伯虎离开了密歇根大学，辗转来到了加州大学洛杉矶分校，跟着卡普拉斯教授继续深造三个多月，学习数字仿真领域最尖端的技术。

需要提及的是，当时国家资助赴美留学的时间只有两年，两年时间马上要到了，眼看着回国的日子越来越近了，李伯虎的内心陷入了煎熬之中。他之所以犹豫不决，不是贪恋美国的繁华与富足舒适的物质生活，更不是想定居美国，而是因为他了解了在科技方面中国与美国之间的巨大差距。在美国，有豪伊、卡普拉斯这样的顶尖专家的指导，他能够

1981年，李伯虎访问加州大学

更快地学习到世界上最先进的技术，他还需要更深入地学习和研究。同时，美国的学术氛围是非常自由的，更鼓励科研人员的创新意识，这都能为他的学习提供动力和养分。

此时，摆在李伯虎面前的，是一个两难的选择：是留在美国继续学习，还是如期回到祖国?

左思右想，李伯虎仍然拿不定主意。他在写给家人的信中，坦诚地谈了自己的想法，希望听听他们的看法。通过与李伯虎的两年通信，陶华对美国的一些情况有所了解。一方面，她希望李伯虎能够早日回到自己身边，结束分居异国的痛苦生活；另一方面，她又理解李伯虎的苦衷，知道在技术领域的深入研究对他有着多么重要的意义。同时，她也清楚，勤奋刻苦的李伯虎在美国多待一天，学到的先进技术就能多一分。在这种矛盾心情的左右下，陶华也不能给李伯虎什么有效的建议，她能做的，就是不用自己的意志来左右他。她告诉李伯虎，是去是留，全由他自己决定，无论他做出什么决定，家人都会支持他。

家人的支持令李伯虎非常感动。最终，他决定遵从自己的内心，在美国继续深造，待学业更加精进之后，再回到朝思暮想的祖国，用自己的学识报效祖国。他把自己的所思所想向组织如实进行了汇报，组织对他很理解，同意了他的做法。

不过，留在美国的日子并不好过，在之前两年的时间里，李伯虎的衣食住行都得到了公费补贴，他完全不必为生活方面的琐事而忧心，只需要一心一意钻研科技就行了，可谓“两耳不闻窗外事，一心只读圣贤书”。可是，两年期满之后，这笔补贴就没有了，李伯虎一下子失去了经济来源，他的生活需要靠自己来想办法了。

与他同时来美国的中国留学生，有一部分也像他一样，出于种种考虑，做出了在这里继续深造的决定。为了维持生活，他们不得不四处打工，做一些端盘子、洗碗之类既无技术含量而且又脏又累的工作。

李伯虎也想效仿他们去打工赚钱，豪伊教授得知了这件事之后，把他拦住了：“李，你怎么能把自己的宝贵时间和聪明才智浪费在这样的事情上呢？难道你不知道，对于我们这样的科技工作者来说，时间是多么有限吗？”

李伯虎苦笑着摇摇头，说：“我也不想这样，我恨不得把一分钟当成一小时来用，可是，没办法，我们总是要生活的。”

豪伊教授说：“难道真的就没有其他办法了吗？你为什么不向我求助？你拿我当你的朋友吗？咱们

除了师生关系还是朋友，难道你不明白这一点吗？再说了，你跟我一起研究数字仿真技术，于情于理，我都应该付你薪水，这无可厚非。”

豪伊教授的慷慨解囊使李伯虎摆脱了经济方面的困扰，使他得以把自己的时间和精力全部投入到学习之中。

豪伊教授另外资助了李伯虎半年，李伯虎在加州大学洛杉矶分校跟随卡普拉斯学习三个月之后，又回到密歇根，在这半年中，在豪伊教授的指导下，完成了论文写作。

李伯虎一直保持着从中学时期就养成的良好学习习惯，上课认真听讲，仔细记笔记，课下潜心研究老师讲过的观点，时间充足时还会认真预习下一课的知识。而他的思维又非常开阔，想象力丰富，在科研上，常有突破之举。因此，无论是豪伊教授，还是卡普拉斯教授，都对李伯虎青睐有加，十分赞扬这位来自中国的留学生。豪伊教授用经济资助的方式延长李伯虎在美国的学习研究时间，卡普拉斯教授则开诚布公地希望李伯虎能留在美国生活，继续研究。

尽管李伯虎在卡普拉斯实验室只待了短短几个月的时间，但卡普勒斯对这位中国留学生却屡屡表达出真诚的挽留。卡普拉斯表示：只要他愿意留在美国工作，美国将会给予他良好的环境。如果他思念远在中国的家人，还可以把家人接到美国来，在这里，他们会过上优渥的生活。

“李，你是一个聪明人。”卡普拉斯对李伯虎说：“你在美国已经待了这么长时间，你了解美国，你应该明白，这里才是你应该生活的地方，美国能为你提供你所需要的一切，你的学术也只有在这样的环境下才能结出更多的硕果。”

李伯虎摇了摇头，谢绝了卡普拉斯的好意：“您的想法我非常理解，也很感谢您一直以来对我的帮助和赏识，但是，我终究还是要回到中国，在那里，有我的亲人、我的朋友，那是我的家。我的祖国之所以把我送到美国来，是希望我能学习更先进的知识，我也希望用我的毕生所学来回报我的祖国，让它变得更富强、更繁荣，这是我义不容辞的责任。我感恩我的祖国培养了我，感恩我的家人养育了我，我必须回到他们身边。”虽然身在美国，但是李伯虎却深切地知道，自己的心在哪里，他渴望早一天回到祖国的怀抱，回到家人的身边，与他们团聚。

李伯虎对家人、对祖国的情真意切深深感动了卡普拉斯教授，他点点头，对李伯虎伸出了大拇指：“李，我果然没有看错你，你是一个忠诚的人，更是一个值得信任的人。不过，我还是要提醒你，美国的环境是十分有利于人才的培养和发展的。”

李伯虎何尝不明白这一点？但是他相信，只要自己的心中有祖国和亲人，任何阻力都无法阻挡他回国的决心。李四光、钱学森、邓稼先、钱三强等

1982年1月，李伯虎（右）与导师卡普拉斯教授（左）

科学界的前辈们，哪一个不是在重重阻挠之下，依然披荆斩棘、排除万难回到了一穷二白的祖国？正是有了这批海外归国的科技前辈的无私奉献，贫穷落后的中国才拥有了“两弹一星”这么辉煌的成就，才能在世界尖端科技领域占有一席之地。他从大学时代就以他们为榜样，如今，榜样的光环正照耀着他，让他的心中充满了勇气和力量。

卡普拉斯教授欣赏李伯虎在科技领域的努力，更欣赏他对祖国的忠诚。于是，他时不时地为李伯虎“开小灶”。卡普拉斯研究的是分布仿真系统，主要解决的是偏微分方程。每次他讲完仿真系统的课程之后，都会把自己的讲义交给李伯虎，让他进一步钻研。李伯虎打心眼里感激卡普拉斯对自己的关照，屡屡向他表示自己的感谢。

“伯虎”卡普拉斯诚恳地对李伯虎说：“我知道你在学习上是很刻苦的，作为你的导师，我应该尽自己的全力来支持你的学习。这是一个做老师的良知，也是我的责任。”

李伯虎感动地说：“老师，真心谢谢您！”

“不用谢，真的不用！”卡普拉斯摇摇头说：“用你们中国的禅理来说，你和我相见也是一种缘分。我是你的老师，你是我的学生，把你培养成为数字仿真系统科学的高端领军人，那是我的荣幸。我也很理解你回国的愿望，我愿意为你提供帮助，更希望我们一辈子都是好朋友。”

后来，卡普拉斯教授到欧洲去授课，同样留着自己的讲义，回来之后交给李伯虎研究。得益于卡普拉斯教授的帮助，李伯虎在数字仿真系统方面的技术水平得到了大幅度的提高。

而他与卡普拉斯的缘分也一直在持续，数年后，卡普拉斯教授作为美国仿真学会主席，与中国系统仿真学会签署了战略合作协议，开启了中美仿真技术学会间的深层次交流活动。其中，时任中国系统仿真学会副理事长的李伯虎正是“中间人”。

豪伊教授更不用说，与李伯虎保持了终身的师生之谊，还有同行之间的惺惺相惜与互相支持。

4. 踌躇满志 满载而归

尽管有美国老师的劝导，但李伯虎依旧强烈地希望回到祖国。一想到马上就要回到祖国的怀抱了，兴奋和激动之情就如同决堤的洪水，浩浩荡荡地从李伯虎的心中倾泻而出。在计划归国的那段时间里，他的脑海里一幕幕地浮现出昔日含辛茹苦、严格培养自己成人的父母，相濡以沫、给自己莫大支持的妻子，还有在706所一起挥洒过汗水的同事们。他期待着，早日回到那片熟悉的热土，与他们热情相拥、并肩作战。

与此同时，李伯虎的心中也充满了对未来工作的向往，他希望自己在美国学到的先进技术能够得到淋漓尽致的应用，为祖国的现代化建设出一份力。夜深人静时，他经常默默地问自己：“我回国之后能像前辈们一样为祖国做出巨大的贡献吗？”

能！他的心中响起了一个坚定的声音，这声音既是为自己打气，也是他给自己的承诺。

事实上，在近现代历史上，像李伯虎一样海外归来的留学生们，为中国的发展与建设做出了不可磨灭的贡献。在中国近现代革命与建设的每个时期，都有留学生们无私的奉献和披肝沥胆的真情。

从共和革命的先驱到新文化运动的旗手，从中国共产党的领导者到解放军的将领们，从实业巨头到金融巨子，从共和国部长到两院院士，从科学巨匠到创业精英，从第一条铁路的建成到第一台亿次巨型电子计算机的研制，从第一架飞机的投入使用到“两弹一星”的辉煌成就，从旧中国的改造者到新中国的建设者，从旧社会开风气的先驱者到新社会潮流的领航者……在中国近现代历史的星空中，一个个海归英名散发出了耀眼的光芒。他们在社会的各个领域前驱领路，深刻影响和改变了近现代中国的历史进程。正如国学大师、著名学者季羡林先生所说：“对中国的近代化来说，留学生可以比作报春鸟，比作普罗米修斯，他们的功绩是永存的。”

在海外，他们如饥似渴地刻苦攻读，像海绵一样汲取来自各个国家的“营养”。持之以恒的努力给了他们最大的回报：他们成功了，成为了各自领域的领军人物。他们拒绝了其他国家向他们伸出的橄榄枝，冲破了重重阻力，带着满腔热血回到了祖国。在报效祖国的岁月里，他们又在不同的岗位上，为了祖国的繁荣富强，为了人民的幸福安康，不计名利，默默地奉献着自己的聪明才智。他们中有人经历过挫折，有人遭受过误解，但没有人心存抱怨，因为他们始终心系祖国。

如今，李伯虎心甘情愿地成为了这些人中的一员，义无反顾地回到了自己朝思暮想的故土，只为了实现自己的承诺，只为了圆自己的报国梦。

“还是在自己的国家好啊！”李伯虎的想法是那么朴素：“回到自己的国家，把自己的国家建设好了，有一个强大的祖国做我们的后盾，我们无论走到世界的哪个地方，都能堂堂正正地把腰杆挺起来。”

而在万里之外的大洋彼岸，一个正在经历着激荡变革的祖国正在等待着他的归来。李伯虎这批留学生的学成归国，给中国的科技界注入了新鲜血液，一个新的科学的春天马上就要到来了。

在美国学习、工作期间，除了在仿真技术业务上的精进之外，李伯虎还有一番深刻的个人体会："到了国外，就了解到，外国人并不是三头六臂，实际上我们比他们更勤奋，只要我们努力和坚持，就一定也能做好。"这也成为了他一生耕耘科研所奉行的准则。

在美国学习的这两年多时间，是李伯虎学术生涯中极为重要的一段经历，在国门刚刚打开、百废待兴的80年代，李伯虎有了走出去学习国外先进技术的机遇，而他也在这一机遇中得以充实自己，不论是在科研方法，还是在国际视野方面，都获益颇深。

而尤为可贵的是，他始终以明朗阳光的心态去悦纳每一个积极向上的事物，不论是在与老师的相处中，还是在与同学的交往中，李伯虎都以温和、开朗的性格赢得了大家的尊敬。

在美国两年多的学习中，李伯虎不仅在学业方面有所收获，在仿真领域也积累了大量的人脉资源。他的两位导师，豪伊教授与卡普拉斯教授一直将李伯虎视为他们的好朋友。他们与李伯虎一直保持着良好的互动往来，仿真学界的东西方沟通就此打开。当李伯虎要在中国发展仿真领域并研究国际型议题时，豪伊教授与卡普拉斯教授会带着他们的最新研究成果应邀前来参会讨论。李伯虎此后也多次前往美国，一有机会，便会去拜访两位曾经给予他大力支持的老师，并与他们就仿真领域的最新科研进展进行讨论。

1982 年，回国的那一天，天空晴朗，万里无云，经过十余个小时的长途飞行颠簸，李伯虎带着一颗拳拳报国之心回到了祖国，他带回了在海外学到的先进技术。而迎接他的——彼时的中国科技界——则是刚刚走出蛰伏期，亟待发展。学有所成的李伯虎与蓬勃发展的中国科技界在这一刻汇聚在了一起。

是的，当个人的成长进步融入到推动国家发展、民族振兴的时代洪流中，个人便也获得了无穷的动力与能量。期待我国科学技术尽快跻身世界前列的愿望，如此强烈而真切地激励着李伯虎。他带着报效祖国的责任感与使命感，投入到了中国科学界建设与发展的滚滚洪流中。

李伯虎

李伯虎院士传记

Academician Li Bohu's Biography

第四章

数字仿真踏征程

回国后的李伯虎到二院计算站工作，负责组建了数字仿真研究室；担任204所所长，尽心尽责；兼任北京仿真中心工程副总设计师，该工程获国家科技进步奖一等奖。

1. 选准方向 首攻语言

1982 年 5 月，李伯虎顺利完成了出国进修任务，怀着对数字仿真事业的无限期待回到了祖国，回到了航天二院。

人生就是由一个又一个的选择组成的，每次选择都会改变一个人的人生轨迹，甚至改变人生的命运。如今，李伯虎又面临一个新的选择：是到出国前工作的老单位 706 所，还是去新组建的计算站?

虽然李伯虎对自己曾经工作了十几年的 706 所怀有深厚的感情，那里有很多曾经与他一起携手在科研路上跋涉的同事和朋友，但他经过认真考虑之后，还是决定到计算站去开创新的事业。其中一个最为重要的原因是，706 所以计算机研制为主要研究方向，没有数字仿真专业，不能给他提供施展才华的舞台。而计算站已经建立了模拟仿真研究室，从事军品型号模拟或数模仿真的试验工作。计算站领导张瑞和晏开松深知李伯虎的能力和水平，劝他到计算站来，并答应他将来在适当的时候建立数字仿真研究室，为他的发展提供最好的条件。

能实现数字仿真的梦想，李伯虎非常激动，心情久久难以平静，一时间思绪万千……

他想到了自己参加工作的20年来，一直在模拟机和数模混合机研制领域摸爬滚打，为模拟机和数模混合机在我国的发展奉献了自己的青春，最终没有辜负国家和人民的厚望。

他想到了自己在国家的资助下出国进修，到异国他乡苦苦求索，跟着导师学习研究数字仿真技术，从对数字仿真产生浓厚兴趣到迫切希望从事这一领域工作，走过了艰辛的历程。

他想到了美国浓厚的学术氛围、优越的工作条件。

但是，他更多想到的是不能辜负国家对自己的培养，一定要尽全力报效祖国。

当然，他还意识到以后在航天数字仿真领域，将有很多艰巨的任务在等待着他，也许会经历很多挑战，遭受很多挫折，但在航天人面前有什么克服

20世纪80年代，李伯虎（左）与陈怀瑾总师（右）研究技术问题

不了的困难呢？

想到这些，李伯虎心潮澎湃，暗下决心，一定要在我国数字仿真领域干出一番事业，闯出一片天地。

此时的李伯虎没有想到，在这个领域，他一干就是几十年，从年富力强的壮年一直干到古稀之年。他更没有想到，自己未来在数字仿真领域精心耕耘的成果和贡献在国内外都产生了良好的影响，自己也因此在2001年被选为国内科技界享有极高荣誉的中国工程院院士，并在2012年获得了国际建模与仿真学会（SCS）[①]颁发的终身成就奖（建会60年来第八位获奖者，亚洲第一位）。

是啊，谁又能想到呢！人的一生因奋斗而精彩，李伯虎在数字仿真领域曾经走过的道路、付出的努力、取得的成绩、积累的经验和教训，正是今天年轻一代的航天人需要学习、需要吸取的宝贵财富。

计算站成立于1979年9月，是由26所解散时分离出来的三个室组建而成的（这三个室最早是706所的六、七、八室，后来划归26所），职工只有300多人，在二院各厂所中，是一个人数比较少、办公用房比较紧张、经济实力相对薄弱的“小弟弟”。主要承担二院型号的模拟仿真试验、弹道数值计算、软件开发、计算机维护和微机应用等多项任务，是二院与数字仿真专业最贴近的专业技术单位。

计算站已设立了模拟仿真研究室，但还没有专门从事数字仿真的研究室。尽管如此，李伯虎却非常清楚，计算机数字仿真是仿真技术发展的方向，也是航天领域不可或缺的重要专业，在国民经济领域，数字仿真也将发挥重大作用，因此，数字仿真具有广阔的发展前景。有了这份信心，再加上站领导的大力支

① SCS是Simulation Council Inc.的缩写。由美国学者创立于1952年，20世纪70年代后发展为“Society for Computer Simulation International (SCS)”。1998年起改为“The Society for Modeling and Simulation International (SCS)”，但是其对外缩写仍是SCS。

持，李伯虎决定加入新组建的计算站，在计算站这片热土上从零开始，走出一条数字仿真之路。

李伯虎坚持到计算站，从光杆一人开始发展数字仿真，在一些心思活络的人眼中，实在有些“死心眼”“不懂变通”。不过，李伯虎有自己的价值观，从不被外界的各种风言风语所干扰。在他看来，自己所做的一切，都是为了适应国家的需要。个人利益固然重要，但国家利益永远是高于一切的。只有这样，国家才会得到进一步发展，国家发展了，个人才会有更好的前途。作为个人，什么时候都不能忘记，是国家培养了自己，个人首先属于国家，然后才属于自己。

20 世纪 80 年代，随着计算机的快速发展，国外的数字仿真发展很快，仿真软件已开始向着高级完善的商品化仿真语言发展。但在国内，这一领域仍处于使用通用的面向过程的计算机编程语言调用仿真算法程序包的初级阶段。因此，系统仿真研究人员还必须掌握计算机编程和仿真算法等技术，才能使用计算机仿真手段，这就极大地阻碍了数字仿真手段的推广应用。

仿真语言是专门用于仿真研究的计算机高级语言，是一种面向问题的非顺序性的计算机语言。应用仿真语言做系统仿真时，用户不需要掌握通用高级语言编程的细节和技巧，用原来习惯的表达方式来描述系统模型，并指定仿真算法后，仿真语言能自动编译形成用计算机编程语言调用仿真算法程序的计算机执行程序，从而使用户能够把主要精力集中在系统本身的研究上，更方便、更迅速地在计算机上进行系统建模和仿真工作。

20 世纪 80 年代，仿真语言在国外开始进入实用阶段，但在国内却是一个完全陌生的领域。李伯虎认为，自主研发仿真语言，可以为工程技术人员提供仿真工具，对于我国数字仿真事业的发展意义重大，必须从高起点起步，才能尽快改变我国数字仿真落后的状况，缩短与世界先进水平的差距。

李伯虎立的第一个课题就是连续系统仿真语言 ICSLI，这是国内第一个自行研制的大型连续系统仿真与辅助设计语言，对航天器动力学研究十分有用。但是，仿真语言是一个复杂的建模仿真软件系统。它的研制涉及系统仿真建模方法、语言文本规范、仿真算法、仿真语言编译、语言支撑平台、仿真结果显示与处理等技术的集成。因此，当时国外的仿真语言研制皆由一些数字仿真领域的著名专家领衔研制。在国内，李伯虎勇敢地挑起了这副重担。

李伯虎遇到的第一个难题是开展仿真语言研究需要资金支持，经费从哪里来？这是一个非常现实的问题，也是亟需解决的问题。作为新组建的计算站，没有自有资金投入自主研发，只能向上级寻求帮助。巧妇难为无米之炊，如果没有上级支持、没有经费支撑，即使想法再好也难以实现，不过是“空中楼阁”罢了。

这一时期，国家的科研经费比较紧张，只有国家急需的、有技术发展前景的项目才有可能立项，得到国家支持。李伯虎经过多方努力，他研制仿真语言的想法得到了国防科工委的大力支持，终于顺利立项，课题经费得到落实。国防科工委的支持，给了李伯虎极大的鼓舞，也增强了他成功的信心，他甚至立下了“军令状”——一定要研发出我国自己的高级仿真语言，为国争光，填补国内空白。

第二个难题是研制队伍。由于当时的计算站还没有数字仿真研究室，李伯虎决定选择三室作为合作伙伴，因为三室是软件室，有编译技术和数值计算的基础，完成任务的把握比较大。三室领导给予了他大力支持，把室里较好的一个工程组和他一起组成课题组。其中的几位软件开发人员，有的资历比较深，参加过FORTRAN编译系统的研制，获得过国防科委重大科技成果奖，有的有多年软件开发的基础。虽然设备条件较差，但对于刚从国外归来、一无所有的李伯虎来说，能给他配备这样一些有经验的软件人员，他感到非常满足。

那时候计算站的工作条件还比较差，既缺乏研究数字仿真的专业人才，也没有数字仿真设备。由于计算机价格比较贵，计算机的普及率很低，即使是以计算机应用为主的计算站，计算机也少得可怜，弹道计算用的还是很多年前研制的体型庞大、足足占满大半个机房的104机，模拟仿真设备还在使用60年代从法国进口的模拟机。就是在这样艰苦的条件下，李伯虎的数字仿真事业艰难起航了。

为了顺利完成这个课题，李伯虎几乎每天都泡在办公室，中午或晚上下班后，也常常不回家，全身心地投入到课题之中。

在他们的研究过程中，计算站领导经常过问课题的进展情况，了解他们在工作和生活上的困难，尽全力帮他们解决问题，为他们解除后顾之忧。

仿真语言首先要设计出文本，然后通过编译技术来实现。当时国内还没有人从事过这方面的研究，难度可想而知。为了解决这个难题，李伯虎根据他在美国学到的知识，以及航天系统对系统仿真的需求，对课题的总体要求、实现目标、设计途径等都进行了详细的研究，提出了基本思路和进度节点，对每个课题组成员都明确了分工。

课题组成员在工作经验、技术水平以及年龄上存在着很大的差别。有的是工作多年、经验丰富的老同志，有的是刚毕业的大学生或中专生，如何调动他们的积极性，发挥每个人的作用，李伯虎颇下了一番工夫。他对每一阶段的工作任务、实现途径和方法要求都进行了详细安排，定期检查进度和解决存在问题，积极听取老同志的意见，依靠他们带好年轻同志，使他们各尽所能，为完成任务做出自己的最大贡献。

李伯虎这种严肃认真的工作态度，深深打动了课题组的每个人，他们在李伯虎的带领下，团结一致，以不完成任务绝不罢休的精神，在仿真语言研究这条道路上艰难跋涉着。他们常常为了攻克一个难点，工作到深夜仍然不知疲倦，第二天坚持按时上班。

李伯虎带领课题组开始仿真语言研究时，我国城市经济体制改革刚刚拉开帷幕，事业单位职工工资总额控制得比较严格，课题组的同志和其他航天人一样，每月只有几十元工资，奖金非常少。像李伯虎这样的技术人员，工资也不到百元。但这并没有影响到技术人员的积极性，他们把加班看做家常便饭，谁也没有怨言。

李伯虎回国时，恰好错过了前期的职称评审，出于对李伯虎工作能力和技术水平的肯定，调动他的积极性，1983 年，计算站对李伯虎的高级工程师职称专门组织了一次评审。经二院批准，李伯虎被正式评为高级工程师。

凭着航天人拼搏奉献、勇于攻关的精神，李伯虎和他的同事们突破了一个又一个难点，课题任务进展比较顺利。期间，李伯虎提出了串并接多模型单元结构，动力学寻优及控制系统辅助分析等语言规范，并提出和负责研制成一套基于连分式处理刚性、间断非刚性的连续系统数字仿真算法与软件。

经过长达几年的刻苦努力，连续系统仿真语言ICSLI课题终于于1986年圆满完成。这个系统能够大大简化用户对各类复杂问题的编程和计算，广泛应用于航空、航天、原子能、化工等领域的动力学系统仿真分析和设计，意义重大。

鉴定委员会认为，连续系统仿真语言ICSLI，作为我国第一个自主研制开发的大型连续系统仿真与辅助设计语言，达到了国际先进水平，填补了国内空白，并在串并接多模型单元结构、高效处理不连续非线性系统及多帧速采样系统、矩阵运算环境、有约束动力学系统的参数和函数寻优，以及控制系统辅助分析结合等方面具有新颖独创之处。该成果获1987年航天工业部科技进步奖一等奖。

第一个大型仿真语言的研制成功，给李伯虎和他的同事们带来了极大的鼓舞，也让他们看到了数字仿真领域的光明前景，他们所选择的是一条正确的道路。然而李伯虎并没有被成功冲昏头脑，他决心在数字仿真的研究领域继续努力、再接再厉，争

20世纪80年代，李伯虎在靶场

取取得更大的成绩。

2. 组建新室 开辟领域

20世纪80年代初期，我国的数字仿真技术处于模拟仿真或数模混合仿真阶段，与西方发达国家相比还有较大差距，既没有专用数字仿真设备，也缺少专门从事数字仿真的人才。基于这种情况，国内有关部门就加强数字仿真技术问题做出了一系列规划，提出了研制全数字仿真计算机和筹建北京仿真中心工程等设想，为改变我国数字仿真的现状而努力。

李伯虎深知，要想在国内发展数字仿真技术，使我国的数字仿真事业有更大突破，当务之急是要建立起一支数字仿真技术专业队伍。没有队伍，光靠几个人的工程组单打独斗，中国的数字仿真技术难以取得更大发展。因此，李伯虎向计算站领导建议，抓住国家开始重视数字仿真的契机，尽快着手组建数字仿真研究室，为航天事业的发展插上腾飞的翅膀。

就在李伯虎领导的第一个仿真语言课题ICSLI的研究正在紧张进行时，计算站关于成立数字仿真研究室的请示获得了二院批准，这给了李伯虎极大的鼓舞：他希望组建数字仿真队伍的梦想，终于实现了！

1984 年 7 月，计算站正式宣布成立数字仿真研究室（站内编为七室），院党委任命李伯虎为研究室主任，还为他配备了一个指导员、一个副主任。科技人员只有少数的几位老同志和李伯虎的研究生，总共十几个人。

计算站数字仿真研究室的组建，意味着计算站的数字仿真事业开始踏上了新的征程。这个在改革大潮中组建、肩负数字仿真发展任务的研究室，虽然人员相对其他研究室少一些，却开创了计算站专业发展的新领域，为计算站未来的发展提供了新的机遇。在研究室成立大会上，李伯虎当着全室人员的面，向站领导做出了庄严承诺：“院领导和站领导把发展数字仿真的重任交给我，是对我的信任，我一定不辜负领导的希望，和大家一起把数字仿真事业发展好。”

虽然时值骄阳似火、酷热难当的夏天，但是李伯虎却感觉到一阵阵怡人的清风向他袭来。这一天，他已经盼望了很久，如今，终于心想事成，他心里怎能不高兴呢？他珍惜这个机会，也很重视这支队伍。他懂得前路艰辛，也很漫长，但他的心中依然充满希望：只要付出努力、团结一致，只要勇于创新、刻苦攻关，就一定能在数字仿真领域抢占先机，做出成绩。

数字仿真研究室终于组建起来了，可是，这只不过是计算站在数字仿真领域迈出的第一步。等待李伯虎的任务异常艰巨。李伯虎懂得，白手起家，何其艰难，以后将会遇到很多矛盾和困难，丝毫不能放松。

研究室刚刚成立，工作千头万绪，从哪里开始？李伯虎反复思考这个问题。他想，先理清头绪，再开展工作，这样才能事半功倍。

于是，李伯虎首先从统一全室职工的思想认识、明确发展方向入手。思想决定行动，在思想上达成共识，在以后的行动中才能团结一致，共同为一个目标而努力。为此，李伯虎先后多次召开全室职工会议，为大家仔细分析当前国内外数字仿真发展的形势，以及我们在数字仿真方面的差距，让大家知道数字仿真发展的光明前景，以此来增强全室职工投身数字仿真事业的信心。七室的科研人员大多是数字仿真领域的“新兵”，对这一技术没有深入了解，信心不是很足。但听了李伯虎的一番动员，他们深受鼓舞，看到了研究室未来的发展希望。

在具体工作上，李伯虎认为，以后一段时间的主要任务还是应该围绕仿真语言继续进行深入研究，争取在这一方面取得更大的突破，为我国的型号研制提供更先进的仿真语言，在较短的时间内赶上世界先进水平。根据当时的国际发展情况与二院发展的需要，李伯虎不断地到国防科工委和航天工业部进行“游说”，希望获得上级领导的支持。因为李伯虎主持研发的第一个大型连续系统仿真与辅助设计语言 ICSLI 取得了进展，所以国防科工委和部院领导对他都比较支持，决定让他继续干下去，并同意在经费上继续给予支持，希望他们在这一领域尽快发展。

课题经费的落实，为李伯虎在仿真语言上继续开展工作提供了资金保障。他迅速组织室里的科研人员在仿真语言和仿真算法等方面继续攻关，在前几年开展的连续系统仿真与辅助设计语言 ICSLI 研究的基础上，开始了新型连续系统仿真与控制系统辅助设计语言 ICSLⅡ的研究。

ICSLⅡ是一个高性能的大型交互式仿真语言系统。与之前的课题相比，这个新的课题加强了多模型结构、实时仿真和寻优等功能，此外，源语言编译后的目标语言增加为 C 语言，实用效果更好，但是难度也相应加大了。为了完成这个课题，李伯虎带领着一帮数字仿真的“新兵”开始了艰苦的研究工作。

这次参加课题研究的人员都是没有参与连续系统仿真与辅助设计语言 ICSLI 研究的人员，因此对这个课题很陌生，不知从何入手。为了解决这个问题，李伯虎在对课题进行详细描述后，提出采用递阶串并行、仿真 / 寻优与控制系统辅助设计及实时仿真等一体化语言结构的途径开展研究。李伯虎的分析和建议为大家打开了思路，明确了任务要求、工作目标和实现途径，树立了信心。

这些刚加入研究室不久的“新人”，有的是李伯虎的硕士研究生，有的是新毕业的大学生，都很年轻，李伯虎知道，要让他们挑大梁，暂时还不行，还需要实践锻炼。但是，在他看来，这些年轻人也有自己的优势，他们拥有全新的知识结构，思想活跃，没有条条框框，肯于钻研，具有创新精神……

204所数字仿真研究室聚会（前排左六为李伯虎）

只要目标明确，及时给予指导，完成任务没有问题。

在李伯虎的细心指导下，这些年轻人热情很高，劲头也很足，很快就进入了角色。他们深入分析了连续系统仿真与辅助设计语言 ICSLI 的功能，反复研究系统仿真与控制系统辅助设计语言 ICSLII 的任务要求，查阅资料，经常交流，不懂就问，常常废寝忘食地学习和工作。经过几年的努力，课题任务终于圆满完成。航天某型号运用 ICSLII 进行全数字仿真，原计划一年完成，结果半年就完成了，提高功效一倍以上。同时，该语言还实现了商品化，用户达十多家。

ICSLⅡ于 1990 年通过了由多位专家学者组成的鉴定委员会的鉴定，得到了很高的评价，并获得 1991 年航空航天工业部科技进步奖二等奖。

在 ICSLⅡ课题正在紧锣密鼓进行的同时，李伯虎还组织室里的其他科研人员对 DAREP/VAX 连续系统仿真语言和非线性连续系统仿真程序进行了研究。为了这些任务的圆满完成，年轻的科研人员连续奋战，大胆攻关。最终，丰硕的成果证明了他们的汗水与努力没有白费。1985 年，DAREP/VAX 连续系统仿真语言也通过了鉴定，获得了专家的好评和部级科技成果奖。

随着任务的日益增多，数字仿真研究室的人手越来越紧，甚至出现了一人多个课题的情况。李伯虎及时向站领导汇报了这一情况，希望增加本科或硕士毕业生。站领导和机关尽可能地满足他的要求。刚走出大学校园的年轻人的加入，为数字仿真领域增添了新生力量，也使计算站的数字仿真事业得到了迅猛发展。

1984年，党的十二届三中全会关于城市经济体制改革决定的公布，拉开了城市经济体制改革的序幕，在《决定》的鼓舞下，城市经济体制改革步伐显著加快，在许多方面都取得了重大进展。二院各厂所按部、院要求相继进行了企业（或事业）的全面整顿。计算站在整顿中，出台了多项规章制度，明确了各级各类人员的岗位职责和考核办法，并经过职工代表大会通过，出台了经济技术承包责任制。根据这个责任制，对争取到任务的单位和个人将会给予适当提成，各室以完成经济效益的情况提取一定比例的奖金。站领导希望以此来调动机关和研究室两级以及广大科技人员的积极性，使他们齐心协力，共同为计算站创造更高的经济效益。

经济技术承包责任制的出台，使各室领导都感到了肩上的担子和压力，既要确保任务的顺利开展与完成，又要考虑经济效益，要拿出更多的精力去寻找任务，在竞争中争取项目，在市场上推销自己的产品。李伯虎也感到了一定的压力。但是，由于他的思路开阔，研究方向明确，课题任务也比较多，虽然研究经费不算很高，但与其他研究室相比，经济效益还算可以，足以交上一份令人满意的答卷。

七室虽然人少，但“麻雀虽小，五脏俱全”。站里的计划调度、质量保证、民品开发、经营管理、保卫保密、计划生育、住房分配、干部的政治学习以及党建思想政治工作等方面的会议，室里都必须派领导参加，很多会议还要求主要领导参加。所幸的是，站里给七室配了指导员和副主任，很多会议李伯虎都请他们代劳。有了他们的帮助，李伯虎得以全身心地投入到科研工作中去。

虽然李伯虎无暇参加站里的各种会议，但在研究室的管理上，他却一点儿都不含糊，各项工作他都非常上心，要求严格按照站里的规定开展工作，认真抓好上级规定在本室的落实。除此之外，他对自己严格要求，以身作则，身先士卒，在他的带动下，室里营造了一个积极向上、关系和谐的良好氛围，科研人员的积极性都很高，凝聚力比较强，职工之间团结协作，努力攻关。走进七室，人们都会明显感受到一种团结向上、积极工作的氛围，七室也因此多次受到站领导的表扬。

家庭出身问题，在很长的时间里影响了李伯虎入党，但李伯虎从没有放弃对加入中国共产党的追求。1985 年 5 月，李伯虎终于实现了人生的一个重要目标——光荣地加入了中国共产党。在发展他入党的支部大会上，李伯虎非常激动，他说："加入党组织是我多年的愿望，今天终于实现了。入党以后，我要在党组织的领导下，认真履行党章规定的义务，更加努力地学习和工作，争取做一名合格的共产党员，为国家的富强和航天事业的发展做出自己最大的贡献。"这是他的心声，也是他多年来一贯坚持的目标。

加入党组织后的李伯虎，更加注重对自己的严格要求，以自己的人格魅力教育和影响着周围的职工。这一阶段，中国社会正经历着从计划经济向市场经济的转型时期，经济发展明显加快，一个新的自由空间出现了。一些政府机关工作人员、企事业单位职工纷纷选择放弃在传统体制内的位置，或下海经商，或去外资公司、合资公司工作，谋求发展，全国各地掀起了一股“下海热”“公司热”。在这样的背景下，二院一些年轻职工的思想非常活跃，不少人跃跃欲试，工作不安心，也想到新的天地里闯荡一番。面对这种情况，很多领导都伤透了脑筋，究竟如何保持队伍的稳定，一时也拿不出很好的办法。唯一的方法就是加强思想教育，靠事业留人，靠感情留人。作为研究室主任的李伯虎非常理解年轻人的想法，他在全室大会上讲，还个别找年轻人谈，从这些年轻人的角度出发，帮他们仔细分析事业、金钱与国家利益的关系，耐心细致地做好年轻同志的思想工作。他还用自己美国留学的亲身经历谈体会，让他们把目光放长远一些，“谋一世而非谋一时”，为祖国的航天事业奉献终身。最终，七室的年轻人都深受感动，很多人主动放弃了外面公司向他们抛来的“橄榄枝”，安心留在室里工作，为数字仿真事业的发展添砖加瓦。

在短短两年的时间里，数字仿真研究室的人数不但没有减少，反而还增加了一半。它承担了国家和部院下达的多个重要课题，还派多人参与了国家重点工程——北京仿真中心工程公用数字仿真软件的研制，取得了可喜的成果，为我国的数字仿真事业向前推进作出了贡献。

3. 勇挑重担 迎难而上

20 世纪 80 年代中期，在党中央关于城市经济体制改革的决定推动下，我国的城市经济体制改革以及科技体制改革热火朝天，日新月异。处在改革大潮中的航天二院，开始迈出改革发展的新步伐。院和厂所纷纷出台各项改革措施，一个充满勃勃生机的航天二院，正面临新的发展机遇。

此时的计算站，和二院其他厂所一样，也面临着新的发展机遇。全站职工思想活跃，积极性高。但是，纵向军品任务比较少，横向军品或预研课题比较多，民品开发刚刚起步，经济效益不是很理想，与广大职工日益增长的物质文

20世纪80年代，李伯虎（右）与黄纬禄总师（左）在火车站合影

化需求存在较大的差距。全站职工在观望，计算站该怎么发展？

就在大家观望、等待之时，1986年9月，二院党委决定对计算站主要领导进行调整，任命李伯虎为计算站新一任站长。

这个消息就像扔到平静湖水中的石头一样，掀起了层层浪花。很多人对李伯虎当站长非常惊讶。一般说来新站长应该从副站长中产生，而李伯虎只不过是数字仿真研究室主任，而且在这一岗位上也只有短短两年时间，任职资历比较浅。还有一些人对李伯虎并不熟悉，消息一出来，有些人还打听："谁是李伯虎？是七室那个从国外学习归来的李主任？"几乎每个人的心中，都打上了一个问号："为什么是李伯虎？"

不但站里很多职工感到疑惑不解，就是李伯虎自己，也大为不解。他觉得自己在数字仿真领域的工作刚刚开始，还想在这个领域继续耕耘，争取做更多的研究工作，把数字仿真继续向前推进。他还认为自己不是当干部的料，更适合搞课题研究。于是，他经过再三考虑后，向院党委反映了自己的想法，希望院党委重新考虑站长人选。

但是，计算站的发展需要他。院党委没有采纳他的意见，坚持由他来担任计算站站长。既然无法推辞，李伯虎只好接受了这个职务。

从技术专家转为管理专家，难度之大不言而喻。李伯虎非常清楚，成为站长之后，等待着他的不是鲜花和掌声，而更可能是荆棘和坎坷。各种矛盾和困难都会接踵而至，一场新的考验开始了。

他接的是一个组建只有七年的新单位，成立时间比较短，管理的基础工作相对薄弱，和其他单位一样，也存在着人员老化、设备老化、技术老化等难题，而且在短时间内难以改变；

他接的是在二院军品型号中专业位置不太明确，军品任务相对较少，民品缺少成熟产品，经济发展不快，效益不高，困难较大的一个摊子；

他面对的是国家和二院要求改革速度加快的新形势，站里的各项改革要展开、要深化，计算机技术和仿真技术要发展、水平要提高，职工的收入要增加，队伍要稳定；

……

各种问题扑面而来。

担子沉重、任务艰巨，未来的每一步都举步维艰。有人支持，有人怀疑，有人担心，也有少数人反对，很多关心他的人都默默地替他捏了一把汗。面对外界的议论纷纷，李伯虎只是一笑了之，心中依旧保持着淡然与平静。他会用行动来证明一切，现在，无须多言。

在宣布李伯虎任职的干部大会上，李伯虎没有什么豪言壮语，更没有夸夸其谈，只是波澜不惊地说："感谢院党委的信任，感谢同志们的信任，我一定虚心向老领导学习，向同志们学习，尽自己的最大努力，积极工作，和领导班子的其他同志团结在一起，依靠全所职工，深化改革，把计算站搞上去，请领导和同志们放心。"会场上响起的掌声很热烈，但李伯虎明白，大家都期待他接下来的表现，看看这个新站长将会带领计算站走向何方。

都说新官上任三把火，新上任的李伯虎，会将这三把火烧向哪里？

第一把火是计算站改名。当时某沿海开放城市建立了一个亚洲仿真中心，在仿真领域名气很大，项目很多，经济效益也很好，但论技术实力，他们比不上计算站。李伯虎认为，他们之所以能承揽这么多任务，创造这么高的经济效益，除了有一套适应市场经济的运行机制、地处沿海开放城市外，名字起得好也是一个重要原因。在人们的思想观念里，"研究所"才是一个专门的研究机构，"站"只是承担某项工作任务的单位或者是为研究机构提供服务保障的部门。因此，计算站要想谋求更大的发展，必须改名。

李伯虎向院领导请示。起初，有的院领导对他的要求也不解，认为必要性不大。但李伯虎却不这么认为，在他看来，名字在一定程度上会影响它在人们心目中的定位和技术发展方向，名字起得更符合实际，人们对这个单位的认知就会更准确。

在他的坚持下，二院向航天工业部请示后，批准了他的请求，从 1987 年 1 月开始，计算站正式改名为北京二院计算机应用和仿真技术研究所（代号为二院 204 所），与当时二院的其他研究所并驾齐驱，成为二院的专业技术研究所之一。李伯虎的职务也由原来的计算站站长改为 204 所所长。

计算站的改名得到了全体职工的一致拥护。在他们看来，这对于计算站未来的发展具有深远意义，名字虽然只是一个代号，但却包含了丰富的内容。从计算站到计算机应用和仿真技术研究所，意味着从原来的技术保障单位到专业技术研究单位的转变，两者之间，存在着质的区别。

其后，航天工业部和二院相继把 204 所明确为三个中心，即：仿真中心、计算中心和软件评测登记中心。计算站名字的改变，带来三个中心地位的确定，为 204 所后续发展注入了新的活力。

第二把火是明确 204 所未来的发展目标和技术发展方向。李伯虎非常了解目标的重要性。他认为，科学的发展目标是发展战略的核心，具有十分巨大的能量，这种能量能够渗透到单位的政策、战略、日常管理以及一切活动当中，能够反映到每个部门、每个职工以及每个产品上，甚至还能够辐射到单位的外部。只有确立一个符合实际的、经过努力能够实现的发展目标，才能够激发全体职工的责任感、紧迫感、工作热情以及创新精神，由表及里地约束、引导和激励全体职工的行为，从而为单位的发展注入新的活力。

基于这一点，李伯虎在广泛征求干部职工意见的基础上，提出了要把 204 所建设成为“具有国内一流水平的计算机应用和仿真技术研究所”的奋斗目标，同时提出了“出成果、出人才、出效益”的具体设想。在技术发展方向上，要改变原先计算站单一的发展模式，除了要继续抓好模拟仿真、数值计算、软件开发和微机应用之外，还要发挥204所的软件技术和仿真技术的优势，尽力争取在二院军品型号中占有一席之地；同时，在计算机技术、数字仿真等方面要瞄准世界技术发展前沿，在五项新技术、五个新领域抓好预研，抢占先机。他还提出了实现这一奋斗目标需要深化改革、加强管理、培养队伍、选拔人才、提高职工收入、加强企业文化建设等十个方面的措施。

李伯虎提出的发展目标、技术发展方向和实现措施，使全所职工耳目一新，他们觉得204所的未来发展目标宏伟，方向明确，措施具体，有奔头，表示要心往一处想，劲往一处使，把积极性凝聚到204所的发展上来。奋斗目标的作用逐渐显现出来，所内职工的凝聚力显著增强，积极性得到进一步发挥，一个充满生机和活力的204所正在蓬勃发展。

第三把火是坚持“军民结合、以军为本、以民为主”，军品军贸民品全面发展，这是李伯虎担任所长七年间始终坚持的发展方针。他深知，作为二院的专业技术研究所，必须坚持以军为本，争取在部院的型号中承担更多的型号任务。但要实现这一点何其难，由于204所在型号研制中的位置不明确，因此原本应由204所承担的项目却被分给其他单位承担，更多的项目需要在同多个竞争对手的竞争中才能得到。为了真正落实204所在二院专业技术研究所的地位，李伯虎与所党委书记齐光明多次向院党委反映，希望二院能在型号中明确204所的地位，给204所更多的军品型号任务。在他们的一再争取下，1991年9月，二院党委就204所的发展方向问题召开专题会议，第一次明确了型号中的软件技术开发任务主要由204所承担。这对204所后来的发展起到了重要作用。

为了实现204所的快速发展，李伯虎全力抓好“军民结合、以军为本、以民为主”发展方针的落实。他把204所承担的军品型号任务作为重点工程组织实施，有的作为“急中之急”，有的作为“重中之重”，要求全所上下共同努力，确保军品型号任务的全面完成及后续任务的落实。他经常深入研究室了解军品任务研制情况，帮助基层解决研制中的问题。

李伯虎特别重视并组织落实204所在某一军贸型号中弹上计算机的研制和生产。在他被任命为计算站站长时，这一任务还刚刚起步，处于竞争阶段，几个单位都在竞争这一任务。为了在竞争中取胜，李伯虎全力支持课题组的工作，在人力、物力上给予大力支持。经过全所上下的共同努力，最终204所在竞争中胜出，产品的质量和技术水平都得到了院型号两总及总体部的一致好评。

在其后几年的研制、生产、试验过程中，这一任务一直被204所当作“重中之重”加以落实。为了圆满完成这一任务，保证总体任务不在204所误点，李伯虎分工一位副所长专门分管此项任务，全权处理研制、生产、试验中的各种问题；他支持建立一条专门的生产线，实现该任务的流水化生产；当该型号任务在外场试验发生问题时，他还亲自赶赴试验基地与参试人员一起分析排除故障。

在李伯虎的大力支持和参与人员的共同努力下，204所以高技术、高质量的弹上计算机，赢得了各方信任，改变了全院对204所的看法，进一步确立了204所在二院型号任务中的地位。当时担任型号总指挥的副院长，

20世纪80年代，李伯虎（右一）、黄纬禄总师（右三）与同事们从靶场归来

在大会上多次夸奖“204所的弹上计算机呱呱叫”。这一军贸任务的完成为204所创造了较高的经济效益，职工收入、住房条件都因此得到了改善。

发展民品是李伯虎关注的另一个重点，他将民用产业的发展作为全所发展的支柱产业之一，积极推行“军转民”政策。为了更好地发展民品，204所专门成立了民品处，负责全所民品的发展，出台相关政策，不断探索和完善促进民品发展的运行机制；成立民品事业部，专门负责民用产品的开发经营；从经费上加大对民品发展的投入，支持民品事业部承揽民品任务和支柱产品的开发；大力支持有关研究室做好军转民工作，开发民用产品。

在李伯虎的支持下，204所在石油、化工、酿酒、制糖等多个国民经济行业中承接了多项过程控制项目，还成功开发了医疗器械、电子秤等产品，民品销售收入逐年提高。特别是广西龙州第二制糖厂的控制项目，为企业降低成本、保证质量、提高效益发挥了重要作用，时任国务院副总理田纪云对其称赞不已，希望将其在全国推广。

李伯虎还积极组织 204 所参与当时国家的重点工程——亚运会工程，承担其中的计算机系统任务，在国家重点工程中发挥 204 所在计算机技术方面的优势，拓宽 204 所的发展空间。虽然由于多种原因，这一项目最终没能落到 204 所，但它对于提高 204 所的知名度，培养和锻炼队伍起到了积极作用。

李伯虎将改革作为推动 204 所发展的“引擎”。为了深化改革，204 所成立了改革办公室，由他直接领导，负责全所的改革工作。改革重点涉及人事、用工、分配等多个方面。为了完善相应的制度，李伯虎投入了很大精力，先后几次对经济技术承包责任制进行修改，通过承包责任制的落实，调动职工积极性，提高 204 所的经济实力和竞争力。他按照中国航天工业总公司和二院的要求，进行了军民品分线的改革工作，制定了配套的规章制度，为 204 所的更大发展创造了条件。

这一系列改革措施的出台和落实，都得到了全所职工的拥护，为 204 所的发展注入了强大的动力。

按照二院党委的要求，1987 年下半年，204 所开始实施所长负责制。根据所长负责制的要求，所长处于所的中心地位，对全所的工作负责。作为一所之长，李伯虎手中握有很大权力，但是他从来不独断专行，更不为自己谋私利。他十分注重发挥集体领导的作用，大力支持所党委的工作，凡属涉及 204 所发展的重大问题决策，都积极听取所党委的意见，不搞“一言堂”。每次召开所长办公会，他都邀请退居二线的老领导参加，听取他们对重大决策问题的意见。他对职工民主决策、民主管理、民主监督非常支持，坚持按要求开好职工代表大

李伯虎在职代会上讲话

会，落实职工代表大会职权，每年都向职工代表大会报告工作。凡涉及发展规划、重大投资、重大改革方案等都向职工代表大会报告，提请职工代表审议，涉及职工福利的建房、分房等都交给职工代表大会决策。领导班子成员和职工代表都称赞李伯虎的民主意识强，善于听取各方意见。

1987 年，二院重新恢复技术职称评定后，经过二院和 204 所的评审，李伯虎被评聘为研究员。

李伯虎是一个爱才之人，非常重视和爱护人才。他知道，管理之道，唯在用人。作为所长，确立发展目标、技术发展方向、制定规章制度固然重要，然而，最为重要的其实是用人，因为人才是决定 204 所兴衰成败的关键性因素。只有善于汇聚每个职工的才能和智慧，用好各种各样的人才，使人尽其才、各尽所能，204 所才能得到迅速而持续的发展。

而用人之道，运用之妙，存乎一心。李伯虎非常重视年轻技术骨干的培养与使用。担任所长后，他支持所里的研究生发起“中国宇航学会首届青年计算机开发应用、计算机仿真技术学术会议”的召开，为航天战线的青年科技工作者提供了一个学习交流的平台。他先后提拔了多名年轻技术骨干到研究室、机关职能部门或技术指挥线的领导岗位，给他们压担子，让他们在工作中锻炼成长。他对廖泰安、王锦等优秀中青年骨干尤为重视，适时向院党委建议，将他们提拔为副所长，逐步实现所级领导班子的年轻化，为其后 204 所实现领导班子的新老交替打下了基础；他还提议把多位青年技术骨干作为 204 所所级领导班子的后备干部，为所的发展储备人才。20 世纪 80 年代后期，二院在美国硅谷成立了合资公司，作为二院软件出口试点窗口。在李伯虎的建议下，204 所先后派出多批年轻技术骨干去合资公司学习、工作，为技术人员提供学习锻炼机会。为了鼓励年轻技术骨干，二院最早实行了破格提拔高级工程师的制度，在第一次破格评聘的七名高级工程师中，204 所就有两人。

李伯虎重视运用社会力量为 204 所的发展献计献策、尽心出力。在他的建议下，204 所先后聘请多位知名专家、学者担任 204 所的顾问或兼职研究员，每年请他们到所里座谈，听取他们对研究所发展的意见和建议。这些专家、学者都是我国计算机应用和仿真技术领域的知名专家，对国内外当时发展的最新情况非常了解，他们的建议为 204 所的发展提供了有益的思路。

在 204 所的企业文化建设方面，李伯虎也非常重视。他认为，204 所要发展，必须要有良好的企业文化，形成凝心聚力、共谋发展的良好氛围，这也是外塑形象、内聚员工、提高知名度的有效途径。在广泛征求意见的基础上，他和所领导班子成员提炼出了“团结、奉献、开拓、创新”的 204 所精神，在所里广为宣传；支持工会、共青团开展丰富多彩的文化活动，活跃职工的业余文化生活。李伯虎带头参加所排球队、合唱队的活动，他还亲自担任 204 所合唱队指挥，参加二院的职工歌咏比赛，和职工打成一片，深受职工欢迎。

在大力发展204所的同时，李伯虎还非常关心职工生活，心系职工冷暖，经常看望加班职工和生病住院职工，要求有关部门要及时掌握职工的困难情况并向他汇报，尽力帮助职工解除后顾之忧。有一次，一位女职工家里发生了一场突如其来的火灾，李伯虎得知后，带头捐款，并带领所领导到这位职工的家中看望，把全所职工捐出的一万多元钱送到她手中，为她雪中送炭，使这位女职工非常感动。

李伯虎把职工最为关注的增加收入、改善住房条件等作为自己的工作重点之一。20世纪90年代前，单位实行福利分房政策，职工住房都由单位负责解决。年轻职工希望尽快分到结婚用房，老职工希望改善住房条件，解决好职工住房成为稳定职工队伍的重要因素。李伯虎深知职工对住房的迫切需求，他在努力改善204所科研条件的同时，千方百计自筹资金建设职工住房，满足职工对住房的需求。在他任职的七年时间里，204所建成职工住房140多套，为200多名职工改善了住房条件。

李伯虎对廉政建设极为重视，处处严格要求自己，受到了全所职工的称赞。他常说，作为领导必须廉政勤政，才能赢得职工信任。他是这么说的，也是这么做的。他从不谋求制度规定以外的收入，奖金与领导班子成员同等水平，有一次，院长考核奖励了他 1 万元，但他分文没拿，而是将其纳入所里的奖励基金；除公务用车外，他从不用公车办私事；住房也和领导班子的其他成员一样，在 70 多平方米的房子里住了多年。

虽然从技术专家转为行政领导，但李伯虎并没有因此而荒废了自己的技术，他始终关注着国内外计算机和仿真技术的发展动态，注意及时更新自己的知识。他知道，作为以软件技术和仿真技术为主的研究所，必须跟踪世界的最新发展方向和发展水平，才能在激烈的市场竞争中立于不败之地。为此，他多次邀请外国专家来 204 所讲学，还派出多名同志到国外进修或进行技术交流，组织队伍参加国家“863”计划的 CIMS（CIMS 是英文 Contemporary Integrated Manufacturing System 的缩写，译为：现代集成制造系统）主题，为科研人员掌握先进技术创造条件，在计算机和仿真技术发展的前沿进行不懈的探索。

在李伯虎担任所长的七年时间里，204 所的经济快速发展，专业技术水平迅速提高。“六五”期间（1981—1985 年），计算站的军民品总产值只有 412 万元，“七五”期间（1986—1990 年）增长到了 3811 万元，增长了八倍多！经济效益也从“六五”期间的 307 万元提高为“七五”期间的 1096 万元，增长了两倍多。在技术方面，经过李伯虎和全所职工的共同努力，204 所在系统软件及软件工程环境、仿真软件和仿真计算机、并行算法、专家系统、管理决策系统、图像处理、计算机辅助设计、CIMS 工程等方面，突破了一个又一个难点，取得了 46 项部级以上科技进步奖，多个成果填补了国内空白，在国内处于领先地位，有的甚至达到了国际先进水平。

李伯虎的表现，得到了全所职工的认可和好评。每年年底，在院组织的有职工代表和中层干部参加的对所级领导班子成员的考核测评中，李伯虎几乎都是优秀。20 世纪 80 年代末，二院地区进行海淀区人大代表换届选举，204 所的多数职工都推选李伯虎为海淀区人大代表候选人。当时 204 所和另外三个单位分在同一选区，选区推出两位正式候选人，李伯虎是其中之一。最后，经过正式投票，李伯虎赢得了多数选民的信任，光荣地当选为海淀区人大代表。成为人大代表的他，认真履行人大代表的职责，经常亲自或委托有关部门征求广大职工对海淀区工作的意见，向海淀区政府提出了很多有益的意见和建议。

李伯虎带领着 204 所，一步步发展成为数字仿真领域的领先者，凭借的，是他对事业的追求，对数字仿真技术的执着，对祖国的无限忠诚。而这一片赤诚之心，将引领着他走向更辉煌的未来。

4. 突出重点 协力攻关

20 世纪 80 年代中后期，随着信息技术和仿真技术的快速发展，通过各种通用或专用的仿真软件对武器系统在设计、研制定型、训练、作战使用等各个阶段进行仿真试验，已经成为国内外越来越广泛使用的技术手段。在这一阶段，国外已经开发出较为完备的仿真软件系统，而国内却仍然处于课题研究阶段。

进入 20 世纪 90 年代，国际上的仿真技术朝着高效率、易使用、功能强、一体化、实用化的方向发展，吸收了计算机领域大部分新技术，如计算机图形技术、数据库技术、人工智能技术、并行处理技术等。这种发展趋势使得仿真软件的功能越来越强。与此同时，仿真应用领域越来越广，各种专用仿真软件，以及带有仿真功能的其他应用软件不断问世。面对这一新形势，李伯虎及时对 204 所的发展方向进行了调整。他在了解世界数字仿真技术水平和国内现状的基础上，进行了许多前沿性、前瞻性的研究，决定将主要力量集中于理论和应用紧密结合的领域，不取得成绩决不罢休。为此，他在抓好 204 所管理工作的同时，带领着一批年轻科技人员在仿真语言、仿真算法和一体化仿真方面开始了新的探索。

仿真语言从应用对象分，当时主要包括两个方面：一是连续系统，二是离散系统。李伯虎亲自带领课题组先后完成了连续系统仿真与辅助设计语言 ICSLI 和 ICSLⅡ的研究，取得了重要进展，填补了国内空白。一方面，他将连续系统仿真语言 ICSLⅡ系统移植到 SGI 工作站上，并结合型号仿真的要求，进一步完善 ICSLⅡ仿真语言系统；另一方面，他又组织年轻技术人员开展了离散 / 连续混合系统仿真语言 IHSL 的课题研究，放手让年轻同志在实践中锻炼成长。

IHSL 是一个功能很强的离散 / 连续混合系统仿真语言，是国内自行开发的第一个同类型的仿真语言。它在功能上要求能够描述离散系统、连续系统、离散 / 连续混合系统，并具有较强的仿真实验功能以及图形输入 / 输出功能、数据管理能力，能实现与数据库的连接；在结构上，它具有可扩展的层次化结构，可与其他相关软件构成一体化仿真环境。

要完成这一任务，难度是很大的。首先需要对国外现有的同类软件进行分析，吸收它们的长处，克服它们的不足；其次要在吸收的基础上进行创新，提出新型混合语言文本，进而通过 C 语言来实现。整个开发过程都要按照软件工程化的要求和规范来进行。参与这一课题任务的大多是刚毕业不久的本科生或硕士研究生，缺乏仿真语言研究的实践经验，在完成任务的过程中，经常遭遇各种难关。每当他们向李伯虎请教时，李伯虎都会毫无保留地给予指导，并勉励他们“科研不怕攻关难”，今天的努力付出终有一天会得到回报。

在李伯虎的研究生王锦的具体领导下，经过近三年的艰苦努力，IHSL 的研制开发工作圆满完成了。实验证明，离散 / 连续混合系统仿真语言 IHSL 与之前完成的 ICSLI 和 ICSLⅡ连续系统仿真语言一样，达到了当时国际上同类仿真语言的先进水平，并在 CIMS 试验工程在内的多家用户得到使用，初步成为一个商品化软件。1995 年，离散 / 连续混合系统仿真语言 IHSL 获得了部级科技进步奖二等奖。

在仿真语言研究开发取得重要成果的同时，在数字仿真的理论与技术研究方面，李伯虎也带领团队取得了很多成果。这一时期，他研究提出了“并发仿真工程”等新概念和新方案，并与欧洲仿真学会主席 G.C.Vansteenkiste 及美国并行工程研究中心主任 K.V.Reddy 联合发表了“并发仿真工程框架”的论文。他还与人合作完成连续系统模型自动分解成并行子模型的新算法与软件，为并行机仿真语言提供了关键技术。在这些研究成果的基础上，他又负责研制成了具有国际先进水平的“一体化并发仿真环境”等。

李伯虎在仿真语言、数字仿真算法和软件方面的研究成果，为我国数字仿真技术赶上世界先进水平做出了突出贡献。

在科研人员的一生中，能够亲身参加一个或几个国家重点工程实属不易，而李伯虎则有幸赶上了。

为了发展我国的系统仿真，1984 年 9 月，经国家正式批准，二院负责筹建国家重点工程——北京仿真中心工程。北京仿真中心工程是为促进我国导弹武器和航天技术发展而设立的一个非常重要的建设项目，是我国自行设计、研制和建造的大系统、多学科、高科技、综合性应用研究工程。这项被国家验收委员会称为“当前世界上规模最大、技术先进的仿真工程群体之一”落户二院，是航天工业部领导对型号仿真工作的重视，也是对二院工作的大力支持。

因为北京仿真中心工程是一项大系统工程，为落实责任，按期完成，国防科工委和航天工业部决定按照军品型号管理办法管理北京仿真中心工程，建立行政指挥系统和设计师系统。航天工业部任命二院副院长徐乃明为二院地区仿真中心工程总指挥；王泽厚、高国斌为副总指挥；副院长方辉煜为二院地区仿真中心工程总设计师，黄济仁、严南根、李伯虎为副总设计师，成立了仿真工程筹备组，明确了有关参建单位的任务。204 所作为主要参建单位之一，由李伯虎负责承担其中的计算机系统、公用仿真软件系统及六项民用研究项目的设计与实施任务。

能参加国家重点工程，承担其中的重要任务，对李伯虎来说，既是难得的机遇，也是对自己的一次严峻考验。他对参加仿真中心工程的同志说：“一个人一生中能参加国家重点工程的机会不多，我们能得到这样的机遇，是我们的幸运。因此，一定要集中精力，全力以赴，保质保量地确保各项任务的圆满完成，向国家和人民交出一份满意的答卷。”

在参与北京仿真中心工程整体设计的同时，李伯虎的工作重点之一是确保204 所承担的任务按时完成。他组建了一支由研究员和高级工程师带头、中青年

1989年，李伯虎（左一）向来访的美国、欧洲仿真学会主席等介绍成果

1989年，李伯虎（前左）接待时任国务委员兼国家科委主任宋健（前右）访问北京仿真中心

1989年，李伯虎（前左）接待美国ADI公司总裁（前右）访问北京仿真中心

科技人员组成的高素质科技队伍，并把这两方面的任务分解落实到有关课题负责人，明确任务节点和时间进度及质量要求。虽然李伯虎的副总设计师是兼职，所里的日常管理工作非常繁忙，但他深知自己肩上的责任，对北京仿真中心工程任务丝毫不敢马虎，他以极大的热情抓好各项任务的落实，为确保工程任务的按时完成尽心尽责。

在计算机系统方面，李伯虎组织有关人员对如何建立计算机系统进行了反复论证，提出了总体方案，并明确要在现有混合仿真计算机系统的基础上，以

自行开发建成一套完整的国内领先并具有80年代末国际先进水平、能满足新一代导弹制导控制系统数学/半实物仿真需求的混合仿真计算机系统作为目标。为实现这一目标，李伯虎要求承担计算机系统任务的204所技术人员认真按照总体要求，努力完成以VAX-11/780为主控计算机、我国自主研发的银河全数字仿真计算机、大型混合计算机为中心的数字/半实物仿真计算机的安装、调试及相关软件的配置。在科技人员的共同努力下，新系统较原系统扩展了40%的功能。这套计算机系统经过多年的运行，性能稳定，能满足型号仿真的需要，实现了预定目标。

研发“公用仿真软件”是204所承担的另一项主要任务。李伯虎作为该项目的主要负责人，经过反复思考后提出了“公用仿真软件”系统的总体方案，明确“公用仿真软件”应包括仿真算法软件和面向问题仿真语言及环境两大部分，并提出了两大部分的具体目标、主要任务和实现途径。他对参加这一任务的同志说，研发“公用仿真软件”，是北京仿真中心工程的重点任务之一，必须按时完成，这不但关系到国家重点工程任务，也关系到204所的声誉。

由于“公用仿真软件”具有难度大、参与人员多、时间跨度长等特点，为了确保任务按计划完成，李伯虎与项目的另一位负责人刘德贵周密安排，精心组织，分工协作，除了抓好分解任务、明确责任外，还定期检查各课题的工作进度情况及存在问题，协助解决技术难点，确保各项任务的顺利进行。李伯虎还带头参与完成了基于连分式的连续系统仿真算法与软件、连续系统仿真语言结构、一体化仿真环境方案及并发分布式仿真工程模式等课题。研制人员经过几年的努力，终于按时完成了任务，建立了一个可用于导弹武器系统及其他军事/非军事领域的数学与半实物仿真的、面向一般仿真工程技术人员和仿真软件开发人员的大型实用的仿真环境。这个系统边研制、边推广应用，先后用于多种军品型号研制的仿真及其他非军事领域的仿真，创造了较高的经济效益，实

1990年，李伯虎参加项目验收

现了巨大的社会价值。

1992年10月，“公用仿真软件”通过了国家鉴定，鉴定委员会认为：整个系统在仿真算法理论与设计、仿真语言的功能与结构、一体化建模与仿真环境的分布式工作模式等方面均有创新，达到国际先进水平。

1991年5月，在北京仿真中心工程即将圆满完成的前夕，经航空航天工业部批准，北京仿真中心正式成立。为了发展二院的仿真技术，提高北京仿真中心的知名度，二院党委经过慎重考虑，决定让李伯虎兼任北京仿真中心主任。身兼两个单位主要行政领导的李伯虎，深感责任重大，任务艰巨，不敢有一丝一毫的懈怠。他在全力抓好204所工作的同时，积极参与北京仿真中心发展战略的研究和重大问题的决策，为北京仿真中心的发展倾注了大量的精力。

李伯虎在北京仿真中心工程中所做的工作和取得的成绩，是他回国十年多的时间里在数字仿真领域取得的重要成果，也是他在仿真语言、仿真算法、一体化建模与仿真环境方面追赶世界先进水平的最新成就。

在各方的共同努力下，北京仿真中心工程于1992年全面建成，并于1993年1月，通过了由多位知名专家组成的国家验收委员会的验收。验收结论指出：北京仿真中心工程总体技术性能达到并部分超过了设计任务书的要求，关键技术上有重大突破，主要技术指标达到当代世界先进水平，并创造性地应用国内

1991年，李伯虎（右三）与同事在北京仿真中心

外新技术，使仿真工程在整体上达到国际先进水平，并有所创新，是当前世界上规模最大、技术先进的仿真工程群体之一。

中国科学院院士梁思礼对北京仿真中心的建成给予了高度评价。他认为：北京仿真中心是我国仿真技术领域的一颗灿烂明珠。它的建成以及投入正常运行，使我国导弹武器研制手段发生了更新换代的变化。这是继正负电子对撞机之后，我国在科学技术领域的又一重大成就，标志着我国仿真技术已跻身世界先进行列。

1993年7月，中国航天工业总公司给北京仿真中心工程记集体一等功；1994年，北京仿真中心工程获部级科技进步奖一等奖；1995年获国家科技进步奖一等奖。

李伯虎在北京仿真中心工程中发挥的作用得到了充分肯定，他荣获中国航天工业总公司个人一等奖，他在北京仿真中心工程中所做出的贡献将永远铭记在我国仿真事业发展的史册上。

李伯虎

李伯虎院士传记

Academician Li Bohu's Biography

第五章

CIMS主题立新功

从1989年开始，李伯虎被选任国家“863”计划自动化领域专家委员会委员、CIMS主题专家组组长等职，为我国制造业信息化技术的研究与应用作出了突出贡献。

1. 国家需要 迈进新域

20 世纪 80 年代，改革开放的春风吹遍神州大地，一场深刻的变革正在各领域展开，中国正以崭新的面貌展现在世人面前。

在世界范围里，一场全新的技术革命正在兴起，信息技术、生物技术、新材料等高新技术如同初升的太阳，蓬勃发展，有力地冲击着世界各国的科技，对全球造成了巨大的影响，甚至还直接导致了政治、经济、社会、文化、军事等各方面的深刻变革。发展高新技术及高新技术产业逐渐成为了国家与国家之间，尤其是世界各个大国、强国之间竞争的重要手段。而多年来的实践也证明，谁掌握了高新技术，谁就能抢占科技的“制高点”，谁就能攀上科技的最高峰，谁就能在经济上得到更持久有力的发展，在政治上获得更多的主动权。

正因为如此，世界各国都将发展高新技术作为国家发展战略的重要组成部分，为了实现这一战略目标，不惜投入巨额资金、优秀人才和丰富物力。1983 年，美国率先提出了“战略防御倡议”（又被称为“星球大战”计划）；1985 年，欧洲各国陆续加入德国提出的“尤里卡”计划；随后，经互会（经济互助委员会）成员国也参与到了“2000 年科学技术进步综合纲要”中；日本也不甘示弱地提出了“今后十年科学技术振兴政策”……这些计划都是着眼于21世纪的战略计划，其实施，给世界高新技术大发展带来了巨大的影响和震动。

其时的中国，因为改革开放为经济和社会的发展注入了新的活力，显示出勃勃生机。但是，人口、粮食、能源、环境、就业等难题纷至沓来。如何解决这些难题？唯一的出路除了深化改革之外，就是要加强高新技术的研究与应用。作为发展中的社会主义大国，我国只有尽快适应世界高新技术发展日新月异的新形势，积极赶超世界先进水平，缩小与西方发达国家的差距，集中力量于高新技术领域的发展，才能使我国的经济、社会获得巨大的发展。

在当时，很多关注国家命运的有识之士都认识到了这一点。1986年3月3日，王大珩、王淦昌、杨嘉墀、陈芳允四位老科学家给中共中央写信，诚恳地向国家领导人提出了要追赶世界先进水平，发展我国高新技术的建议。

这封信很快被呈送到了邓小平的面前。老科学家们的建议与他一直以来的思路可谓不谋而合，经过深思熟虑之后，邓小平于1986年3月5日做出批示：这个建议十分重要，找些专家和有关负责同志讨论，提出意见，以凭决策。此事宜速作决断，不可拖延。

邓小平的这个批示，打开了中国高新技术发展的大门。从那之后，中国的高新技术研究发展进入一个全新阶段。为了使这一批示得到贯彻落实，将风险降到最低限度，在此后半年的时间里，党中央、国务院组织了200多名专家，为高新技术的发展战略出谋划策。经过先后几轮严格的论证之后，1986年10月，中共中央政治局召开扩大会议，批准了《高技术研究发展计划纲要》，并决定用15年的时间——即到2000年底前国家拨款100个亿支持该计划。举世瞩目的中国战略性高科技发展计划正式公诸于世。

因为促成这个计划的建议的提出和邓小平做出批示的时间都是1986年3月，因此，人们就习惯地将这个计划称为“863”计划。“863”计划开启了中国挑战尖端、以创新推动发展的新时代。

“863”计划立足于中国的需要与实际，在充分考虑到世界高新技术发展趋势的前提下，确立了“有限目标，突出重点”的方针，选择了七个主要领域的15个主题作为我国高新技术研究与开发的重点，组织一批科技专家带领技术人员进行攻关，希望通过持续的努力，力争在几个最关键的高新技术领域，跟踪国际先进水平，缩小与西方发达国家间的差距，在具有竞争优势的领域实现新突破，并迅速转化为生产力，推动经济发展，为我国21世纪的经济发展和国防建设奠定坚实的经济技术基础。

宏伟的“863”计划，吹响了中国向高技术领域进军的号角。

“863”计划的七个领域中，自动化领域是其中之一，下设两个主题，即机器人和CIMS。两个主题都是当时世界上刚刚发展起来的新技术，国家将其列为“863”计划的主题，说明我国政府在发展信息产业方面高瞻远瞩的眼光和坚定决心。每个主题都实行专家委员会、主题专家组、专题专家组三级管理体制。

要发展高新技术，首先需要的是大量的精英人才。众所周知，在体育领域，为了参加国际比赛，全国各个单项比赛中成绩最好、水平最高的运动员组成国家队，经过严格的集中训练后参加国际比赛，为国争光。在科技领域，又何尝不需要这样一支高水平的国家队呢！

为了促进“863”计划的实施，确保“863”计划目标的完成，国家科委四处物色各个领域的精英人才组成技术攻坚的国家队。曾在模拟仿真机研制和数字仿真技术方面进行不懈探索，又经过国外进修，正担任航天二院204所所长的李伯虎，顺理成章地进入了他们的视线之中。

1988年秋天，正当李伯虎在204所所长的岗位上辛勤工作、不断开拓之际，几位“不速之客”来到204所。他们正是国家科委派来对李伯虎进行考察的人员，此行的目的是为了了解李伯虎在数字仿真技术方面的能力、水平和贡献，以及他在所长岗位上的管理能力。

作为一名曾出国深造学习数字仿真技术、回国后又取得重要成果的中年技术专家，在管理岗位上勇于开拓创新的所长，李伯虎无疑给考察人员留下了深刻的印象。不久，李伯虎被正式聘任为国家“863”计划自动化领域专家委员会

20世纪90年代，李伯虎（前排左四）参加“863”计划CIMS主题专业专家组成立大会

委员。

能参与到“863”计划中，为国家的高技术发展献计献策、做出贡献，是很多科技人员的梦想。李伯虎得知这一消息后心里非常高兴。他知道，进入“863”计划的“国家队”，成为自动化领域专家委员会委员，将是他在人生道路上的一次重大转折，不仅能够为他在国家高新技术领域发挥更大作用提供一个难得机遇，也将为他在更高的层次上展示实力提供广阔的发展空间，更将为他在更大范围内接触国内外知名专家、在国家高新技术领域的前沿攻关提供重要平台。这意味着，从此之后，他不但能够在数字仿真技术领域继续攻关，还可以在我国制造业信息化领域纵横驰骋。

这样的机会可谓千载难逢，可遇而不可求，但李伯虎却幸运地得到了。这正应了一句话：机会总是留给有准备之人。

CIMS 是通过计算机硬软件，综合运用各种现代管理技术、制造技术、信息技术、自动化技术、系统工程技术，将制造全过程及全系统中有关的人、技术、经营管理三要素及其信息流、资金流与物流等三流有机集成并优化运行的庞大系统，是一种跨学科、技术覆盖面广的复杂系统。20 世纪 70 年代，美国约瑟夫·哈林顿（Joseph Harrington）博士首次提出了这一制造理念，但是到了 20 世纪 80 年代中期，这一理念才得到充分重视并大规模实施。究其原因，是70年代的美国产业政策中过分夸大了第三产业的作用，而将制造业尤其是传统产业，贬低为“夕阳工业”。这导致美国制造业优势的急剧衰退，并在80年代初开始的世界性石油危机中暴露无遗，使美国不得不重新开始重视并决心用其信息技术的优势夺回制造业的霸主地位。后来，美国和其他西方发达国家纷纷制定并执行CIMS发展计划，从那之后，CIMS理念、技术才进入了蓬勃发展时期。在实际应用中，CIMS技术把以往生产过程中相互孤立的工程设计、生产制造、经营管理等，在计算机及其软件支持下，组合成为一个覆盖整个流程的、完整的有机系统，从而实现全局动态最优，提高市场竞争力。CIMS成为了世界上自动化技术发展的前沿科技。

1986年，在国家《高技术研究发展计划纲要》中，明确提出了CIMS主题的主要目标是针对多品种、小批量、高效率、高质量、快速响应市场的自动化技术的需要，跟踪研究计算机综合集成系统的关键技术，建成一条示范生产线，并规定“2000年掌握CIMS的关键技术，建立具有很好的综合经济效益并有带动性的示范点，促进我国CIMS高技术产业的形成”。为了实现这一目标，就要创建应用工厂、单元技术网点、实验工程三种实体，结合国情，进行互相联系的应用工程、目标产品、技术攻关、基础研究四个层次的研究工作，遵循在应用驱动下通过研究课题、单元技术网点和实验工程相互协调、逐步逼近目标的总技术路线。

1987年CIMS主题刚开始实施时，担任所长不久的李伯虎还没有进入自动化领域专家委员会，然而，他却敏锐地看到了这一发展将会给204所带来巨大的发展机遇，对CIMS主题的进展始终保持着密切关注。为此，他还在所里新设立了计算机辅助设计和人工智能等几个研究室，积极争取有关课题，千方百计地想在国家“863”计划自动化领域CIMS主题的研究中占有一席之地。

1991年，李伯虎做专题讲座

1989年李伯虎成为“863”计划自动化领域第二届专家委员会委员后，对CIMS的认识更加深入了。他深知，我国在这一领域与西方发达国家还存在着很大的差距，信息技术产业处于起步阶段，制造业领域传统的加工设备占了相当比例，设备老化、信息化水平低，都会阻碍CIMS主题战略目标的实现。在激烈的竞争形势下，不改变这一状况就没有出路。李伯虎庆幸自己能够成为专家委员会中的一员，和同事们一起用信息技术改造我国的传统制造业。与此同时，他也深感责任重大、使命光荣，虽然工作繁忙、任务繁重，却始终不敢掉以轻心。

从1989年开始，李伯虎怀着极大的兴趣和热情投身到“863”计划自动化领域的各项工作中，按专家委员会的要求，积极参与多方面的调研和论证，并参与制定了“863”计划自动化领域的战略目标、技术路线和发展计划等，还被任命为 CIMS 主题重点应用工厂组组长。

在完成专家委员会分管任务的同时，作为所长，李伯虎还带领 204 所的技术人员参与到了这一领域的研究中。他对 204 所的技术状况和人才队伍进行了深入分析，认为很多技术与 CIMS 都有着密切的关系，204 所完全可以在 CIMS 主题中承担更多任务，发挥更大作用。为此，他在统一 204 所领导班子思想认识的基础上，专门召开一次中层干部会议，进行动员部署。他说："参加国家'863'计划 CIMS 主题，是国家赐予我们的一次千载难逢的发展机遇，也是 204 所发挥自身独特优势的大好机会，机不可失，时不再来。我们一定要把握这次机会，充分发挥 204 所在计算机应用和仿真方面的技术优势，在国家 CIMS 主题的发展中占有一席之地，争取为我国 CIMS 技术的推广应用做出更大贡献。"

言必行，行必果。李伯虎迅速从 204 所的技术骨干中抽调了数十人，组成了一支技术实力雄厚的科研队伍，专门参与 CIMS 的有关工作。推荐软件技术专家、研究员高永春、陶克强、石中岳、王锦等担任专题专家组专家。这时，所里出现了不同的声音：派这么多专家和数十位技术骨干参加到 CIMS 主题的开发应用，到底合不合适？一些人认为，参加 CIMS 开发虽然没有影响军品任

20 世纪 90 年代，李伯虎（中）出席"863"专家会

务，但研制经费比较少，经济效益不是很高，不合算，与其如此，不如把更多的技术力量投入到其他方面。

李伯虎性格向来温和，但这一次，他却表现出了与以往不同的固执。他认为，这是事关204所发展方向的大问题，要从长远发展着眼，决不能只考虑眼前利益。虽然，参与CIMS的开发应用暂时不能为204所带来很大的经济效益，但能使204所在国家高技术领域占有一席之地。现在不参加，将来想参加进去是不可能的。参与这种国家级的重点任务，对于204所培养人才、锻炼队伍也有着重要的意义。最终，在李伯虎的坚持下，所里上下达成了共识。

在李伯虎的带领下，204所积极参与CIMS的各项工作，经过主题专家组讨论，被指定为CIMS主题“总体设计与实施”专题的挂靠单位，参与制定了我国CIMS的战略目标、技术路线和计划；作为清华大学实验工程的参建单位，派出高永春担任该工程的副总设计师，并派出多人参与其中的许多前瞻性研究开发课题；带领技术团队负责研制出具有国内先进水平的“车间实时调度仿真系统”，提出了基于面向对象的建模方案；指派软件专家、辅助设计研究室主任石中岳担任某重点应用工厂总设计师，并派出数十人的技术骨干参与到工作之中，一干就是几年；组织老专家王纬、陶克强等制定了《CIMS 初步设计规范》《CIMS 软件工程实施指南》等文件，作为 CIMS 主题重点应用工厂的标准化文件下发实施。

204 所参加 CIMS 研制的技术人员大多是参加工作不久的本科、硕士和博士毕业生，他们对能参与到国家“863”计划中承担任务、施展才能、发挥作用都非常激动。为了完成任务，他们长期出差在外，远离北京，远离家庭，工作很累，但谁都没有怨言。他们心里只有一个愿望——为 CIMS 主题在我国的推广应用做出自己的努力。

对于他们的辛苦付出和不懈努力，李伯虎看在眼里，记在心上，常常关心他们的工作和生活，了解他们的情况，鼓励他们勇于实践、大胆创新、边干边学、在实践中锻炼成长。他及时指示 204 所机关的有关职能部门，一定要尽可能帮助他们解决工作和生活上的困难，为他们解除后顾之忧。

这些年轻人在经过了“863”计划的锤炼之后，迅速成长为 204 所的技术骨干，有的被破格评为高级工程师，有的被提拔到研究室或研究所的领导岗位。曾经是李伯虎研究生的王锦，在数学仿真和 CIMS 的研究中，进步很快，成绩突出，1993 年被提拔到副所长的岗位，后来还成为我国 CIMS 研发基地的负责

李伯虎（左三）、怀进鹏（左二，现任工业和信息化部副部长）等参加中国—欧盟信息通信合作大会

人之一。

1993年，国家科委取消了“863”计划领域专家委员会的领导体制，李伯虎在担任第二、第三届自动化领域专家委员会委员之后，改任第四届CIMS主题专家组成员和第五届CIMS主题专家组长。正是这一转变，给李伯虎的人生发展创造了新的机遇，使他可以在人生的第二大技术领域——制造业信息化领域创造人生事业的新辉煌，他的人生画卷由此增添了浓墨重彩的一笔。

2. 专家组长 勇于创新

我国推广应用CIMS技术，实现制造业的信息化，在国内引起极大反响，自始至终都得到了党中央、国务院的大力支持。1991年，邓小平为“863”计划五周年题词:“发展高科技，实现产业化。”这为“863”计划的发展指明了新的方向。

从此之后，CIMS主题以“发展高科技，实现产业化”为宗旨，在国务委员兼国家科委（1998年更名为科学技术部）主任宋健、副主任朱丽兰的领导和直接关心以及各有关部门的大力支持下，在以蒋新松和吴澄教授先后为首席科学家的CIMS主题专家组的直接组织下，集中了全国近万名专家、技术人员和管理人员参与到CIMS的工作中，在我国开启了CIMS技术、产业、应用发展的可喜局面。

由于李伯虎在主题专家组的工作得到了国家科委领导和专家委员会专家的认可，从1996年开始，李伯虎被任命为CIMS第五届主题专家组组长。这一届是完成“863”计划交账目标的关键五年，因此，他深感担任这一职务，意味着责任更大、担子更重，但习惯于担当重任的李伯虎坦然面对，迎难而上，在这一岗位上努力工作，勇于创新，为在我国推广应用CIMS技术做出了突出贡献。

身兼数职，使李伯虎不得不连轴转，每天忙得像陀螺一样，一项活动接着一项活动，一个会议接着一个会议，每天不断变换着角色，不断思索着新问题，天南地北，来回奔波。对于年轻人来说，这也许不算什么，但对于年近花甲的李伯虎，确实不是一件容易的事。妻子陶华为他担忧不已，劝他别那么累。一些关心他的老同事也纷纷劝他悠着点，注意身体。大家的好意他心领了，可是却仍然像上了发条的钟表一样不停地摆动，在完成二院、系统仿真学会工作的同时，以更多的精力投入到我国 CIMS 的推广应用之中。

走马上任的李伯虎一直在思索：根据我国目前的实际情况，如何才能走出一条中国特色的 CIMS 发展之路？为了解决这些问题，在自动化领域首席科学家蒋新松和吴澄教授领导下，他和专家组的同志们经过调研和多方论证，对我国企业的现状有了清醒的认识。他们认为：我国企业作为市场竞争的主体，新产品开发能力弱，信息化水平比较低，管理粗放，产品成本、质量以及市场开拓能力等还存在着许多问题，难以适应迅速发展的市场经济新形势，更难以参与国际竞争。在这种情况下，国外的计算机集成制造系统的技术内涵和应用内涵不完全适合我国国情，必须有所创新，根据我国的实际情况推广应用 CIMS。在吴澄教授与李伯虎合作完成的《CIMS 的昨天今天明天》一文中，系统地回顾了 CIMS 技术与应用的脉络，提出了在我国推广应用

CIMS 的发展方向。

在应用基础研究、重大关键技术攻关、产品开发、应用示范等层次上取得重大进展的过程中，基于该主题上万名科技人员十余年的实践，在自动化领域首席科学家蒋新松教授和吴澄教授领导下，李伯虎与其他 CIMS 主题专家合作，进一步全面性地总结并提出了 CIMS 的新内涵，即“现代集成制造系统”（Contemporary Integrated Manufacturing）的理念——它在广度上、深度上拓宽了传统 CIMS 的内涵。

CIMS 主题专家指出：“现代集成制造系统”是一种组织、管理和运行现代制造类企业的理念。它将传统的制造技术与现代信息技术、管理技术、自动化技术、系统工程技术等有机结合，使企业产品全生命周期各阶段活动中有关的人/组织、经营管理和技术三要素及其信息流、物流和价值流三流有机集成并优化运行，以达到产品（P）上市快（T）、高质（Q）、低耗（C）、服务好（S）、环境清洁（E），进而提高企业的柔性、健壮性、敏捷性，使企业赢得市场竞争。

他们还认为，“现代集成制造系统”是一种基于现代集成制造理念构成的数字化、信息化、智能化、绿色化、集成优化的制造系统；它是信息时代的一种新型生产制造模式。在技术体系方面，他们认为应该包括总体技术、设计自动化技术、加工生产自动化技术、经营管理与决策技术、支撑平台技术和生产过程控制技术。

“现代集成制造系统”内涵丰富，创新性强，大大拓展了“计算机集成制造系统”。拓展之处主要包括：一是细化了现代市场竞争的内容；二是提出了 CIMS 的现代化特征——数字化、信息化、智能化、集成优化、绿色化；三是强调了系统的观点，拓展了系统集成优化的内容，包括信息集成、过程集成和企业间集成优化，企业活动中三要素和三流的集成优化，以及 CIMS 相关技术和各类人员的集成优化；四是突出了管理与技术的结合，以及人在系统中的重

20世纪90年代，李伯虎（左四）与国家“863”计划专家在深圳合影（左一为周济院士，右四为蒋新松院士，右三为吴澄院士，右一为娄勤俭（现任陕西省省委书记））

要作用；五是指出了CIMS技术是基于传统制造技术、信息技术、管理技术、自动化技术、系统工程技术的一门发展中的综合性技术，特别突出了信息技术的主导作用；六是扩展了CIMS应用范围，包括离散型制造业，流程及混合型制造。

这一理念的创新，是CIMS主题专家组以及技术人员对CIMS认识的深化和发展，符合我国国情，对于确定我国CIMS技术的发展目标、工作重点、推广方法等都有重要意义，为在我国推广应用CIMS技术打下了坚实的基础。

理念的创新、实践的发展，对专家组提出了更高要求，摆在专家组面前的任务更加繁重。很多项目的立项、评审，他们需要参加；在项目完成过程中遇到大的问题他们要帮助解决；项目完成后的验收，他们需要组织；项目的成果需要推广，哪一个环节都必须关注，不能含糊，都要下很大功夫。很多问题需要多次开会商议、反复论证后才能得到解决，李伯虎和专家组的同事们时间非常紧张。有人曾经进行过统计，他们平均每年要开 300 多个会议。一天之内辗转于多个会场，对于李伯虎来说早成了司空见惯的事情。

专家组开会时，专家们常常会因为一个问题辩论不休，不知道的人看他们你一言我一语，争论得很激烈，还以为他们在吵架呢！然而，就是在这样的争论中，问题的解决思路变得越来越清晰。会议进行到尾声时，李伯虎通常会出面进行总结整理，让会议的内容更加条理化。也许是多年担任所长的缘故，李伯虎在工作中对问题的看法，提出的思路、建议，以及解决问题的办法，都显示出他独特的管理才能。特别是善于听取各种不同意见的民主作风，对工作认真负责的态度，不计个人得失、重视团结协作的精神以及善于归纳分析总结的能力，在 CIMS 专家组内得到了大家的一致认可。久而久之，大家就给李伯虎起了一个绰号——“老理”。

李伯虎深知，作为 CIMS 主题专家组，最重要的是要做好发展战略的研究，搞好顶层设计，把前沿的和体系的问题搞清楚，才能进一步明确工作目标，确定工作重点，找到解决问题的办法，落实有关措施，为我国 CIMS 的推广应用扫清障碍、铺平道路，确保按计划完成国家交给的任务。

在顶层设计中，李伯虎认为，最主要的是明确在我国推广应用 CIMS 的目标，让上下明确发展方向，同心协力工作。

CIMS 主题专家根据我国制造业发展的需求，在先进制造技术发展的推动下，不断充实完善新的目标。在他们的具体策划和参与下，1997 年 4 月，国家科委专门召开全国 CIMS 工作会议，决定加快运用 CIMS 推动我国制造产业高技术化和实现 CIMS 相关高技术产业化。会上重新确定的 2000 年前 CIMS 主题的最终目标是：成功实施一批国内领先、国际知名、效益显著的应用示范工程，奠定国内 CIMS 推广应用的坚实基础；突破一批达到或接近世界先进水平，并对经济和社会发展有重要影响的关键技术和应用基础研究成果；开发出一批有市场竞争力的目标产品，促进形成中国 CIMS 产业的中坚力量；建成一批高水平的研究开发基地；培养一支跨世纪的研究、开发、应用骨干队伍。这一发展目标，更加清晰地勾画出我国 2000 年前推广 CIMS 技术发展的宏伟蓝图，既有一定的难度，也有实现的可能，符合我国国情，得到各方赞同，对于调动各方参与 CIMS 推广应用的积极性，加速我国 CIMS 技术推广应用的步伐，发挥了重要作用。

这次会议的召开，进一步明确了我国发展 CIMS 的思路和目标，为推动我国制造产业高技术化和实现 CIMS 相关高技术产业化奠定了基础。CIMS 主题的推广应用工作也随之进入了一个全新的阶段。

根据发展目标，CIMS 主题专家组进一步确立了“八五”和“九五”的工作重点：即“七五”建成一批高水平的研究开发基地，突破系统信息集成技术；在此基础上，“八五”成功实施一批国内领先、效益显著的 CIMS 应用示范工程，突破以并行工程为代表的系统过程集成技术；“九五”大力促成中国 CIMS 产业，使应用示范工程在广度、深度上有新的、更大的发展，突破（部分）以敏捷工程为代表的企业间系统集成技术，并发展形成现代集成制造系统的理论、方法、技术与工具，建成具有中国特色的CIMS研究、开发、应用、推广体系。

为了实现2000年的总体发展目标，按照专家组确定的工作重点，李伯虎和主题专家组的全体同志在多个方面开展工作，抓好落实。

他们建立了专家咨询、民主决策及严格的过程管理和项目管理体系，保证了项目管理工作的有效运行。这种体系在不同层次上扩展到各地方、各行业，乃至实施CIMS企业内部的决策及实施体系中，产生了极大的社会影响。这种管理体系适合我国的实际发展道路，为各级政府部门积极推动高新技术发展，倡导产学研相结合和企业为主体的应用实践，提供了有益的探索。

在经费管理方面，他们围绕战略目标合理分配经费，根据各个阶段的工作重点确定投资重点。采取阶段拨款、滚动投资的方法，严格遵守“863“计划有关规定和制度；应用工程和产品类项目强调企业自主投入，CIMS主题投入1.3亿元，带动企业投资16亿元，起到了四两拨千斤的作用，保证了开发经费的需要。

在关键技术的确定、应用示范工程的选点、研发基地及目标产品的选择等方面，专家组的同志们都煞费苦心，花费了极大精力。在项目的论证、立项、评审与验收过程中，全部采用公平、公开、公正、民主评议、回避、投票表决的原则，对重大项目建立了专家监理系统，从组织上保证了项目过程管理与目标管理的实现，保证了项目完成的质量。

作为专家组组长，李伯虎在工作中可谓事无巨细，凡事都要亲自过问。长期超负荷的工作，使他疲惫不堪。然而李伯虎并没有退却，他心中只有一个信念：为了祖国的制造业信息化水平尽快赶上世界先进水平，为了中国经济的更大发展，再苦再累也值。其实，这又何尝不是每一个参加“863”计划的科技人员的共同心声呢？

3. 示范工程 敢于担当

随着我国改革开放的深入、市场经济体制的逐步完善，以及经济、社会的快速发展，国家对实现工业化和信息化越来越重视，在“八五”“九五”的规划中就将信息化列为发展重点。2000 年，在北京召开的第 16 届世界计算机大会上，中国领导人在致辞中指出：“中国政府高度重视发展信息产业，正在大力推进国民经济和社会信息化。中国还是一个发展中国家，工业化的任务尚未完成，

2000年，李伯虎（正面右一）作为“863”计划 CIMS 主题专家组组长到鞍钢检查工作

2001年，李伯虎在“863”计划自动化技术领域科技日专题讲座会上作报告

又面临实现信息化的艰巨任务。我们的战略是：在完成工业化的过程中注重运用信息技术提高工业化的水准，在推进信息化的过程中注重运用信息技术改造传统产业，以信息化带动工业化，发挥后发优势，努力实现技术的跨越式发展。”

为了落实全国CIMS工作会议确定的2000年前CIMS主题的最终目标，李伯虎和专家组的专家们把建立一批国内领先、国际知名、效益显著的应用示范工程，大力促成中国CIMS产业的形成作为工作重点。他们积极探索，不辞辛劳，使应用示范工程从最初的几个发展到200多个，遍布全国各地，涉及20多个行业，形成了众多企业争上CIMS应用示范工程的良好局面。

早在1987年，“863”计划CIMS主题专家组就曾确定了四个重点应用工厂（也就是后来所说的应用示范工程），同时，还确定了三个单项技术应用工厂。在其后十几年的工作中，随着人们对CIMS技术的认识，要求加入应用示范工程的企业迅速增加，最终达到200多家，覆盖了全国的各个领域、多个行业。

1989年，在沈阳CIMS战略目标审定会上，CIMS主题专家组曾将应用示范工程的实施工作划分为三个阶段：

第一阶段，1989—1992年是示范应用工厂的选点、可行性论证、初步设计和详细设计阶段；

第二阶段，1993—1995年是示范应用企业实施的突破阶段，要在第一批示范应用企业中取得突破性进展，获得明显的经济效益和社会效益，为在更大范围内推广应用发挥示范作用；

第三阶段，1996—2000年在全国更多的企业推广应用CIMS技术，争取建成一批国内领先、国际知名、效益显著的应用示范企业。

要在短短的几年时间里，建立一批国内领先、国际知名、效益显著的应用示范企业，谈何容易，工作难度之大，工作量之大，一般人难以想象。尽管工作很难，但对于担负着国家和人民重托的CIMS主题专家组来说，只有勇往直前，顽强拼搏，没有退路。他们集思广益、想尽办法，把应用示范工程的工作不断向前推进。

在实施过程中，李伯虎和专家组的专家们在不断总结先期实施重点应用工厂经验教训的基础上，对今后应用示范工程的工作重点、实施途径、检验标准和技术支持等提出了明确的指导意见，为应用示范工程的顺利实施打下了基础。

他们把“确保成功”作为CIMS应用示范工程的重中之重，确保抓一个，成功一个，真正起到“示范”作用，带动一片，达到CIMS技术在我国企业广泛推广应用的目的。

他们提出了应用示范工程的实施途径：要从企业诊断入手，找出企业运行中的瓶颈；基于企业经营发展战略，认真做好需求分析，确定应用工程的目标；按照 CIMS 应用示范工程的有关规范，做好可行性论证、初步设计和详细设计；选择好企业急需解决又能较快见效的环节作为突破口；在实施过程中尽量采用成熟技术，提倡使用国产软件，重视集成平台、框架工具的应用，保证应用示范工程的质量。

他们明确提出了应用示范工程成功或达标的主要标志：一是通过 CIMS 的实施真正提高了企业的市场竞争能力，取得了较显著的经济效益与社会效益，为企业综合信息化、管理现代化打下了良好的基础；二是在国内制造业，至少是同行业企业中，公认应用示范企业起到了一定的示范带头作用；三是应用示范工程的总体成果促进了我国 CIMS 产业的形成。

在应用示范工程的技术支持体系方面，李伯虎和专家组也进行了大量的前期准备工作。组织多个单位的技术人员对实施中的难点和标准化等进行研究，提出了技术路线、技术指南和有关工作标准，为应用示范工程的实施提供了技术保证。

他们提出的 CIMS 应用示范工程实施方法、检验标准、技术支持体系、工具和经验等，具有中国特色，符合实际，得到各方认可，对应用示范工程的推进起到了积极作用。

为了实施 CIMS 应用示范工程，作为首任应用示范工程组组长和其后的 CIMS 专家组组长，李伯虎和 CIMS 专家组一起做了大量的探索，他们在研究国外先进经验的同时，多方征求和听取专家意见、企业意见和主管部门领导的意见，不断完善实施办法，为应用示范工程的实施付出了极大的努力。

从应用示范工程的选择、总体方案的落实、技术难点的解决到阶段工作的评审，李伯虎都尽可能参加。为此，他经常来往于北京、上海、沈阳、成都等地，成了一个不折不扣的“空中飞人”，经常是下了飞机就开会，会议一结束马上快马加鞭地赶回北京，有时晚上回来，第二天上午就要主持会议。他究竟出了多少差、开了多少会、熬了多少夜、流了多少汗，连他自己也说不清。但无论多苦多累，李伯虎也没有怨言。

有一次，李伯虎从外地赶回北京，飞机原定上午十点降落在首都机场，可是由于天气原因飞机到了十二点多才落地。接他的司机以为李伯虎肯定是要先回家休息，于是问也没问，直接把车开到了他家楼下。李伯虎一看，对司机说：“怎么开回家了？马上到所里去，下午两点还要开中层干部会。”

司机一看表，时间已经是一点五十了，没办法，只好掉转车头，急匆匆开车来到 204 所的办公楼下。当李伯虎走进会议室时，指针刚好指向了两点。主持会议的副所长以为这么晚李所长不会来了，正准备宣布推迟会议，另行通知开会时间，这时大家看到李伯虎憔悴的面容，都非常惊讶。与会的人都劝他回家先休息一会儿，改天再开会，可是李伯虎却笑着说，没关系，会议重要，无论如何也不能耽误所里的工作。

是啊！作为一个研究所，一日不可没有所长，所里的大事小情，包括任务的完成、经济指标的实现、工资奖金的分配、项目的谈判、技术难点的攻关、管理改革的落实、质量安全的保证、重要物资的采购，都离不开所长的权衡、决策、拍板。年过半百的李伯虎，分身无术，常常在北京与外地之间奔波，在所长和专家之间不断转换着角色，整天忙得团团转。

1995 年 5 月 1 日以前，我国实行的是每周六天工作制，只有星期天休息。但对李伯虎来说，哪里有星期天之说？外地的会议常常安排在星期一，李伯虎星期天就必须出发；所里的重要会议也往往安排在星期一，星期天必须回来，虽说不是同时召开，但都得占用星期天。担子压着他，工作等着他，他根本没办法得到充足的休息。家人、朋友、同事们看在眼里，疼在心里，但也说服不了一心为祖国科技事业操劳的李伯虎，只能在心里默默地祝福他。

累归累，可他仍然是那么乐观，那么忘我。这样的领导，这样的专家，不正是我国知识分子的典型代表吗？

这期间也有好心人劝他：“老李，别干了，你看你这么累，每天心神俱疲的，钱却没有多拿，何苦呢？下海吧，当个公司老总，每年几十万，比你现在拿的钱多多了。”面对这样的劝告，李伯虎总是一笑了之，仍然一如故我地为 CIMS 的推广应用忙碌着、辛苦着。

李伯虎担任 CIMS 主题专家组组长以后，按确定的目标加大了应用示范工程的选点和实施工作。特别是 1997 年 4 月，国家科委召开全国 CIMS 工作会议后，国家加大了投入，达到一亿多元，几乎是“七五”“八五”投入总和的两倍。企业争相上马，要求加入 CIMS 应用示范工程的企业越来越多，我国 CIMS 应用示范工程的深度和广度步入更高、更新的阶段，出现了前所未有的好势头。为了适应新形势，我国在全国范围内成立了 20 多个行业与地方 CIMS 应用示范工程专家组，极大地调动了行业与地方专家参与 CIMS 应用示范工程的积极性，几年时间参加应用示范工程的企业达到了 210 家。此外，还支持了上千种新产品的开发和产品改型设计，其相关产品的复杂程度有简单机械零件、工具到汽车、机床，还有大型发电设备甚至飞机、航天器等复杂精密产品。

这些企业，分布在除青海、西藏、香港、澳门、台湾以外的 29 个省市自治区，既有东南沿海经济发达地区，也有西部与东北部经济欠发达地区；在行业分布上，包括了机械、电子信息、航空、航天、汽车、船舶、石油、化工、家电、纺织等 20 多个行业；在生产方式方面，CIMS 应用示范企业包括了离散型、连续型和混合型等，涵盖了多品种小批量、少品种大批量、单件订单式、大规模定制等各种模式的企业，设计、制造、装配、运输、流通等不同性质的单位；在企业规模方面，涉及大、中、小各种规模，其中，大型企业 49%，中型企业 45%，小型企业 6%；在所有制方面，包括国有企业、股份制企业、民营企业、乡镇企业以及中外合资企业等各种所有制形式。

这么多的地方、这么多的单位实施应用示范工程，CIMS 主题专家们的工作量和紧张程度可想而知。但他们迎难而上、废寝忘食，为 CIMS 应用示范工程的实施，踏遍了祖国的千山万水。

作为“空中飞人”，李伯虎去过的地方很多，而且有些地方是赫赫有名的旅游胜地，如四季如春的春城昆明，山水甲天下的桂林，自古就有“天府之国”美誉的成都，风景如画的九寨沟，等等。但他都无暇光顾，每到一个地方，都是先了解情况，再开会研究，会议结束后马上动身去往下一站，有时到了吃饭时间，连饭都顾不上吃就去机场。好心的企业领导一再挽留他们吃饭，之后去看看山水，放松一下身心，但下一个单位的会议等待着，他们片刻也不能停留。他们这种忘我工作的精神、执着的工作态度深深感动了很多企业领导，这些领导要求本单位的技术人员要向CIMS专家组的专家们学习，尽快把CIMS应用示范工程搞上去，取得成效，不辜负专家组的期望。

这段时间还发生了一件趣事：去过李伯虎家里的人，都会看到他家里有很多雨伞，明显超出了一般家庭的数量。为此，很多朋友都感到非常奇怪，都以为李伯虎有什么亲戚朋友是专门经营雨具的，经营不善把这些雨伞存放在他们家里。每次听到这样的问题，陶华都会认真地解释："不是这么回事儿，伯虎这段时间因为工作忙，经常到外地去出差。有时去时北京是大晴天，可到了南方一出机场发现外面正在下雨。没办法，为了不挨淋，伯虎只好临时买一把雨伞。回到家里就放下了，再出差时因为晴天，就把雨伞放在家里了，到了那里又得新买一把。就这样，日积月累，家里的雨伞就这么多了。"

CIMS应用示范工程的实施，在多方面取得了明显成效：产品设计开发周期普遍缩短三分之一，大大加快了产品更新换代的速度，显著增强了企业的市场竞争力，应用示范企业的直接经济效益每年达

2001年，李伯虎（前排右二）参加“863”计划 CIMS 主题十五周年总结表彰大会

20 亿元以上，间接经济效益达到 800 亿元；军用产品的开发生产能力有了很大提高，国防实力得到增强；企业的创新能力、经营管理水平显著改善，还带动了 300 多家企业采用 CIMS 技术。1995 年，“北京第一机床厂 CIMS 应用示范工程”获 SME 工业领先奖。这一个又一个耀眼的成就，对我国利用信息技术改造传统产业，实现制造业信息化乃至国民经济信息化起到了巨大的推动作用。

由于 CIMS 应用示范工程成功地将高新技术与我国制造业和经济发展相结合，将国家高技术计划与地方行业科技与经济发展计划相结合，取得了一系列成功范例和显著成效。CIMS 应用示范工程不仅受到了科技界和企业界的广泛欢迎，还受到各地方政府和行业领导的高度重视，被十多个省市与行业列为“十五”重大科技项目和制造业信息化的重要内容。

看到 CIMS 应用示范工程遍地开花，成效显著，李伯虎心中备感欣慰，无比自豪。但他并没有因此而满足，而是时常告诫自己：工作虽然取得了一定成绩，但未来的路还很漫长，还有很多工作等着自己去做，绝不能因为一时的成就而忘记了自己的责任，更不能中途停步，应该继续努力，不辜负党和人民的期望。为此，他常常给自己的工作加码，提出新的目标，和其他专家及技术人员一起，在我国制造业信息化的进程中挥洒汗水。

4. 并行工程 协力攻坚

李伯虎常说："我是一名新中国培养出来的技术人员，必须时刻牢记国家利益高于一切，在高技术领域刻苦攻关、勇于创新，以优异的业绩回馈国家和人民。"他是这样说的，也是这样做的。他在担任 CIMS 主题专家组成员与组长期间，对 CIMS 主题的关键技术立项、经费落实、实施过程存在的问题到验收评审等各个环节都非常关注，认真把关。

李伯虎深知，既要抓好应用示范工程，又要重视抓好关键技术攻关。他认为，突破一批对经济和社会发展有重要影响的关键技术，对于在我国推广应用 CIMS 技术，缩短与世界先进水平的差距，具有重要意义，必须下大力气抓好。

在李伯虎看来，系统集成优化是 CIMS 技术与应用的核心技术，因此，他在前期信息集成的基础上，重点抓好以并行工程为代表的过程集成和以敏捷制造为代表的企业间集成的研究工作。

并行工程是在计算机集成制造系统信息集成基础上的过程集成，是 CIMS 在更高一级的发展阶段，重点要解决在分布、异构环境下通过多功能团队协同工作提高产品设计速度和质量的多项重大关键技术。李伯虎认为，自己作为专家组成员和专家组组长，必须带头参加关键技术的攻关工作，取得经验，掌握主动。于是从1993年开始，李伯虎同时参与或领导了CIMS并行工程的四个重大攻关课题。这些课题涉及国民经济的多个领域，项目的突破和完成，对于解决某些行业的技术发展瓶颈，实现经济的快速发展具有十分重要的意义。参与这些攻关课题的单位少则十几个，多则几十个，参与研究的科技人员多达数百人。

在几年的时间里，李伯虎同时参加了四个重大攻关项目，并担任总设计师，需要花费的精力和时间，一般人恐怕难以想象。有人评价李伯虎简直就是“拼命”。李伯虎说：“国际竞争这么激烈，国家这么重视，经济发展迫切需要，作为有良知的科技人员，有责任解决国民经济发展中的技术问题，即使是拼命也值。”虽然李伯虎的这些话算不上什么豪言壮语，但却道出了一个有高度责任感和紧迫感的知识分子的心声。

1993年，李伯虎担任总设计师的第一个重大攻关项目某并行工程，涉及多项技术、多个领域，参与人员多，时间跨度长。项目团队在项目负责人清华大学熊光楞教授和李伯虎总师的领导下，协同作战，刻苦攻关，在国内首次攻克了在分布、异构环境下多功能团队协同工作、过程重组、全数字化设计等多项达到或接近世界先进水平的重大关键技术，其成果成功推广应用于航天、航空重大型号及机车车辆、汽车、摩托车、鼓风机和石油钻头等多种专业企业和行业的新产品开发，并在团队协同工作、过程重组和多专业虚拟样机等技术方面扩大和深化了并行工程技术的研究开发成果，该项目获教育部科技进步奖二等奖。

同年，李伯虎作为项目负责人和其他专家合作提出并参与领导的第二个重大攻关项目并行工程集成框架系统，是国内首次突破基于软总线的CIMS集成框架技术。这个系统覆盖全企业范围的制造业CIMS应用。项目的完成实现了企业经营管理、工程设计、车间管理与控制、因特网服务等不同领域功能之间的集成，为企业实现信息集成和过程集成提供了新的方法和手段，对于提高企业的核心竞争力，加快经济发展发挥了重要作用，受到了各方好评。该项目于1999年获部级科技进步奖一等奖。

李伯虎没有满足在民用产业并行工程的攻关，他作为航天战线的一员，对在航天领域实施CIMS并行工程难免有偏爱之心。他深知，在航天产品的研制生产中实行并行工程，对于缩短导弹型号的研制生产周期、加快研制步伐，尽快增强我国的国防实力具有重要意义。在他的努力下，1993年，航天领域的CIMS主题重大攻关项目“航天并行工程”正式启动，这也是李伯虎在同年担任总设计师的第三个并行工程项目。

“航天并行工程”以航天某型号为背景，涉及多个专业、多个单位，参与这一项目的有多个单位的数百名科技人员。中国航天科工集团公司领导对这一项目极为重视，并给予了极大的支持。在研制中，李伯虎根据在航天系统多年工作的经验，提出了把并行工程拓展到总体、机械、电子、控制等多专业综合领域及基于系统仿真设计工具等新方案，得到了各方的大力支持。项目参与人员按照李伯虎提出的总体方案，大胆创新，合力攻关，在国内首次攻克了团队工作组织管理模式、复杂结构件产品开发流程等难关，将并行工程理念、技术、工具成功地用于机械领域，实现了产品的全数字定义，使设计周期缩短了30%，使铸造成功率从原来的30%提高到70%，确保了产品的可装配性和可制造性，验证了产品设计和部分修改的正确性，成功发现并解决了大量的潜在问题，使返工率降低70%，废品率降低30%，实现了从设计到制造的一次成功。该成果获国防科学技术进步奖二等奖。

李伯虎作为总设计师组织完成的第四个重大攻关项目是航天并行工程“复杂产品关键结构件设计制造一体化工程”，也是从1993年开始的。这一项目要求把并行工程理念、技术、工具从机械领域扩展到机械与控制相结合的领域，这是一项重大创新项目，时间紧，难度大。为实现该项目的创新突破，李伯虎提出了基于并行工程的设计制造一体化总体方案。在项目总指挥谈凤奎（航天二院副院长，后担任二院党委书记）和李伯虎的带领下，上百名科技人员经过几年的共同努力，在数字化设计、并行工程运行模式及基于SBD的复杂产品设计技术等方面取得突破性进展，使某型号的设计更改次数减少了50%，产品开发周期缩短了30%，加快了研制进度，降低了开发成本。该项目获国家科技进步奖二等奖。

短短的几年时间里，李伯虎作为总设计师相继参与完成了四项CIMS关键技术并行工程的攻关，取得了令人骄傲的技术成果，引起了上级领导及各方的关注。有的同事对李伯虎说：“你真不愧为‘攻关总师’啊！”随着国家对CIMS主题支持力度的加大，项目和经费都达到了前所未有的规模，“九五”关键技术攻关项目达到33项（“八五”期间只有2项），经费也提高到了6800多万元，是前10年的3倍。对于国家的大力支持，李伯虎和专家组的同志们既高兴又深感压力巨大。李伯虎说：“作为技术人员，没有退路，只有刻苦攻关、勇于创新，在CIMS关键技术的攻关中尽快取得突破，为CIMS在我国的推广应用打下基础，才能对得起国家和人民。”

在带头完成并行工程攻关的同时，CIMS 主题专家组还精心组织、大力支持其他关键技术的攻关工作。专家组决定，以重大工程和产品开发为背景，以信息化带动制造业现代化为重点，从发展高科技、实现产业化的高度组织攻关。他们从项目的确定、经费的支持、中期的检查到项目的验收等各个环节都进行了大量工作，确保了多项攻关项目的落实。在 CIMS 主题专家组的支持下，数千名参与关键技术攻关的科技人员，紧密结合行业或企业实际，团结奋斗，勇于创新，大力协作，在几年时间里就突破了 12 项重大关键技术，包括：企业信息集成技术、基于 STEP 标准的信息交换技术、基于专业网的敏捷制造技术（部分）、并行工程技术、虚拟样机技术、敏捷供应链技术、面向大规模定制生产模式的现代化设计技术、集成平台 / 框架技术、行业级 CIMS 技术、基于生产目标的复杂工业过程建模与优化集成控制技术、面向 CIMS 工程实施的企业建模与分析系统等。这些对我国经济社会发展和国防建设具有重要影响的关键技术，有的处于国内领先水平，填补了国内空白，有的达到了国际先进水平。

CIMS 关键技术攻关成果对我国经济和社会发展产生了重要的影响，从下述几个范例，就足以看出这些攻关成果对我国实现制造业信息化的重要影响。

国内首次建立了航空行业 CIMS 工程，覆盖了北京、上海、沈阳等六个城市。这一工程第一次实现了基于金航网的异地集成设计制造应用，为最终建立航空现代集成系统奠定了基础；实施了并行工程与 PDM 技术，达到了相当于波音 777 部件级异地无纸设计和制造的水平。

国内首次建成以高技术为背景、面向制造业的专业化虚拟网络 CIMSNET。采用先进的因特网技术、多媒体技术、数据库存储技术和全文信息检索技术，实现了全国现代集成制造技术信息和资源的有机集成和共享。

国内首次研制成功大型镗铣类虚拟轴机床。这个项目完成了内副驱动并联加工机床的关键技术研究及两台具有完全自主知识产权、不同种类的并联加工装备产品化样机，该样机被评为“中国第一台大型镗铣类虚拟轴机床”。成果达到国际先进水平，部分关键理论成果属国际首创。

开发成功世界上最大的双激光快速成型设备。采用双激光系统并行分区扫描开发出世界上最大的分层实体制造设备，可用于汽车等大尺寸零件的模具原型制造，填补了国内空白，达到美国公司同类产品的水平。

CIMS 主题重大关键技术攻关中取得的创新成果，有 13 项获得国家科技进步奖，52 项获省部级科技进步奖。在总体技术、设计自动化技术、制造自动化技术、集成化管理与决策技术等方面还取得 600 多项前瞻性应用基础研究成果，出版专著近 90 种，一级刊物发表论文 1800 余篇。这些成果的取得，凝聚着 CIMS 专家组及上万名技术人员的心血，在我国推广应用 CIMS 技术、实现制造业信息化方面发挥了重要作用。

在组织关键技术攻关的同时，CIMS 主题专家组还对实现 CIMS 产业化、开创独立自主的 CIMS 产业倾注了很多心血。他们认为，CIMS 目标产品的产业化对发展我国高技术领域拥有自主版权软件的工作具有长远的战略

2001年，李伯虎（前排左二）在国家“863”计划十五周年成果展览会上与专家合影（前排左一为周济院士，前排左三为吴澄院士，前排右二为顾冠群院士）

意义，它既是建设独立自主的软件产业、与国外软件竞争与抗衡的重要手段，又是在高技术发展的推动下，发展高科技、实现产业化，进而实现在该领域赶超世界先进水平的重要战略步骤。

CIMS主题专家组专门成立了目标产品专业专家组，全面负责CIMS目标产品的立项、过程管理和验收工作。他们以“发展高科技，实现产业化，开创自主独立版权软件产品”作为开发CIMS目标产品的宗旨，以CIMS应用基础研究、重大关键技术攻关和应用示范工程的成果为基础，发扬独立自主、勇于探索、自主创新和市场驱动精神，在国外软件产品垄断我国市场、知识产权保护不规范的情况下，经过近百个专业化软件开发企业2000多人的努力，基本形成和推出面向离散制造、流程工业和商贸自

2001年，李伯虎（前排左五）参加国家“863”计划 CIMS 主题十五周年总结表彰大会（前排右五为科技部部长朱丽兰）

动化三大领域，以重大目标产品和单元目标产品两大类型为代表的，拥有自主知识产权、产品特色鲜明的十个系列的目标产品，覆盖 85% 以上的 CIMS 工程所需的产品，从而实现了在该领域接近或达到世界先进水平的目标。

在 CIMS 主题专家组的推动下，一批国内领先的研究开发基地，以及七大目标产品的产业化基地先后建成，成为 CIMS 研究、开发、推广、应用体系的骨干，形成了一支联合起来的在国内市场上与国外软件相抗衡的中坚力量，为我国 CIMS 目标产品的更快发展奠定了坚实基础。

CIMS 主题专家组还推动建立了十个配套的国内领先的 CIMS 培训中心，培养锻炼了一支上万人的优秀科技和管理人才队伍，涉及电子、通信、计算机、机械、管理、营销等近 20 个专业。其中博士后 180 人，博士 1067 人，硕士 1596 人。通过 CIMS 培训中心完成针对企业管理人员、技术人员等不同层次的培训达 200 万人次，实现了 CIMS 预定的培养人才队伍的目标。

CIMS 主题专家组的专家以及上万名技术人员从国外的“计算机集成制造系统”概念开始，结合国情，立足创新，经过近 15 年的努力，使我国 CIMS 技术的推广应用工作迈上了新台阶，进而发展形成了以信息集成和企业优化为特征的现代集成制造系统的理论、方法、技术、工具和具有中国特色的研究、开发、应用、推广体系，并在应用示范工程、重大关键技术攻关、目标产品开发和应用基础研究等方面取得重大进展，圆满完成了国家既定的战略目标，成功地探索并走出了一条“用信息化带动制造业现代化，用高新技术改造制造业，以实现制造业跨越发展”的具有中国特色的 CIMS 发展之路。

在国家“863”计划的引导和国家科技部的正确领导下，在 CIMS 主题专家组全体技术人员、管理人员的共同努力下，在十几年的时间里，“863”计划 CIMS 主题取得了累累硕果。2000 年前的目标如期实现，有的还超过了预定目标，一大批应用示范企业的管理水平大大提升，核心竞争力和经济效益显著提高，为我国制造业信息化树立了榜样；一大批关键技术攻关取得的成效是我国科技进步的重大创新成果，填补了国内空白，达到国际先进水平；一大批目标产品的推出，替代进口产品，并走出国门参与国际市场竞争，彰显了我国科技人员的创新能力；一大批技术人员在实践中锻炼成长，成为我国推广应用CIMS技术的骨干。这些看得见或看不见的巨大成效，凝聚着无数科技人员的心血和汗水，对于建设创新型国家、增强我国的综合国力和国防实力发挥了重要作用。

这些成绩的取得，是全体战斗在CIMS主题战线上近万名专家、技术人员团结奋斗、顽强拼搏的结果，凝聚了李伯虎和专家组全体专家的智慧。他们在推进我国CIMS技术的发展上付出的努力、取得的成绩以及所做出的巨大贡献，直接推动了我国制造业信息化的进程。

鉴于李伯虎在国家“863”计划CIMS主题中的突出贡献，2001年，李伯虎被国家科技部评为“863”计划一等奖及突出贡献个人奖。对于李伯虎获得的这项荣誉，同事们都为他感到骄傲和自豪，但李伯虎只是淡然一笑。他说：“我只做了自己应该做的一点工作，功劳是大家的。”

2013年，国家“863”计划CIMS主题专家联谊会（前排左一为李伯虎，后排左三为周济院士，前排右四为全国人大常委会副委员长严隽琪，前排右五为吴澄院士）

李伯虎

李伯虎院士传记

Academician Li Bohu's Biography

第六章

仿真领域铸辉煌

1993年起，李伯虎调任航天二院科技委副主任，并任仿真领域多项重点科研项目总设计师。他率领团队，向系统仿真数字化、网络化、智能化、高效化迈进。

1. 分布仿真 迈开新步

1993年7月，炎炎酷暑里，李伯虎接到了一项新的任命——调到院科技委，担任副主任一职。这一纸调令，让李伯虎百感交集。他在回国后的十多年时间里，和204所的全体职工共同奋斗，发展了计算机软件技术和数字仿真技术。特别是在担任所长的七年时间里，和全所职工一起，勇于创新、敢于攻坚、一路前行，在短暂的时间里，使204所取得了明显的进步。他为204所的发展倾注了大量心血。如今，要离开这里，实在有点不舍。然而，组织的需要高于个人感情，即使再不舍，他终究也要带着对204所的无限留恋，离开这里，到新的岗位上履职。

院科技委是院的科技智库，汇集了二院各单位各类专业的专家。其中，院科技委主任、副主任和常委皆是院各重点型号或专业的总指挥或总设计师。他们除了各司其职外，还要组织院科技委群体为二院的科技发展出谋划策。在新的岗位，李伯虎可以将自己的全部精力和满腔热情更为集中地投入到他深爱的仿真技术和制造业信息化技术的研究中去，从专业技术上为二院的发展、为航天事业的发展尽心出力。

20 世纪 90 年代，数字仿真技术领域已经研发出了多种通用的高级建模仿真语言，并开始向更为完善的商品化仿真工具方向发展。与此同时，随着计算机网络技术、大规模分布处理技术、多媒体技术以及面向对象技术的发展，分布式交互仿真技术 DIS 应运而生。分布式交互仿真起源于美国国防高级研究计划局 DARPA 和美国陆军在 1983 年为坦克训练而共同制定的仿真网络计划 SIMNET。DIS 采用一致的结构、标准和算法，通过网络将分散在不同地理位置的不同类型的异构仿真系统及真实世界实现互联、互操作，建立一种人、机、物交互的综合仿真环境。基于 DIS 技术的发展，美国国防部各个部门相继开展分布式仿真技术的研究，建设了多个分布式交互仿真系统、并行分布式交互仿真系统，并进一步开展了聚合级仿真系统的研究。

1995 年 10 月，美国国防建模与仿真办公室制定了建模与仿真主计划 MSMP，在这个计划中，他们提出了未来建模 / 仿真的共同技术框架，包括三个方面：高层体系结构 HLA、任务空间概念模型 CMMS 和数据标准 DS。它们的共同目标是实现异构仿真系统间的互操作，并促进仿真资源的重用。具体地说，就是通过计算机网络使得分散分布的各仿真部件能够在一个统一的仿真时间和仿真环境下协调运行，且可以重复使用。HLA 的基本思想是使用面向对象的方法设计、开发及实现系统不同层次和粒度的对象模型，来获得仿真部件和仿真系统高层次上的互操作性与可重用性。这个计划的公布，意味着仿真技术开始向分布仿真的网络化体系结构发展。

在西方国家的仿真技术不断向前发展的同时，国内也在这一领域展开了深入研究，李伯虎及其团队围绕复杂系统仿真的需要，开始了网络化仿真技术及其应用的研究。1996 年起，李伯虎在国防科工委“九五”重大科研项目“综合分布仿真示范系统”中担任总师组组长，带领着来自五个部委十三个单位的百余名技术人员，对分布式仿真技术进行研究和攻关。

在讨论最初的技术方案时，大多数科研人员都倾向于采用 DIS 作为系统的关键技术。这主要出于两个方面的考虑：一是 DIS 在当时已经普及，相关协议被广泛使用，而新一代的网络化仿真技术 HLA 刚刚兴起，前景尚未明朗，而且国内对新技术的掌握还处于起步阶段，面临着更多未知的风险；二是如果采用新兴的 HLA 技术，那么很多单位的现有研究成果就无法直接应用，有很多工作需要重新做，并有较大的风险。

科研人员基于现实的考虑是合情合理的，但是，作为领路人，却必须要高瞻远瞩，看到更远的未来。李伯虎敏锐地察觉到了 HLA 技术的潜在价值，认识到 DIS 终将会被它所取代。于是，他毅然决然地选择攻克新兴的 HLA 仿真技术，一步到位。

一开始，大家都对李伯虎的选择感到有些不解：为什么要去研究一个有可能会遭遇无数风险的新兴技术呢？步子迈得太大了，是不是也会带来一些恶果？李伯虎耐心地为他们分析 HLA 技术与 DIS 技术的优劣以及仿真未来的发展趋势，最终，大家纷纷认同了他的观点。

然而，获得了统一的认识还仅仅是一个开始，选择 HLA 从技术上来说意味着整个课题组要面对更大的困难和挑战。毕竟，HLA 刚刚问世，在技术实践方案和应用方面能搜集到的资料很少，项目团队对 HLA 技术了解也不多，一切都要从头开始。

为了克服这些困难，李伯虎利用一切机会，积极邀请国外专家来华进行技术交流，增强项目团队的知识储备。为了降低项目的风险和工作量，同时能够引进消化吸收新兴技术，他提出了采用 DIS/HLA 混合体系结构、四类模型框架、面向问题语言输入的 HLA 支撑环境等新方案。经过五年奋战，李伯虎及其团队最终研制成功综合分布仿真示范系统。五位院士及十余位军内外专家形成的鉴定结论指出:“该系统是我国首次成功研制的基于先进分布交互技术和虚拟现实技术的综合仿真示范系统。体系结构先进，模型和数据完整详细，正确开发了实用先进的支撑软件平台，实现了三类仿真的无缝集成，可以支持异地分布交互仿真全生命周期的活动。系统研制难度高，工作量大，关键技术多，效益显著。该成果处于国内领先地位，达到国际先进水平。”

这是中国第一个自主研制的采用 HLA 技术与 DIS 技术融合的支持大型复杂系统仿真的网络化仿真系统。2003 年该项目获得了国家科技进步奖二等奖。

后来，HLA 技术由于异构仿真系统可重用性等方面的技术优势，在全球范围内迅速替代了 DIS 技术并成为国际标准。通过对这一项目的研

李伯虎（右一）在实验室向王礼恒总师（右三）等人汇报仿真成果

究，中国成为了较早掌握和发展HLA技术的国家之一，储备了第一批研究HLA技术的仿真技术人员，在分布仿真新领域中迈开了成功的一步。

2. 云上仿真 更上层楼

从20世纪90年代开始，将网络通信技术与计算技术融合的互联网在全球范围内日益普及。从1996年起，李伯虎就开始涉足网络化分布复杂系统仿真技术领域。在已有的分布式仿真工作基础上，他开始进一步思考：如何将新兴的信息网络技术与仿真技术融合为新的技术发展途径？

2001年，李伯虎被任命为“十五”仿真重大预研项目“多武器平台攻防作战综合仿真示范系统”总师组组长，在“九五”工作的基础上，与来自于22个单位的200余名同事一起，联合攻关。项目摊子比以前大了，参与的人多了，可以调动的资源和运用的技术、知识也多了，这是一件好事。但是，与此同时，这个项目也面临着巨大的困难。

俗话说，“人多力量大”。但从另一个角度来说，人多了想法就多，分歧不断出现。每次技术讨论时，不同专业的技术人员关注的重点不同，常常会产生各种各样的观点，一时难以达成一致意见。不论是研究方向的确定，还是关键技术的梳理，都会出现互不相让、各持己见的局面。每当此时，李伯虎总会挺身而出，劝说大家达成共识。他从不靠自己头上的那顶帽子来压别人，而是用他清晰的思维和丰富的知识来为大家仔细梳理思路，引导他们从不同的角度来思考问题，从而理解并吸收他人的观点，实现各种观点的整合和统一。

在项目研究过程中，李伯虎提出了“复杂仿真系统工程”的概念，即融合HLA、全生命周期管理 PLM、计算机支持的协同工作 CSCW、网格、项目管理等多种技术支持复杂仿真系统工程平台的技术途径，以及仿真网格的内涵及面向服务的新体系结构等。其中，“仿真网格”理念的提出，进一步完善和发展了HLA。

仔细回顾建模与仿真的发展过程，不难看到，建模与仿真的技术内涵和应用模式随着网络技术的发展而日益扩展、丰富。随着仿真系统的规模和结构逐渐扩大和复杂，迫切需要具有分布、异构、协同、互操作、重用等性能特点的新型的分布建模与仿真系统，急需建立一个多用户、异地、协同、多学科虚拟样机开发平台，支持复杂产品多学科虚拟样机的设计和综合优化。虚拟样机定义为对一个与物理原型具有功能相似性的系统或者子系统模型进行的基于计算机的仿真，而虚拟样机技术则是使用虚拟样机来代替物理样机，对候选设计方案的某一方面的特性进行仿真测试和评估的过程。于是，一种以现代网络技术为支撑的“网络化建模与仿真系统”应运而生。

而网络化建模与仿真的技术内涵和应用模式随着网络技术的发展而不断地扩展和丰富，经过了包括 DIS、HLA 等几个典型的阶段。与此同时，网络技术（如互联网技术、网络服务技术和网格技术）与 HLA 技术的结合促进了可扩展建模与仿真框架技术和仿真网格技术的出现以及发展，这一结合促进了在更多领域，特别是 C^4ISR 系统——Command（指挥）、Control（控制）、Communication（通信）、Computer（计算机）、Intelligence（情报）、

Surveillance（监视）、Reconnaissance（侦察）中的互操作和重用。

因此，李伯虎提出将现代网络技术，如因特网、网络服务和网格计算与现有的网络化建模与仿真技术（如 HLA 等）相结合，从而构建一个“仿真网格”。这个“仿真网格”能够极大地改善现有的网络化建模与仿真系统中存在的不足之处，尤其是可以改善系统使用的方便性、仿真资源的动态调度与管理、仿真联邦的自组织与容错、仿真运行的安全机制和对仿真系统工程的支持等方面的不足，进而融合分布建模与仿真技术、PLM 技术、项目管理技术、网格、网络服务技术、普适计算技术，以实现对“复杂仿真系统工程”的支持。

在理论创新的研究基础上，李伯虎和这个 200 多人的项目团队最终成功研制出了支持复杂仿真系统工程的新型分布仿真系统及仿真网格。它以应用

李伯虎（前排中）与参加第二届军用仿真技术成果应用研讨会的专家合影

领域仿真的需求为背景，综合复杂系统模型、先进分布仿真、虚拟现实、管理、系统工程等各类技术，实现网格中各类资源的安全动态共享与重用以及协同互操作和动态优化调度运行，进而支持仿真系统工程对工程与非工程领域内已有或设想的复杂系统项目进行论证、研究、分析、设计、加工生产、试验、运行、评估、维护和报废等全生命周期活动。仿真网格克服了传统建模与仿真平台在仿真资源动态共享、自组织、协同能力和安全应用机制等方面存在的诸多局限性，能支持仿真系统工程的实施，扩展分布仿真应用的模式，为协同仿真应用提供新的途径。

该项目无论是理念的提出，还是技术的实施，都已经达到了国际先进水平，其成果也在实际应用中获得了成功。李伯虎和他的团队在这个项目中攻破了十类关键技术，建成了四个新的复杂系统仿真应用示范系统。李伯虎及其团队有关仿真网格的文章获国际建模与仿真大会 MS-MTSA’06 优秀论文奖。2009 年项目团队再次在网络化仿真技术方面获国家科技进步奖二等奖。

虽然取得了一些成绩，但这只是前进道路上的一个篇章而已，研究的道路永远没有止境，需要人们不断地进行努力。随着国内外“云计算”技术的兴起，李伯虎的科学“雷达”再一次捕捉到了这个新兴产物。

“云计算”是网络、互联网发展的新阶段。“云计算”融合了网格计算、分布式计算、并行计算、效用计算、网络存储、虚拟化、负载均衡等传统计算机技术和网络技术等多项技术，是一种大集成的产物。“云计算”的目的在于通过网络把多个计算实体整合成为一个具有强大计算能力的完美服务系统，并借助 SaaS（软件即服务）、PaaS（平台即服务）、IaaS（基础设施即服务）等先进的模式，把强大的计算资源分布到终端用户的手中。如同将古老的单台发电机模式转化为电网集中调度供电的模式，“云计算”的核心理念是通过将大量用网络连接的计算资源统一管理和调度，构成一个计算资源池向用户提供按需服务，进而使用户通过终端的输入输出设备，便能按需求享受“云”的强大计算处理能力。“云计算”意味着，计算能力也可以作为一种商品进入到市场上流通，就像煤气、水、电一样，取用方便，费用低廉。

李伯虎敏锐的科学嗅觉让他意识到，随着“云计算”的不断深入应用，借鉴“云”的思想和技术，原有的仿真网格技术在细粒度资源共享、容错迁移及虚拟化和服务化等方面仍然有很大的改进空间。自 2006 年至今，他又被任命为另一个重大仿真科研项目的总工程师，并在国内外首次提出了“云仿真”的概念、内涵及技术体系等。

由李伯虎主导提出的“云仿真”是“云计算”理念与技术在仿真领域的落地与拓展，是一种基于网络、面向服务、用户可随时按需获得仿真资源与能力的仿真新模式。它以应用领域的需求为背景，基于“云计算”理念，融合信息通信技术与仿真技术，实现系统中各类仿真资源和能力安全地按需共享与重用，并实现网上仿真资源和能力多用户按需协同互操作。

有了“云仿真”的理论研究基础还远远不够，李伯虎又率领自己的团队在仿真网格的基础上开始尝试将理论上的技术领先优势转化成为仿真领域实打实的新一代产品——“云仿真平台”。虽然在理论上有了指导方向，但是作为业界刚刚兴起不久的“云计算”，还有许多技术需要科研人员进行探索。

从理念到落地执行，面临着重重难题。为了使这些难题迎刃而解，一方面，李伯虎安排项目团队与国内外“云计算”领导企业进行密切的技术交流，学习他们在实践中总结出来的成功经验，并与他们探讨共同协作的可能性。另一方面，在出席各种学术会议时，李伯虎提出“云仿真”的概念与技术，一次次向专家、大众普及相关理念，从而提高了业界对这一概念的关注度和认可度。

最终，在李伯虎及其团队的努力下，“云仿真”应用模式和手段被成功地研发出来，通过这种仿真模式，可以利用网络和“云仿真”平台按需组织各种仿真资源和能力，从而提供给用户各种建模与仿真服务。他们还成功地打造出了“云仿真平台”这一产品，加强原有网络化建模与仿真系统在细粒度资源共享、支持多用户、协同、容错、安全应用机制，特别是支持多用户通过网络随时随地按需获得各类建模仿真服务等方面的能力，以支持“云仿真”模式的实现。

作为一种新型的网络化建模与仿真，“云仿真”是“仿真网格”的进一步发展，它的诞生为复杂产品设计开发人员提供了大量在服务器端的高性能仿真运算能力，解放了他们的双手和电脑，带来了仿真应用模式的进一步变革。

2001年，李伯虎（右）在实验室指导青年技术人员柴旭东研究员（左）

值得指出的是，基于大数据技术的迅速发展，李伯虎又提出将大数据技术与“云仿真”技术融合的“智慧云仿真”理念，并与他的团队正进行相关技术与应用的研究实践。可以认为，“智慧云仿真”是互联网时代的一种智能仿真新模式与新手段。

3. 仿真语言 开辟新页

随着2000年的第一缕阳光照向大地，人类迈着矫健的步伐进入了一个崭新的千年。新千年到来之际，人类的科学技术如同旭日东升一样蓬勃发展。在全球科研人员的共同努力下，举世瞩目的不凡成就层出不穷，人们的生活也因此在以前所未有的速度发生着改变。然而与此同时，也让很多人陷入了迷茫之中，他们的眼前仿佛笼罩着一层迷雾：未来的科技将会向什么方向发展？科学本身又将会何去何从？人类为什么要如此努力地发展科学技术？科技的终点在哪里？

对于这个问题，学术界出现了不同的声音，其中，比较主流的观点有两种。一是美国《科学美国人》杂志资深编辑柯根的观点，他在自己的著作《科学的终结》一书中提出了一个耸人听闻的说法——人类的科学已经面临着终结：“科学尤其是纯科学已经终结，伟大而激动人心的科学发现时代已经一去不复返了，将来的研究已经不会再产生多少重大的新发现了，而只有渐增的收益递减。”

另一种观点却与这种观点完全相反，一些颇有见地的人认为，科学并非走向终结，而是即将进入一个全新的时代。如系统科学家普利高津指出：“少数派开始怀疑这种乐观的论调，他们认为科学已经走到了尽头，尽善尽美。然而，我们也看到，在科学的宏观层次上仍然有一些问题还没有得到解答。曾经有过一些关头，经典科学似乎已经近乎功德圆满，但每到这种时候总有一些事出了差错，于是方案必须扩大，待探索的疆域又变得宽广无际了。”又如桑塔费研究所的第一任所长柯夫曼认为：“通向诺贝尔奖的光明大道，通常是用还原论的方法开辟的，当为一群不同程度被理想化了的问题寻求解决的方案，但却多少背离了真实的世界，并局限于能找到一个解答的地步，这就导致科学越分越细碎，而真实的世界却要求我们采用更加整体的方法。”再如诺贝尔物理学奖获得者盖尔曼提出：“必须给自己确立一个确实宏伟的任务，就是实现正在兴起的包括多学科的科学大集成。”

伴随着社会的发展，第二种观点逐渐占据了上风，人们开始认同，现在是从经典科学走向新科学的时代。因为人类文明已经实现了从机械工业文明向信息生态文明的重大转变，这个转变将会带来科学的大转变，以还原论、经验论、纯科学为基础的经典科学正在吸收系统论、理性论和人文精神的发展，成为新的一门科学——复杂系统科学。

很多科学家认为，复杂系统是 21 世纪的科学，因为它不只是从科学技术方面为人们指明了新世纪的发展方向，而且还促使了一种全新的世界观的逐渐形成。这种世界观认为，完美的、均衡的世界是根本不存在的，取而代之的是复杂性的增长和混沌边缘的繁荣。

在过去的几千年里，自上而下的分解分析方法为科学的发展立下了汗马功劳，但复杂系统却提出了一种截然不同的方法——自下而上的自然涌现方法。

以前，人类将数学作为理性认识自然的有力武器，但是，在庞大的复杂系统面前，仅用数学的力量已变得无能为力，取而代之的是能够适应更复杂环境、做出更准确计算分析的计算机模拟。

在学术上，李伯虎是一个对新技术十分敏感的人。“复杂系统”这一概念提出后，李伯虎立刻意识到其重要性，决定将自己的研究焦点集中于复杂系统的建模仿真技术。

从 20 世纪 80 年代开始，李伯虎就率先领导团队进行建模仿真语言的研究，研发出了国内领先的首款大型连续系统仿真语言 ICSL 系列，并成功应用于航天大系统仿真中，开辟了我国系统仿真语言的先河。

虽然李伯虎组织研发的仿真系统与仿真语言已经多次成功应用于航天产品的研发，但随着时代的发展，对于仿真语言，李伯虎的脑海中又不断涌现出很多新想法。

李伯虎对仿真语言一直有着一种独特的情怀，他认为，仿真语言是建模仿真技术的集大成者，作为融合建模仿真领域核心技术的专用化软件系统，是仿真开发人员与仿真系统应用间的桥梁。仿真语言能够解放用户，让用户忽略掉仿真系统实现的复杂技术细节，从而更加专注于仿真问题本身。

随着系统的规模和复杂度的日益扩大与加深，

以及高性能计算技术的快速发展，李伯虎和他的团队也敏锐地感觉到，仿真语言与高性能计算技术的结合，能够将复杂系统建模仿真问题的研究提升到一个新的层次。李伯虎创新地提出了仿真语言应该能够支持复杂系统的分布、异构、多尺度定性定量混合、涌现等多种复杂特点的建模仿真，仿真语言能够支持利用高性能计算机充分挖掘复杂系统中的并行性以提高仿真效率，这些问题的解决方案鲜见先例。

为此，李伯虎亲自率领项目团队开展新一代面向复杂系统仿真的仿真语言的研究工作。然而，有了一个基础的目标和概念仅仅只是起步，就如同建筑高楼大厦一样，画好了设计图后，建筑师的脑海里虽然已经有了对这栋房子的初步规划，却还需要进行更为艰难具体的打地基、砌墙、做框架、刷墙等工作。接下来，李伯虎和他的团队要面临各种各样的难关，要翻越一座又一座“崇山峻岭”。期间，他提出复杂系统仿真语言体系结构及语言文本等新方案，并主持研究能支持连续离散混合、定性定量集成等特点的复杂系统建模新方法。

作为项目的首席专家，李伯虎在解决问题时需要兼顾方方面面的研究现状，统筹谋划。在技术研究的道路上，李伯虎不仅是为团队成员指示研究方向的明

1989年，李伯虎在北京仿真中心向来访的国际友人介绍科研成果

灯，更是在遇到困难时的“定心丸”。

当项目研究进入艰难的瓶颈期时，参与项目的人员对如何将仿真语言编译生成可执行代码找不到头绪，不知从何入手。为了引导他们找到解决思路，李伯虎多次召开团队会议，同大家开展头脑风暴，认真讨论仿真语言的编译方案，提出了切实可行的研究方案。他还把以前做仿真语言项目的诸多文档及源程序一一找出来，给项目团队的同事们讲解当时所采用的研究方法和理念，为他们提供参考。有了以前的成功经验作为参考，项目团队得以更快地开展仿真语言编译器的开发工作，最终成功地研制出了国内第一例复杂系统建模仿真与优化语言系统原型——复杂系统仿真语言 1.0。

李伯虎对仿真语言，不仅仅是在理论方法上进行创新，而且努力将新理论、新方法应用于实际的复杂系统研制中。一直以来，他对复杂系统建模仿真语言不断进行深入的研究和完善，并将其应用于复杂仿真系统的实际研制中。2006—2011 年间，他担任“十一五”重大项目“复杂产品多阶段一体化建模仿真支撑平台研究与应用”的总设计师，和团队一起研究提出了“复杂产品全生命周期建模仿真系统工程”的理念、应用模式及基础理论技术体系。

回忆起项目研发的点点滴滴，很多同事们都由衷地说：“家有一老，如有一宝。幸好站在了李老这

李伯虎作技术报告

个‘巨人’的肩膀上，我们最终才能得以顺利地完成这项艰巨的任务。”

李伯虎认为，新世纪将有大量的复杂系统，诸如航空航天工程系统，国民经济系统，人、动物、植物等生命系统，气候、电磁等环境系统，攻防体系等军事系统，等等。实践表明，新一代复杂系统建模与仿真技术将是研究复杂系统的重要手段，复杂系统仿真语言是其中的重要组成部分，它的研制是项长期的战略任务。因此，李伯虎率领团队继续奋斗在复杂系统仿真语言 2.0 的任务中，为仿真语言的研究与应用开辟了新的一页。

4. 高效仿真 再拓新域

在日常的科研工作中，李伯虎对许多新兴的科研领域都保持着密切的关注，因为这些新兴事物中往往孕育着科技发展的新机遇。一旦发现了发展势头好、具有潜在价值的新技术，李伯虎就会兴致勃勃地对这些领域进行不断的思考和探索，希望能够提出一些有用的新理念和新方法，将其与仿真技术结合起来，使行业获得更快速的发展。这一次，他的目光投到了高性能计算机技术上。

高性能计算机技术一直是国家科技发展的一个重点，在这个领域，政府已经投入了大量的人力、物力和财力。近年来，我国高性能计算机技术发展越来越迅速，并且已经取得了国际领先的卓越成绩。但是，在国内，一些传统的想法仍然认为，高性能计算机技术面向的是高新产业和服务业，而在传统产业领域，尤其是制造业，没有必要采用这种技术。

这实际上是对高性能计算机技术的误解，事实上，它既能够广泛应用于生物、信息、电子商务、金融、保险等产业，同时也是传统产业尤其是制造业实现技术改造、提高生产率的重要工具。如今，高性能计算机技术已经成功地在我国一些特定领域进行了较大程度的推广。比如，将高性能计算机技术应用到航空航天工业的数字风洞研究中，可以有效地减少试验次数，缩短研究周期，节约研制费用。利用高性能计算机技术进行气象预报和气候模拟，可以对灾害性天气进行更为准确的预警。此外，在生物工程、生物信息学、船舶设计、汽车设计和碰撞模拟等领域，都有着很多高性能计算机技术应用的成功案例。

作为一名计算机及仿真领域的著名专家，李伯虎积极参加了多次国产高性能计算机的鉴定工作，这项工作使他得到了更多接触和了解这项高新技术的机会，也促使他一直在思考如何才能让高性能计算机技术在应用领域、特别是仿真领域发挥更大的作用。

在李伯虎看来，当下全国各地都在积极兴建各种超级计算机中心、云计算中心，这说明高性能计算机已经得到了大家的一致认可。但是这还远远不够，因为到目前为止，大部分超级计算中心、云计算中心在兴建之后并未得到充分应用，更没有高效地发挥其真正的作用。李伯虎认为，国家在高性能计算机领域要想获得更大、更深入的发展，不仅要重视计算中心“量”的增加，更应该追求“质”的突破。

为什么会出现不能充分利用全国各地计算中心的问题呢？李伯虎经过仔细分析之后，终于找到了问题的根源——高性能计算机技术与应用领域的技术未能很好地融合，自然也就找不到高性能计算创造价值的“土壤”。

随着接触的逐渐增多和思考的不断深入，李伯虎的想法日趋成熟：如果能在中国高性能计算机技术发展的基础上，走出一条通专结合的道路，深入地研究面向领域问题的一体化高性能计算机系统，一定能更好地促进高性能计算机的应用，为国家的发展做出更大的贡献，并且也能带来极为可观的经济效益。

经过数十年的科研历练，李伯虎早已养成了努力将自己的思考付诸实践的

2002年，李伯虎在办公室

良好习惯。因此，在初步的想法基本成型之后，他马上率领团队针对高性能计算机技术与复杂系统仿真相结合的设想进行了缜密的分析和论证。

李伯虎家有两个书房。原本精心设计的书房被他翻阅过的数百本学术论著与技术资料堆得满满当当，连个落脚的地方都没有了，于是他只好腾出一个卧室来作为新的书房。在这个书房里，李伯虎开始了对高性能计算机技术的研究。没过多久，这个书房也塞满了各种高性能计算机、复杂系统的书籍。

经历了调研、论证和思考这个不断循环的过程后，李伯虎最终得出了一个结论：科学研究、复杂产品工程研制以及国防安全等问题的复杂系统仿真都是高性能计算机的高端需求来源。毕竟，对于复杂仿真系统，普通的计算机系统根本无法满足其需求，处理起来既缓慢又低效。同时，云仿真运营中心也需要高性能计算机为海量用户提供高性能仿真资源与能力的云服务。

但是，就在分析过程中，李伯虎和他的团队又发现了一个难题——现在高性能计算机还不能为仿真领域的各类用户直接提供高效的服务，计算能力也没能被很好地利用起来。这个问题根植于现实，将会给高性能计算机与仿真技术的结合带来极大的掣肘。因为，如果高性能计算机系统不能够提供一个直接高效的平台，进行仿真实验的过程就会显得非常繁杂，可操控性极低。

怎样才能解决这个问题呢？结合自己过去数十年所积累的研究仿真计算机、仿真语言和仿真支撑平台的经验，李伯虎又带领团队进行进一步的理论验证和分析，最终提出了要基于高性能计算技术与现代仿真技术的深度融合，从系统体系结构、硬件、软件和应用一体化设计出发，研究开发通专结合的高性能仿真计算机的构想，即要研制一类面向仿真领域的高性能仿真计算机系统。

然而，李伯虎的这一构想刚刚提出，科学界和社会上就响起了反对之声。一些人认为，国家的科研重点应该是实现运算更快的高性能计算机技术，而不应该仅仅局限在高性能计算机技术与某些特定领域的结合上面。还有一些人则认为，这个科研项目的实现存在很大的技术难度，目前来看不太可行。

面对这些反对的声音，李伯虎用自己的实际行动进行了反驳。他在经过前期的验证分析后，认为这条路能够行得通。不仅是在军用复杂大系统研究领域，而且在智慧城市、国民经济建设等领域，高性能仿真计算机也是通向未来的一条可行之路。党的十八大以来，城镇化已经成为未来一个时期我国发展的重中之重，而城镇化的核心支撑将是智慧城市，如何让城市的规划更为合理、城镇化的发展更为科学，必须通过仿真系统进行科学有效的分析、评估。在这个庞大的系统中，如果有了高性能仿真计算机的加盟，将会如虎添翼，仿真的性能会得到极大的提升。在质疑声中，李伯虎依然率领着自己的团队积极地开展着高性能仿真计算机系统的研究。

天道酬勤，他们的辛苦和努力没有白费。连续奋战了数月后，2011 年，由李伯虎主持提出的“复杂系统高性能仿真计算机系统”研制项目成功立项，并获得了一致认可，还被批准列为“十二五”仿真重大预研项目。作为项目总工程师，李伯虎提出了以复杂系统全生命周期、全系统仿真和仿真系统产业化为需求牵引，面向二类用户、三类仿真即高性能建模仿真用户及高性能仿真云服务的海量用户，和复杂系统的数值、人在回路、硬件在回路/嵌入式仿真，进而将新兴计算机科学技术、高性能计算机技术与现代建模仿真技术融合及通专结合的技术路线，并领导团队提出了系统指标、关键技术体系与技术方案。在李伯虎的主持下，历经来自产学研用等单位百余位科技人员近五年来的艰巨努力，项目攻克了体系结构、高性能仿真语言、三级并行算法、高性能云仿真、半实物仿真、高性能可视化系统、结果处理及专用加速部件等关键技术。成功实现了六个系统性的测试题目，并于2015年年底通过验收。在“十二五”的科工委全部仿真项目中，该项目获得最高验收评分。团队正进一步开展应用，并拟在2016年年底提交成果鉴定。

研制高性能仿真计算机是一项复杂的创新性系

李伯虎在北京仿真中心

统工程，体现仿真技术的数字化、网络化、智能化、高效化，是融合计算机科学技术、仿真技术与高性能计算机技术的综合多学科技术新研究方向。虽然，李伯虎带领的高性能仿真计算机系统研究团队已经取得了可喜的成绩，但是，李伯虎认为，当前信息通信技术飞速发展，人工智能技术取得了重要突破，它们与仿真技术的融合正引发仿真技术模式、手段与业态的重大变革。因此，高性能仿真计算机必须适应新的趋势，要向个性化、柔性化、高效化、社会化、智能化方向迈出新的步伐。

目前，李伯虎及其团队已制订了“十三五”的研制计划，他们将为研制我国自主、更先进的高性能仿真计算机系统做出新的更大的贡献。

李伯虎

李伯虎院士传记

Academician Li Bohu's Biography

第七章

两化融合勤创新

李伯虎2001年当选为中国工程院院士后，依旧继续着创新的脚步，始终坚持理论联系实际。他的创新精神、创新思维和创新行动始终感染和带动着身边的人。

1. 立足航天 系统创新

在长期的发展过程中，人类逐渐认识到创新的重要性——大到国家，小到企业，创新则兴、守旧则衰。我国早在3000多年前的商汤盘铭上就有“苟日新，日日新，又日新”的记载。创新是人类所特有的创造性劳动的体现，是人类社会进步的核心动力和源泉。

从2002年起，信息化和工业化融合成为我国加快新型工业化发展步伐、建设制造强国的重要方针。党的十六大明确指出：“信息化是加快实现工业化和现代化的必然选择。坚持以信息化带动工业化，以工业化促进信息化，走出一条科技含量高、经济效益好、资源消耗低、环境污染少、人力资源优势得到充分发挥的新型工业化路子。”方向是明确的，然而，如何走出一条成功的道路，却需要不断创新，它成为信息化和工业化融合与发展的灵魂。

与此同时，西方先进国家也非常重视创新，接连不断地投入巨额资金，加快制造业信息化领域的更新换代。进入21世纪，美国国防部持续开展“下一代制造技术计划（NGMTI）”，致力于缩短新武器装备从概念设计到交付使用的周期，进一步降低生产成本，从而为保障国家安全和国民经济发展建立更为强大的工业基础。从波音777时采用并行工程技术率先实现100%数字化产品定义和三维数字化预装配，到波音787项目通过全球协同研制环境实现大型飞机研制全生命周期数字化协同研制过程与系统的全面集成，再到洛·马公司联合攻击战斗机（JSF）项目开创了网络化、数字化全球协作和虚拟企业联盟模式，美国军工集团积极响应战略转型需求，大力推进制造业信息化并取得显著成效。

对标西方先进国家，中国航天机电集团公司（2001年7月更名为中国航天科工集团公司）更加意识到实现信息化与工业化融合的重要性。如何才能走出一条具有航天特色、创新型的信息化之路呢？集团公司党组在认真研究之后，达成了共识：实施CIMS是一条行之有效的途径。1999年至2000年，集团公司先后下发了《关于在集团内实施现代集成制造系统工程的决定》《关于型号CIMS过程应用实施有关问题的通知》《关于加速试点型号CIMS实施的通知》等文件，集团公司确定启动实施CIMS工程。与此同时，为了加强组织管理，集团公司建立了工程行政与技术指挥线，集结形成了经验丰富、高技术水平的“一把手工程”队伍。集团公司总经理夏国洪任集团CIMS工程总指挥，李伯虎任集团CIMS工程总师，集团公司副总经理殷兴良、花禄森及试点型号的总指挥任集团CIMS工程的副总指挥，清华大学吴澄院士及试点型号总师任集团CIMS工程的副总师。

接到任命后，李伯虎感到自己肩上的担子更重了，他知道，工程总师是项目团队形成和发展的关键人物。要当好这个领路人，一定要善于发现和解决问题，要有长远眼光，对工程发展趋势和前景要有独到见解和准确分析，对项目的短期、中期、长期目标都要有详细的规划……可以说，在CIMS工程中，技术体系的形成，都离不开总师的规划与设计。面对工程的创新性和系统性，在夏国洪总经理的领导下，李伯虎与团队一起精心策划、积极推进，以饱满的热情投入到各项工作中。

航天复杂产品的研制是一项复杂的系统工程，我国航天事业经过长期发展，逐渐创立了一系列系统工程方法。李伯虎作为一名老航天人，非常重视CIMS工程和航天系统工程的融合与发展。李伯虎认识到，航天产品是一类复杂产品，他总结提出复杂产品的七个特点，即客户需求复杂、产品组成复杂、产品技术复杂、研制过程复杂、试验维护复杂、项目管理复杂、工作环境复杂。例如，复杂产品的立项论证与评估是在复杂的技术指标要求下展开的。复杂产品的使用过程需要在复杂环境中进行论证、设计和试验验证。复杂产品科研项目的综合管理通常是在多项目/型号并举情况下围绕加快进度、提高质量、降低成本、提升服务等多目标展开的，管理对象、管理过程、管理要求等都非常复杂。

为此，李伯虎提出了复杂产品集成制造系统的理念及其技术体系。技术体系包括系统总体技术、系统支撑环境技术、产品设计技术、加工生产与装配技术、经营管理与决策系统技术和试验技术等，进一步延伸和发展了CIMS的内涵。

以系统总体技术为例，李伯虎领导团队研究了集成制造系统运行的整体战略、技术路线和模式，强调对产品及其相关过程（包括制造过程和支持过程）进行并行、一体化设计的并行工程工作模式，将建模与仿真技术强健、协同、集成化地应用于武器系统研制全过程的基于仿真采办模式；在试验技术方面，李伯虎充分发挥他在仿真领域的研究专长，大量借鉴和引入仿真领域的诸多技术，在引入试验技术的过程中，李伯虎提出了双“V”字型的新型研制模式，即从航天复杂产品论证开始到制造、运行的全生命周期，都有相应的仿真试验手段进行验证，而且是从数字和实物两个方面，通过不断的循环迭代避免最后的大返工，从而加速航天复杂产品的研制过程，提高研制质量，降低研制成本。

李伯虎亲临一线，领导团队围绕技术体系，积极付诸实践，着眼于需求分析、总体目标、体系结构、关键技术、支撑平台/工具、应用方案、计划进度、人员/组织、经费概算、效益分析等多方面的工程要素，为中国航天科工集团公司实施 CIMS 工程制定了一套完善而又合理的整体解决方案。

航天 CIMS 工程以三类航天重大型号为背景，中国航天科工集团公司所属多家工厂、研究所和清华大学、北京航空航天大学、天津大学等多家院校参与其中。李伯虎积极协调这些科研单位的优势力量，充分考虑各工厂、研究所以往的信息化基础条件和各高等院校在基础研究力量雄厚、前沿技术紧密跟踪等方面的优势，组建了项目总体组，采用技术团队的组织方式开展项目关键技术研究、平台/工具开发与型号应用。

李伯虎与工程总体组经常密切交流，深入探讨，梳理形成了集团 CIMS 集群的总体思路。他们认为，对于中国航天科工集团公司这样一个大型的集团公司，不能局限于一个个单位自己去做一个个小 CIMS，简单的输入输出关系无法体现集群的系统特点。CIMS 集群强调多个 CIMS 节点连成网络，总体设计工作就是设计跨地域的构建连接整个集团的 CIMS 集群，集团所属所有的院和厂在 CIMS 上都是一个点，形成整个一个大网，工程中围绕型号以二院、三院、四院三个单位为试点，将整个集团密切关联起来。

在方案设计、方案审查的多个环节，从顶层设计到系统实施、再到型号应用，

李伯虎（右一）与吴澄院士（左一）赴台湾开展 CIMS 学术交流

李伯虎都给予了很多切实可行的意见。

为了推动工程任务顺利完成，李伯虎多次来到生产现场，直接和设计师、工艺师进行详细交流，给他们提供具体指导意见。工程开展过程中出现难题时，李伯虎都会积极协调各方面的技术力量，帮助科研人员解决这些难题。283 厂负责的项目中出现了舱体装配的问题，李伯虎得知后，马上赶到现场，为他们出谋划策，还协调清华大学的研究力量，帮助他们共同攻关。不仅如此，从如何提高铸造质量，到浇铸、冷却过程的仿真，再到质量预测等具体问题，很多时候都是由李伯虎在工业部门和科研部门之间进行技术协调和人员牵线。由于有了李伯虎的推动，各个部门之间的技术配合变得更加顺畅和默契。

李伯虎一直高度重视工程技术的总结与推广。他经常跟项目团队的同事们说："IBM、西门子公司卖的不是产品，而是技术。航天企业也应该向它们学习。航天产品高度复杂，如果这些技术在航天领域都能够成功地应用实施，并总结出一套应用实施的方法，那么在其他领域和其他地方进行推广也就不成问题了。这需要的是持之以恒的积累。"正是在这种战略思维的指引下，李伯虎领导他的团队在航天平台上重点布局、逐步深化，并将这些技术辐射到了领域外、行业外。

2000年，李伯虎（右一）与吴澄院士（左二）等在国际先进制造会议期间合影

在推进航天CIMS工程的过程中，李伯虎不仅着眼于工程的实施与研发，还尤为重视CIMS研究人才和研究队伍的锻炼和培养。李伯虎严谨的工作作风对他身边的技术人员产生了潜移默化的影响，使工程团队树立起“高标准、严要求”的工作作风。参与航天CIMS工程项目的朱文海、白书清、柴旭东等技术骨干已经成为中国航天科工集团公司和航天二院在制造业信息化技术方面的专家。

在李伯虎的推动下，航天二院在2002年成立了CIMS研究中心（挂靠在系统试验部，2003年并入二部）。在李伯虎的指导下，他们在CIMS工程项目中攻克了多项核心技术，比如高层建模与运行支撑技术、模型库技术、协同可视化技术等，接连开发出多项具有自主知识产权的技术产品。

通过不断地学习和积累经验，这支队伍在多学科虚拟样机、虚拟采办、“云仿真”/“云制造”等领域已经成长为国内具有相当优势的研究队伍，以他们为核心的北京市复杂产品先进制造工程技术中心、中国航天科工集团公司工程信息化技术分中心和航天二院工程信息化技术中心陆续成立并发挥了重要作用。

如今，CIMS 研究中心培养出的多名技术人才都已经成为了中国航天科工集团公司、航天二院工程信息化领域的骨干力量。

航天 CIMS 工程项目的中后期，李伯虎和研究团队开始将视线拓宽到仿真技术在复杂产品研制、训练和作战等产品全生命周期的应用上，将复杂产品的设计开发向系统前期规划和后期性能评估两头延伸。李伯虎将仿真技术中的虚拟采办技术视为航天 CIMS 领域的一个新的突破口和创新点，明确提出虚拟采办技术应当面向武器装备研制的全生命周期，尤其重视前期的概念设计与后期的总体性能评估，通过先进分布仿真技术集成多类仿真应用系统，构造复杂逼真的综合仿真环境，在对抗环境下进行前期概念设计与总体性能指标论证，以及后期使用与整体性能的评估活动。

在研究过程中，李伯虎和项目团队将复杂产品虚拟样机作为虚拟采办的核心，将复杂产品虚拟样机定义为复杂产品的数字化仿真模型（数学、半实物），它从视觉、听觉、触觉以及功能、性能和行为上模拟真实产品。

基于虚拟采办的复杂产品开发过程从本质上来说，其实是一种产品全生命周期基于虚拟样机的不断提炼与完善过程。复杂产品虚拟样机技术是基于先进的建模技术、多领域协同仿真技术、信息集成与管理技术、工程设计分析技术和虚拟现实技术的一种综合应用技术。李伯虎指出，虚拟样机的关键绩效仍然是上市时间（T）、质量（Q）、成本（C）、服务（S）、环境（E）和知识含量（K），即利用虚拟样机代替物理样机对产品进行创新设计、测试和评估，缩短开发周期，降低成本，改进产品设计质量，提高企业面向客户、敏捷响应市场的能力。他强调，在前期研究虚拟样机的基础上，要把虚拟样机这样的技术贯穿到产品开发的全过程中去，从单学科、单领域推广到多学科、全生命周期。这些思想指导着虚拟采办技术应用的方向。

“十五”“十一五”期间，李伯虎和虚拟采办的研究团队致力于虚拟采办和虚拟样机技术的应用实践，关注虚拟采办在技术应用上的创新，形成复杂产品虚拟样机工程的概念及其技术体系，突破了复杂系统协同仿真、多学科虚拟样机工程平台等一系列关键技术。

在李伯虎的带领下，研究团队重点关注虚拟采办在支撑军方进行采办前期能力需求论证和采办后期持续保障能力优化方面的应用需求，重点研究面向虚拟采办全生命周期的进度、费用和风险的全面分析、预测、评估和决策以及考虑可靠性、可保障性等指标的多学科设计和综合优化的应用需求；同时，加强了对武器型号研制设计阶段虚拟样机技术研究、应用的力度，以多个型号应用

2001年，李伯虎（左）与吴澄院士（右）在“863”计划成果十五周年展航天 CIMS 展台上

为背景，开展了虚拟样机仿真支撑平台的研制。

项目团队编制的复杂产品虚拟样机工程开发与实施方面的相关标准为实现复杂产品多学科虚拟样机设计奠定了坚实的基础。

这些技术和成果在国内处于领先的地位，已经在航天、航空、船舶等行业数十个型号研制中得到了应用，并在军工企业推广应用。同时，这些成果在实际应用过程中对国内企业实施 CIMS 工程提供了有力的支持，形成了一种良性循环。

计算机集成制造系统技术虽然是从国外引进的技术，然而，在中国这片土壤落地生根之后，却被赋予了更强的生命力。回顾李伯虎的制造业信息化研究道路，他在跟踪追赶国外计算机集成制造系统的过程中，参与领导开展了信息集成、过程集成以及企业集成。他在航天 CIMS 的实践中，从计算机集成制造，到现代集成制造系统，到并行工程，到提出复杂产品集成制造系统及复杂产品虚拟采办 / 虚拟样机工程，一直遵循工业化和信息化融合的发展路线，致力于信息技术、仿真技术、制造技术和管理技术的集成创新，为推动制造业信息化的理念、内涵、技术的发展和航天工业数字化研制水平和能力的提升做出了积极的贡献。

2001年，李伯虎（前排右三）等专家在“863”计划成果十五周年展航天 CIMS 展台合影

2. 云上智造 模式创新

伴随着全球经济的不断发展，世界产业已经逐渐进入了深度重构和调整期。从计算机集成制造、并行工程、网络化制造，到2011年美国智慧制造领导联盟发表的“实现21世纪智慧制造”，制造业的模式一直在不断创新。身处这个大环境之中，中国的制造企业面临新的挑战。制造业的未来在哪里?

李伯虎经常对团队成员说:“制造业的创新主要就是模式和手段两个方面，我们要根据制造业发展的需求，不断对研制模式进行总结与创新，对技术手段进行归纳、整理和创新。”实践证明，李伯虎及其团队走的这条创新的发展路线是正确的。

20世纪90年代初，欧洲一批科学家将分布在法国和瑞士等国不同地理位置的计算资源，包括CPU、存储器、数据库等通过高速的因特网组成充分的资源集成，使其具有一种更高性能计算机、管理及服务的资源能力，来解决高能物理研究中的计算难题。这就是“计算网格”技术的问世。它的目的在于将分散的计算资源集中管理，进行分散服务。“计算网格”技术的诞生和应用给李伯虎带来了启发，他敏锐地洞察到这一先进技术的意义，于是，决定将这一计算模式与技术手段引入到制造业中。

2006年，国防科工委提出了“十一五”重大基础研究项目“复杂军工产品数字化设计/试验/生产/管理集成系统平台研究与开发”。作为负责人，李伯虎将网格计算中的“分散资源集中管理，集中资源分散服务”这一理念应用于装备制造领域，创新地提出了基于“计算网格”理念的“制造网格”的概念，并阐明了其内涵、体系结构等。他将计算资源的使用方式类比到制造资源中，计算资源能够透明地提供服务，制造网格也能够以透明的方式提供制造资源服务，从而实现面向产品全生命周期的制造资源共享、集成和协同等工作。

2010年，李伯虎在制造信息化会议上作报告

这一模式被提出后，首先面临着一个巨大的难题——作为服务的资源对象是不一样的。如何解决这个难题呢？李伯虎冥思苦想，最终想出了一个好方法：将制造网格中丰富并且是虚拟化的资源，通过动态的方式进行集成并使其协同工作，从而更加高效灵活地使用制造资源。这在当时是一个非常先进的现代化制造理念。

项目实践证明，制造网格技术的应用能够有效提高企业产品研发和设计能力、企业间协同工作能力以及企业资源共享能力，增强制造装备的信息互联功能，提高企业管理能力并降低制造业信息化风险。制造网格的提出，推动了先进的网格技术与传统制造业的结合，使网络化制造又向前迈进了一大步。

在科学领域，李伯虎总能够在自己擅长的领域，结合当前科技的发展，瞄准需求，一针见血地提出创新的理论。他具有坚定的事业心和强烈的求知欲，在将先进的制造理念和制造技术带入航天复杂产品制造领域之后，他还积极在民用产品领域推动着现代化制造技术的发展。

21世纪，制造业的发展更加依赖高新技术应用的推动。以应用服务提供商、制造网格、敏捷制造、全球化制造等为代表的网络化制造模式，成为制造企业为应对知识经济和制造全球化的挑战而实施的，以快速响应市场需求和提高企业竞争力为主要目标的一类先进制造模式。

李伯虎根据自己渊博的知识体系和多年积累的丰富经验，做出了一个准确的判断：尽管经过了十几年的发展，网络化制造在制造领域取得了一定的成果，并产生了显著的经济效益，但无论在技术上还是在运营模式上，还存在着瓶颈和有待改善的问题。如缺乏服务的集中管理和协作运营、缺乏利益分配机制，服务的效率、质量和及时性难以保证，制造资源动态分配以及智能化匹配等技术问题尚待解决，以及作为网络制造系统，存在的数据安全和信用等问题。这些问题的提出进一步牵引和推动着制造网格的实际应用。

"云制造"模式手段的提出，是李伯虎继提出制造网格模式与手段后的又一重大创新。

事实上，很久之前，李伯虎就已经形成了要构建网络化社会协同制造新模式的想法。多年从事制造业信息化和集成制造的经验使他认识到：大型国企和各地方计算中心资金来源丰富，已经建成了一大批先进的研发中心，拥有各种各样的专业人才和仪器设备。但这些设备和资源都被封闭在各个单位内部，对整个企业的资源统筹建设、打通企业与企业之间的"信息壁垒"非常不利，而且很多时候，这些资源都被闲置浪费了。为什么不能把这些资源统筹起来，进行统一管理，按照用户需求提供服务呢？那些没有技术实力的小企业能不能也享受到那些他们买不起的设备资源和专业技术服务呢？国内企业的信息化水平已经得到了提高，但是企业之间还存在着信息孤立的状况，怎样才能打通这些壁垒，让众多企业联合到一起，进行更深入的研究，制造出更好的产品呢？

带着这些困扰，李伯虎翻阅了国内外最先进的信息技术和制造技术资料。妻子陶华说："那时候，他一回来，就一头扎进他的小书房里，全神贯注地看他带回来的各种技术图书，一本书通常不到一个星期就看完了。一些同行知道他喜欢研究新东西，就经常往家里送一些最新出版的技术刊物。"

正是因为有这样执着的追求和不懈的努力，2007 年"云计算"概念刚刚在国内兴起的时候，李伯虎就敏锐地捕捉到了这个难得的机会。

回顾"云计算"的发展，在 Google 提出了"云"的概念和理论后，广大的 IT 巨头迅速接受了这个新兴的理念，并开始投入巨大的人力、财力发展"云计算"技术。一时间，亚马逊、微软、惠普、雅虎、英特尔、IBM 都在"云"市场展开了激烈的竞争，同时迅速更新着"云"技术。随后，"云安全""云存储""内部云""外部云""公有云""私有云"等一堆让人眼花缭乱的概念不断冲击着人们的神经。

"云计算"这一突起的技术再一次让李伯虎眼前一亮，他意识到，"云计算"、物联网等先进信息技术与制造业进行的深度融合将为制造业带来深刻的变革。一个念头在他的心中浮现："制造业信息化也可以搞'云计算'，我们也把制造所需要的资源和能力都'云'化，通过网络给企业提供服务，以实现数字化制造模式向网络化、服务化制造模式的转变。"

这个想法的萌芽，如同黑暗中的一道曙光，照亮了李伯虎的心，使萦绕在他脑海里的各种疑惑迎刃而解。于是，他片刻不停地组织专家团队一起夜以继日地工作，学习"云计算"这项新技术的内涵和技术关键，总结国际上制造业信息化的发展趋势和国内制造企业面临的实际困难。

针对制造业中存在的问题，结合当前飞速发展的云计算技术，2009 年，李伯虎在国际上首次创新性地提出了“云制造”的模式及技术手段。“云制造”是一种利用网络、“云制造”服务平台，按用户需求组织网上制造资源（制造云），为用户提供各类按需制造服务的一种网络化、服务化制造新模式。“云制造技术”将现有网络化制造与服务技术与云计算、云安全、高性能计算、物联网等技术融合，以实现各类制造资源（制造硬设备、计算系统、软件、模型、数据、知识等）统一的、集中的智能化管理和经营，为制造全生命周期提供可随时获取的、按需使用的、安全可靠的、优质廉价的各类制造活动服务。

李伯虎刚提出“云制造”概念时，很多专家学者和企业对这个新鲜事物迷惑不解，甚至怀疑这是在刻意炒作概念。

值得庆幸的是，国家“863”计划在听取李伯虎的立项论证报告后，积极支持了“云制造”的研究。该项目整合来自全国28个高校、科研院所和多家企业的300多名科研人员共同开展“云制造”技术的研究与应用，面向集团企业和中小企业群，在国内外率先开展了“云制造”研究，以事实说话，将“云制造”的理念落地。

“云制造”作为一个崭新的研究方向，许多关键技术在国内外都没有成功的先例，项目组面临的挑战十分严峻。但在李伯虎提出的以应用需求牵引的方针指导下，结合我国制造业发展的现状（如制造业环节众多、中小型企业的信息化水平不高、制造设备和制造能力不能灵活运用），项目组分别针对集团企业和中小企业的特点，提出了“云制造”服务系统体系架构，制定了四项“云制造”国家标准草案。同时还开发了一批具有自主知识产权的“云制造”核心关键技术，包括制造资源智能感知与信息处理技术、制造资源和能力虚拟化/服务化技术、云服务动态协同管理技术、跨领域综合知识管理技术、面向按需服务的普适人机交互技术、“云制造”服务节能评估技术等，形成了一批共性支撑工具和引擎。在此基础上，针对两类集团企业管理模式和两类中小企业协作模式，进行了应

"云制造"理念：把制造所需要的资源和能力都"云"化，通过网络提供面向不同用户的应用服务

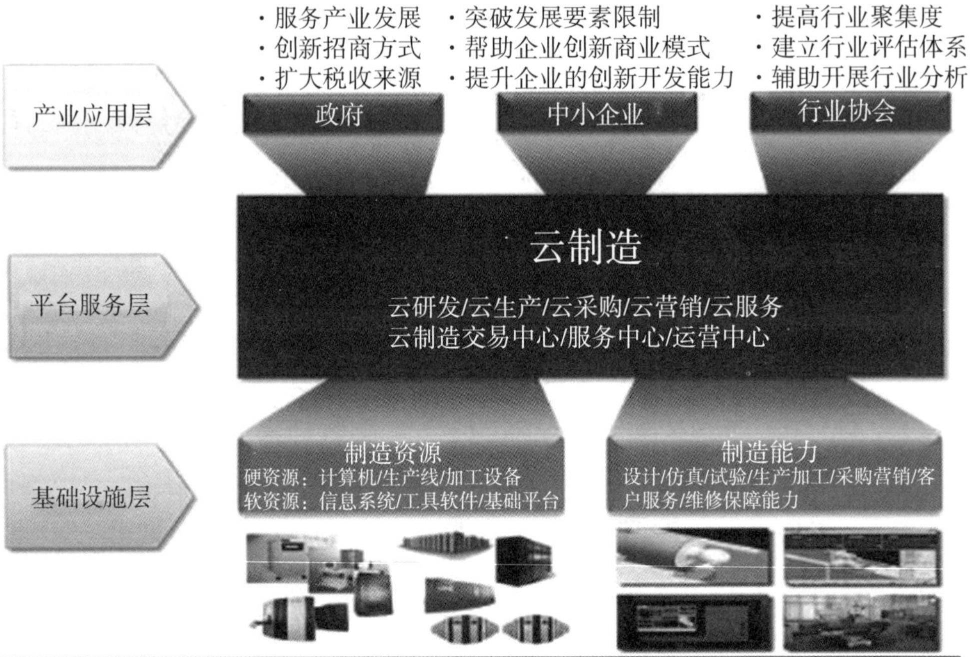

用示范。研发团队群策群力，通过技术攻关以及应用企业的示范效果，消除了立项之初的许多困惑和疑虑，坚定了业界对于"云制造"的信心，相关成果也得到了国内外同行的广泛关注与认可。

在这些成功应用示范的带动下，"云制造"的概念逐渐被理解。李伯虎在全国第二届"云计算大会"上，向参会的专家学者介绍了"云制造"的概念，在其后的几届大会上，又详细介绍了"云制造"的技术内涵和落地实施的一些最新进展。他提出："'云计算'的落地，是要让其与应用领域的专业技术深度融合，这样才能使'云计算'真正发挥实效并且有所拓展。而'云制造'正是'云计算'在制造领域的落地和延展。它在共享资源、服务模式和支撑技术三个方面拓展了'云计算'，并使'云计算'理念与技术和制造技术融合后产生了化学反应，形成了新的制造模式与手段。"

李伯虎提出的“云制造”理念在国际上也逐渐产生了较大的影响力。由李伯虎、张霖、柴旭东以及其他团队成员共同撰写的论文《“云制造”——面向服务的网络化制造新模式》，作为国际上第一篇系统阐述“云制造”理念与技术体系的文章，入选了“2011年中国百篇最具影响国内学术论文”。在第24届、第25届欧洲建模仿真大会上，项目团队应邀组织了“云制造研讨会”，介绍了“云制造”的相关研究成果，得到多国学者的积极响应。2013年7月，在美国召开的美国机械工程师学会（ASME）制造科学与工程会议上，会议主办方组织了“云制造进展研讨会”，项目团队应邀做主题发言，与会各国学者对中国在“云制造”研究与应用方面的成就给予了充分肯定和一致认可。欧盟第七框架相继启动了两个“云制造”项目，这两个项目的负责人及主要研究人员曾经多次来中国与项目团队进行交流，并高度评价了项目团队的创造性贡献。全球3D打印权威专家、美国康奈尔大学胡迪·利普森教授在他的著作中，也对“云制造”给予了充分肯定，并深刻阐述了“云制造”与3D打印的结合可能会给未来制造业带来的革命性变革。

在近几年“云制造”研究与实践的同时，相关技术飞速发展，特别是云计算、大数据、高性能仿真、移动互联网、网络安全及智能终端等智慧化新兴信息技术和3D打印、智能机器人、智能制造装备等智慧化新兴制造技术的快速发展，为“云制造”的智慧化提供了技术支撑。

李伯虎敏锐地觉察到这一新趋势，因此于2012年提出了智慧“云制造”（云制造2.0）的理念，并与团队一起开始研究与探索。智慧“云制造”在制造模式、手段、支撑技术、应用等方面进一步发展了“云制造”，是一种基于泛在网络，用户为中心，人机融合，互联化、服务化、个性化（定制化）、柔性化的智慧制造新模式和新手段。它将为中国制造2025战略规划与实施做出积极的贡献。

彩虹总在风雨后。经过风雨的洗礼，以李伯虎为首的“云制造”团队已经逐渐成长为一支具有国际影响力的优秀科研团队。他们勇于创新，直面挑战，努力抢占世界“云制造”技术的制高点，将为中国成为真正的世界制造强国贡献自己的力量。

3. 自主研发 平台创新

经过新中国60多年的发展，尤其是改革开放以来30余年的持续发展，经过几代人艰苦卓绝的不懈奋斗，我国科技事业取得了令人鼓舞的巨大成就。在大多数高新科技领域，我国已经从跟跑者转变为并行者，甚至在某些领域还完全有能力实现跨越式发展。然而，中国的科研人员并没有因此而感到满足，更不打算止步于此，他们有更大的“雄心”——成为领跑者。

但是，成为领跑者并非易事。要实现这一点，需要科研人员树立自信，志存高远，不盲从，不跟风，更重要的是，要树立起自主研发意识，走前人没有走过的路，努力在自主创新方面大有作为。

在制造业信息化领域，李伯虎高度重视信息化在支撑制造业自主创新、实现国际化协作和资源配置、促进制造业优势产业链和区域特色产业集群形成过程中的重要作用。针对国家战略需求，他不断寻找科技突破的新方向、新任务，勇于提出新理论，努力探索新路径，不断为航天事业的发展做出基础性、战略性、原创性的贡献。

与此同时，多年来，李伯虎一直坚持产品市场化的发展思路，走产学研企一体化的发展道路，在大大小小的各种会议上，不断向研究团队和相关领导强调核心软件平台国产化的重要性。在他看来，中国制造业信息化还处在初期阶段，快速发展的信息技术对我们来说既是一次难得的机遇，又是巨大的挑战。尤其是中国软件行业正在发展过程中，无论是软件产品的开发能力，还是信息系统的集成能力，都存在着各种不足，信息化技术整体水平距支撑中国制造业国际化竞争的需求还有很长一段距离，自主知识产权的软件产品研发与产业化更是受到国外技术封锁和同类产品的挑战，发展道路艰难坎坷。李伯虎曾多次苦口婆心地对项目团队强调："无论多么艰难，一定要做出自己的产品，以后不再受制于人。"

为了实现中国制造业转型升级，让中国的广大制造企业摆脱落后的产品研发与经营管理支撑手段，李伯虎身体力行，团结多方面的兄弟单位和有关院校的众多专家教授和技术人员，齐心协力、共同奋斗，历时多个五年计划，终于攻克了一批重大关键技术，形成了以虚拟样机工程平台 COSIM、"云制造"平台为典型代表的一系列自主开发的产品和工具集。

复杂产品虚拟样机工程平台 COSIM 的研发与应用是李伯虎及其团队在自主研发方面交出的一份成绩单。

李伯虎在作技术交流报告

中国制造业面临着知识—技术—产品更新周期越来越短、客户对产品性能和质量要求越来越高、全球化协同制造与竞争日益加剧的新形势，尤其是武器装备、船舶、飞行器等复杂产品的制造还面临着研制周期更短、质量更好、多学科异地协同设计和加工生产等诸多挑战。这对中国制造业的进一步发展造成了极大的阻碍。

为了解决这些难题，2002年，李伯虎带领航天CIMS研究中心的技术人员，根据自身技术储备，结合研制复杂武器装备的迫切需求，研制具有自主知识产权的复杂产品虚拟样机工程平台——COSIM系列产品。COSIM系列产品基于并行工程理念，融合现代管理技术、先进设计与制造技术、先进建模仿真技术和多学科优化技术等多方面的研究成果，解决复杂产品虚拟样机工程的顶层设计、工程管理、工具集成、协同仿真和结果评估等应用问题。

复杂产品虚拟样机工程中的一大难题是多学科虚拟样机软件间信息集成与技术协同。李伯虎经过反复研究，提出基于国际上分布交互仿真的重要标准——高层体系结构HLA构建多学科虚拟样机软件间信息集成与技术协同平台的总体技术路线。团队经过讨论认为，这是一个合理而巧妙的技术路线。

有了技术途径，有了字面的标准规范，但是HLA标准却并没有给出这些标准功能和服务的具体实现方式。在当时的技术条件下，缺乏材料和开发案例，国内没有成功应用的案例。如何攻克这个难题？李伯虎斩钉截铁地决定，无论付出什么样的代价，一定要吃透这个技术，开发出中国自己的核心平台！他对项目组全体成员表示："咱们的平台绝不能因为这点小困难就退缩不前，没有条件我们就要创造条件，即使是花费几年时间，只要干成这一件事，都是值得的。"

李伯虎还多次对团队的研发人员强调，COSIM一定要瞄准系列化的行业和军用标准，形成体系化的复杂产品虚拟样机工程整体解决方案。正因为有了这些超前的目光，COSIM不仅填补了我国复杂产品虚拟样机工程领域的空白，还

协同仿真理念：从传统物理样机研制的串行工作模式转换为虚拟样机研制的并行工作模式

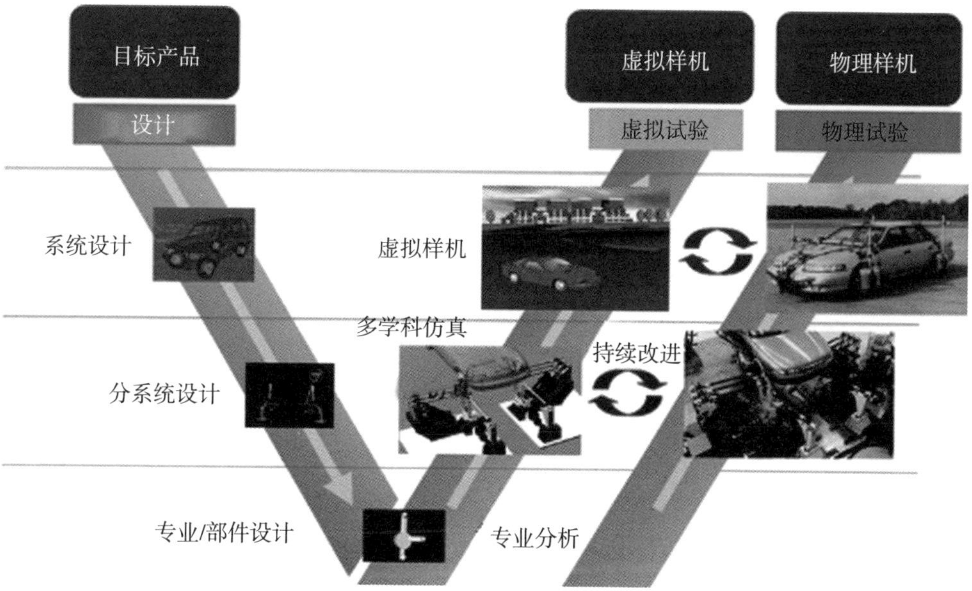

为中国军工行业和复杂民用领域提供了一个有效的产品数字化研发环境，也为军工及其他制造企业提供了一套较为完整的协同仿真和创新设计的工作模式。

对于 COSIM 的研究开发，李伯虎及其团队倾注了大量精力。为了使工作顺利进行，在 COSIM 的联合攻关过程中，李伯虎对项目团队提出了三个标准：要求要严，工作要实，责任到位。李伯虎还多次向团队的总体设计人员柴旭东总师等传授经验：做项目、搞科研一方面是锻炼实践能力、学能所用，另一方面还要学习提高管理项目、组织科研的能力，对于联合项目、大型科研要做到“五抓”——抓总体、抓系统、抓关键技术、抓集成、抓测试。李伯虎在这些方面的谆谆教导使团队成员受益匪浅。

就这样，项目组在李伯虎的亲自指导下，写出了十几万行代码，历经几年的测试运行，终于开发出以建模仿真、模型管理、项目管理、可视化管理为核心的四大子平台，包含多学科建模工具、协同仿真工具、运行评估工具、模型库、三维虚拟环境等 20 多套软件产品，集成了十多种工具软件的 COSIM

平台。

在2009年12月的“协同仿真、创新未来”高层论坛暨COSIMV3.0发布会上，面对出席会议的国防科工局、军方、各军工集团公司、部分院校的领导和各协作配套单位的300多位代表，李伯虎感慨地说：“这十年的努力是值得的！”目前，COSIM已经成为复杂产品虚拟样机领域的知名品牌，其成果不仅推广到中国航天科工集团公司的多个研制部门，而且广泛应用于航空、船舶、兵器、轨道交通等多个重要行业和大型企业集团，创造了上亿元的经济效益。

随着高性能计算技术和云计算技术的发展和普遍应用，中国已经拥有了一批具有自主知识产权与高性能计算机研发生产能力的企业和很多云计算中心。李伯虎敏锐地察觉到，COSIM产品的下一个未来在于和高性能计算机结合，通过云服务的方式提供给用户使用。研制出完全国产化的高性能云仿真系统是李伯虎为COSIM工程团队制定的下一代研制目标。始终站在技术最前沿的李伯虎，一直以他独到的判断力和踏实肯干的实践精神引领着复杂系统集成制造技术的发展方向。

“云制造”平台研发和产业化发展是李伯虎及其团队在自主研发方面交出的又一份优异的成绩单。

随着“云制造”概念逐渐普及，李伯虎又开始积极推动应用示范向产品研发发展。恰逢“云计算”技术相关的应用已经逐渐在实践中得到实施，中国开始迈入了“风起云涌”“腾云驾雾”的新时代。工业和信息化部积极推动“工业云”的落地实施，商务部越来越重视电子商务技术的重要作用，各级政府也积极引进最新的“云计算”高新技术，建成了一批计算中心，鼓励和培养企业使用先进的信息技术提升企业的整体绩效。正所谓“好风凭借力，送我上青云”，乘着这股东风，李伯虎参与领导了基于公网、面向社会的“云制造”服务平台——“天智”云平台的设计、开发与实施。

为了让这个平台真正为广大企业服务，李伯虎不辞辛苦、四处奔波，向相关部门领导和优秀企业代表宣讲“云制造”的概念和发展成果，先后多次到访过佛山、襄阳、宁波、无锡等地。他的秘书曾经不无感慨地说：“李院士的手机上密密麻麻地标记了未来两周的行程安排，基本都是前一天刚刚从一个城市回来，后一天又要飞往另一个城市。作为一个年过七旬的人，他能保持这样的干劲和精神，让我这个年轻人都自愧不如。”

在这样的精神领袖和实干家的引领下，“云制造”团队取得了一个又一个可喜的成绩。2012 年 9 月 26 日，湖北襄阳市政府与中国航天科工二院签署了“云制造”应用推广协议，这也是国内首个地方政府“云制造”应用推广协议，标志着“云制造”正式进入全面推广应用阶段。2012 年 10 月 11 日，在诸葛亮文化旅游节“隆中对・创新与人才”活动上，中国航天科工二院与襄阳市政府就智慧“云制造”在襄阳市的规划实施与产业化签署战略合作协议，标志着智慧“云制造”正式“落户”襄阳市。

面对取得的成绩，李伯虎在感到无比欣慰的同时，心中也涌起了更为强烈的使命感。他对“云制造”项目组全体成员又提出了新的、更高的要求：“要将‘863’计划‘云制造’项目的应用成果真正转换成民用产业，为我国制造业的广大企业服务，真正实现‘云制造’产业化的理想。”在这一决心和勇气的鼓舞下，项目组成员的士气大增。他们立刻开始行动，先后在佛山、襄阳、武汉、宁波、北京等地开展“云制造”落地的规划与实施工作。

作为“云制造”落地的先行者，李伯虎所在的航天二院作为技术支撑方，瞄准了佛山制造业面临的突出问题，结合佛山已有的信息化基础，与当地政府和企业联合，率先搭建了佛山“云制造”公共服务平台——中国在线制造。在促成“云制造”落地佛山的工作中，李伯虎多次受邀到访佛山宣讲“云制造”的实践经验，得到了佛山市政府和企业的高度认可与重视。在随后的落地实施工作中，作为项目实施的顾问，李伯虎更是亲自动手，逐字逐句地审阅和修改相关产业实施规划纲要，严肃、认真地对未来五到十年里“云制造”落地实施过程中存在的风险和挑战进行分析并制定应对策略，以“云制造”产业发展的宏伟目标指引着项目组凝心聚力、一往无前。

“云制造”在佛山的落地，为“云制造”的产业化树立了一个标杆。这个新兴事物也引起了其他各级政府和企业的重视。2013 年 12 月 12 日，襄阳市政府在南湖宾馆组织召开了“襄阳智慧城市总体规划与设计评审会”暨襄阳“云制造”平台发布仪式，襄阳的“云制造”平台正式投入应用，襄阳市政府成为了中国第一家正式实施“云制造”模式的地方政府。如今，襄阳市已经有五家龙头企业带动近 1300 家中小企业率先“登云”，在网上开展协同采购、市场分销等业务。通过“云制造”平台，在未来，襄阳市还将通过“龙头带动小微”“百企携万家登云”的方式，建设“立足襄阳、面向华中、服务全国、辐射全球”的“云制造”交易中心和服务基地。

在佛山、襄阳两地的带动下，李伯虎团队一鼓作气，先后又与宁波、孝感、武汉、安徽等地政府接洽，共同探讨“云制造”进一步在当地落地实施的相关工作。孝感市政府还特意发布了题为《关于建设孝感云制造公共服务平台的建议》的文章，希望借助航天二院成功实施“云制造”的经验模式，让“云制造”落地孝感；安徽省经信委更是组织专家考察团，赴佛山交流落地实施经验，希望通过信息化手段促进安徽制造业的发展。

“云制造”平台虽然得到了推广和应用实施，但李伯虎并没有因此而骄傲自满，而是以审视的目光观察着“云制造”的发展，并一针见血地指出了存在的不足：“咱们搞的这个东西，虽然现在看起来很红火，有很多企业在上面，但我看还缺几块最重要的东西。物流和金融必须要集成上去，只有信息流在平台上跑，根本没法真正打通制造类企业之间的壁垒，要将信息流、资金流、物流，后面还有知识流等集成在一起，才能真正解决问题，企业才会真正变成平台的忠实用户。咱们要干就要干实，不能只是做做示范、写写文章，必须要真正为企业解决问题。”

面对李伯虎提出的问题，团队的每位成员都感受到了身上肩负的重任。李伯虎同时鼓励大家：“我希望‘云制造’服务平台能够推广到全球各地，在这个平台上汇聚各国的制造能力，助力中国从制造大国向制造强国迈进。咱们任重而道远，一定要好好干，不能辜负了企业的信任！”

目前，“云制造”网络化、服务化的制造理念正落地于越来越多的城市，上万家的制造企业已经开始借助于“云制造”平台获取更大的效益。这足见李伯虎的先进制造理念和“云制造”这一模式的创新给中国制造业带来的积极影响。“云制造”能获得进展，是在李伯虎意料之中的，他不是盲目自信，而是经过多少个日夜的深思、分析、规划，以及亲自带领团队技术攻关换来的。

年事已高的李伯虎本应在家享受子孙绕膝的天伦之乐，但为了中国制造业的发展，为了中国能够从制造大国真正走向制造强国，李伯虎用自己的默默奉献铺路搭桥。为了“云制造”的普及和发展，李伯虎不辞劳苦地奔波于长江三角洲、珠江三角洲等各大工业区，这么大的工作强度对于一个年轻人来说，都是非常劳累的，对年过七旬的老人来说，更是一个巨大的考验。然而，李伯虎却以其坚韧的毅力坚持了下来。常常，他下飞机匆忙赶到家后，仓促吃下两口饭就与前去请教问题的学生展开讨论，耐心倾听他们的想法和问题，诚恳地给出自己的建议，有时一讨论就到了深夜。

陶华经常劝李伯虎把事情放手交给年轻人做，不要什么事情都亲力亲为，也不要常在城市之间飞来飞去。李伯虎听后，总是语重心长地告诉妻子："有些事情我也要亲自来做，也要学习啊，不然自己就落后了。"

同事和学生们也常常劝李伯虎不要太拼了，应该多休息、注意身体，李伯虎跟学生们开玩笑说："你们觉得我老吗？我可是70后啊！"李伯虎对工作的热诚，对教书育人的严谨态度，影响着自己的团队和学子，给他们做出了榜样，留下了宝贵的精神财富。

尽管取得了成果，但李伯虎并没有止步。他经常对自己的团队成员说：我们所做的制造不仅仅是传统的产品加工活动和过程，而是属于"大制造"的范畴。在他看来，与传统意义上的"制造"相比，"大制造"的特点是：产品的活动与过程覆盖面"大"，涉及产品生命周期从市场需求论证、设计、加工生产、试验、运行、维护到最终的报废处理全过程的各类活动；制造活动的空间范围覆盖面"大"，从企业内部，到企业之间，再到全球制造；制造类型覆盖面

“大”，包括机械、电子类等离散制造业，石油、化工等流程（或连续）制造业，以及钢材、食品等混合制造业。“大制造”包罗万象，其中还有很多的命题需要并且值得深入研究，需要更多的后来人为之持续努力。

2015 年，由航天云网公司研制的智慧云制造系统雏形——“航天云网”正式上线运行。至今已有 20 余万家与制造业有关的产、学、研单位入网，构成了一个以“泛在互联、数据驱动、共享服务、跨界融合、自主智慧、万众创新”为特征的新颖制造生态环境，并已在制造企业实现高效、优质、经济、绿色、柔性的产品制造与服务等方面取得了初步成效。

实践发展永无止境，认识真理永无止境，技术创新永无止境，李伯虎与同事们的创新与实践还在继续……

李伯虎

李伯虎院士传记

Academician Li Bohu's Biography

第八章

心系仿真不松懈

李伯虎积极参与推动中国系统仿真学科与学会的发展，促进亚洲仿真联盟的建立与发展，为中国仿真技术与应用普及全国、走向亚洲、迈向世界作出了贡献。

1. 众智众创 发展学科

仿真科学技术是以建模与仿真理论为基础，以计算机系统、物理效应设备及仿真器为工具，模拟研究目标，建立并运行模型，对研究对象进行认识与改造的一门正在迅速发展中的综合性、交叉性新型科学技术。作为一直在仿真领域深耕细作的专家，李伯虎深知，一项新的技术要想发展壮大，成为推动我国国民经济、国防现代化、科学与社会发展的重要工具与手段，需要千万人坚持不懈地为之努力奋斗，必须走过漫长的路程。

一直以来，发达国家对仿真技术都表现出高度重视。2005 年前后，美国总统信息技术顾问委员会交给总统一份咨询报告:《计算科学：确保美国竞争力》。该咨询报告有一个观点:“计算科学是与理论和实验并列为科学研究的第三个重要手段。”其中特别指出：计算科学是研究各类复杂系统的有效手段。他们认为，计算科学由三部分组成：计算机科学和信息科学、建模仿真技术、计算设施。此外，美国科学院、美国国防部也有不少类似的文章或报告。

在数字仿真技术方面，中国属于“后来者”。李伯虎于 20 世纪 80 年代初结束在美国的深造回到中国时，数字仿真技术在中国科学界还处于起步阶段。而同一时期的美国等西方发达国家，已经率先在这一领域取得了多项成果，处于世界领先地位。因此，中国的数字仿真技术距离世界先进水平有很大一段距离，要想赶超，绝非易事。

千里之行，始于足下。在应用需求的牵引和相关技术的引导下，中国仿真学术界推动着仿真技术从模拟、混合仿真技术向数字仿真技术及其应用逐步发展。

1989 年 2 月，在原有的自动化学会系统仿真专业委员会的基础上，中国科协批准成立全国一级学会——中国系统仿真学会（Chinese Association for System Simulation，简称 CASS），学会办公室挂靠在北京航空航天大学。

中国系统仿真学会以“团结和组织广大系统仿真科技工作者，以经济建设为中心，促进科学技术的繁荣和发展，促进科学技术的普及和推广，促进国内外学术交流，为广大会员和科技工作者服务，推动我国系统仿真科学技术发展，为国民经济建设和国防现代化服务”为宗旨，积极开展学术与技术交流，组织重点科研课题的探讨和技术考察活动，推动“仿真科学与技术”学科的建立和发展。开展民间国际科技交流活动，发展同国外的科学技术团体及专家学者的

1984 年，李伯虎（右）在国际仿真会议期间和导师豪伊（左）合影

友好交流和科技合作。

担任中国系统仿真学会首任理事长的，是著名科学家文传源。文传源是中国飞行器控制、制导与仿真领域的开拓者。他出身平民，在抗日战争时期就为中国的航空事业做出过重大贡献，在中国科学界享有很高的威望。文传源非常清楚仿真技术对于国民经济和国家安全的作用，希望使这种作用得到最大限度的发挥。而要实现这一点，首先需要得力的人才来辅助自己的工作。于是，在他的举荐之下，李伯虎被推选为学会副理事长之一，参与仿真学会的领导工作。

李伯虎很重视系统仿真技术的交流与推广工作。1989年，在办刊经济效益很低的情况下，他还兼任了《系统仿真学报》的编委会主任。为了推动学报发展，当时，作为204所所长，他决定给予《系统仿真学报》充分的人力及经费支持。在他的积极支持下，在系统仿真学报编委会、办公室及仿真界的共同努力下，《系统仿真学报》获得了长足的发展，取得了很多荣誉，如1997年进入EI检索；2013年荣获“中国最具国际影响力学术期刊”称号等。

20世纪80年代以来，中国仿真科学技术发展迅速，已经逐渐形成了较完整的技术体系，但是到了2004年，中国的仿真学科却遭遇了巨大的困境，有人认为，仿真在各个领域都十分普及，因此可以

2011年，李伯虎（前排右六）参加第三届《系统仿真学报》编辑委员会全体委员大会

取消其专门的学科。为了仿真学科的长远发展，时任中国系统仿真学会理事长的李伯虎提出“保二争一”的目标——保住仿真二级学科的地位，争取设立为一级学科。他带领中国系统仿真学会为此多次召开会议，进行反复讨论，并开展相关工作。

2004 年 5 月 23 日，在北京航空航天大学如心会议中心，中国系统仿真学会召开了在京常务理事扩大会议。李伯虎在会上提出，应该适时启动《学科发展蓝皮书—2004 卷》的撰写工作。蓝皮书的内容由综述篇、成果篇、纪要篇三部分组成，综述篇由李伯虎带头撰写。

2004 年 8 月 3 日，中国系统仿真学会在昌平九华山庄召开了第一次“仿真学科研讨会”，邀请教育部副部长赵沁平参加会议并就学科设置问题作报告，还邀请了多名教授、专家针对仿真学科是否具备一级学科条件、如何开展一级学科申报工作等问题进行了热烈讨论。

2005 年 12 月 18 日，李伯虎主持召开了中国系统仿真学会常务理事扩大会议。在会上，大家一致同意由装甲兵工程学院、清华大学、国防科技大学、北京航空航天大学、中国科技大学、西北工业大学、第二炮兵工程学院、北京理

工大学、哈尔滨工业大学、同济大学等十所院校为申请“仿真科学与技术”一级学科的筹备单位。

2007 年 11 月 10 日，在江苏省无锡市举行了中国系统仿真学会五届二次理事会暨“学科研讨会”，围绕学会工作及学科建设进行了深度讨论。11 月 11 日上午，在江南大学召开的“仿真一级学科设置”研讨会中，围绕“仿真科学与技术学科的理论基础、知识体系、课程设置”等内容，有三位代表做了大会报告，最后由教育部副部长赵沁平做了“关于仿真学科设置的几点认识”的报告，并肯定仿真学科在国防建设和国民经济发展、科学研究中的重要作用。

2008 年 8 月 16 日，在北京景明圆宾馆，中国系统仿真学会举办了“仿真科学与技术学科”设置研讨会，特邀教育部赵沁平副部长、戴汝为院士、李衍达院士、吴澄院士、汪成为院士、李国杰院士、于景元研究员参加，李伯虎主持，听取了与会专家的意见和建议。最后，李伯虎进行了总结，肯定了仿真科学与技术是一门新兴的有生命力的学科，要成为一级学科还需要努力工作，但是，大有希望。并对下一步的工作提出四点建议：从现代科学技术的发展，从战略高度来认识和论证仿真科学的重要性；进一步明确仿真学科综合性、创新性在什么地方；在申报材料中充分说明对人才培养的重要性；进一步阐明建立仿真科学与技术一级学科的必要性

2010年11月，李伯虎（前排右八）参加中国科协海峡两岸青年科学家学术活动月启动仪式

和可能性，对关键内容进一步精雕细琢。

经过艰苦的努力，目前仿真学科仍得以保留为二级学科。

新观点新学说学术沙龙论坛（简称“双新沙龙”），是中国科协 2006 年推出的一项示范性学术活动，是落实胡锦涛总书记提出的“提供学术争鸣，营造自由平等、求真务实的学术氛围，建设和谐学术环境”重要指示的具体举措。它的宗旨，在于充分发挥学术交流作为原始创新源头之一的作用，营造自由进行探究、鼓励学术争鸣、活跃学术思想、促进原始创新的环境，弘扬敢于质疑、勇于创新、宽容失败的精神，为学术思想、理论观点以及学术灵感提供一个宽松、自由、平等的交流平台，为激发学术创新力、促进创新人才成长提供一个良好的学术环境。

为了进一步促进仿真科学技术的发展，李伯虎又将自己的视线投向了这个中国科技界的重量级论坛。

在李伯虎的积极促进下，2007 年（第 8 期）、2009 年（第 37 期）、2011 年

2011年，李伯虎（中）主持中国科协新观点新学说学术沙龙论坛

（第 58 期）、2013 年（第 81 期），中国系统仿真学会先后四次向中国科协申请承办双新沙龙，并且多次被科协列为当年的示范性学术活动。

为了扩大仿真科学技术的影响力，在筹备沙龙阶段，李伯虎特意要求，不设立资历、学历、专业、年龄、性别等门槛，使更多的人能参与其中，尽情表达自己的学术观点和学术灵感，进行思想的碰撞。来自清华大学、北京理工大学、北京航空航天大学、国防大学、上海大学、西南交通大学、西北工业大学、中国航天科工集团公司二院、北京仿真中心、空军工程大学导弹学院、哈尔滨工业大学、北京大学工学院生物医学工程系、中国科学院数学与系统科学研究所、装甲兵工程学院、北京信息控制研究所、东北大学、厦门理工学院等不同领域的仿真专家学者参加了讨论。

为了鼓励大家，李伯虎还为这几期“双新沙龙”提出了两项原则，一是不说外行话，二是与会者要敢于发表自己的观点、有自己独到的见解。在他的倡导之下，参加“双新沙龙”的各位专家从各自不同的研究视角畅所欲言，思想独特、有新意，又相互碰撞推动，虽然观点各异，却都有力地推动了复杂系统建模和仿真技术的研究与应用，得出了许多具有学术价值、可积极推动复杂系统建模仿真研究与应用的成果。

仿真科学技术走进“双新沙龙”的效果是非常明显的，这样的途径既能促进业内认识，加强学术共识，又能对推动我国仿真科学与技术的研究、应用、产业和人才的培养产生积极作用。不仅如此，沙龙还对专家的发言进行全程记录，并在会后整理汇集成册，出版发行，为仿真科学界留下了宝贵的智慧闪光。

每一期沙龙结束时，李伯虎都会进行总结发言。当他对当期踊跃出来的观点进行点评时，心中总会备感欣慰，而专家们的掌声，也是对他的努力的最大认可。

2. 立足中国 走向世界

中国系统仿真学会成立于1989年2月12日，至今已经走过了20多个年头。它克服了重重困难，始终高举发展仿真科学技术的大旗，推动本学科的发展、应用和学术交流，并取得令人瞩目的成绩。然而，李伯虎和他的同事们并不满足于此，他们更希望促进中国仿真技术走向世界。

1989年，中国系统仿真学会为了扩大中国仿真在世界仿真界的影响，决定在北京召开国际仿真大会。这个想法在当时的中国仿真界引起了轩然大波。在那个年代，国际性学术大会鲜有在中国举行的。一方面是因为当时中国的科学技术落后于西方国家，在国际学术界没有什么号召力；另一方面也是因为外国科技界人士对中国了解很少。

不过，改革开放之后，中国科技界的众多有识之士普遍认识到，中国迫切需要得到外界的认识、了解，需要加强与其他国家的交流，只有打开大门、互通有无，中国的科技才能得到进一步发展。

科技部欣然同意了中国系统仿真学会的计划，并迅速报请国务院审批。国务院以最快的速度进行了批复，并同时指示北京市政府协助科技部筹划，具体事宜由中国系统仿真学会负责。

1989 年 10 月 23 日，第一届北京系统仿真暨科学计算国际学术会议（BICSC’89）在北京香山饭店召开。这次会议由中国系统仿真学会、中国自动化学会等单位主办，国际仿真计算机及仿真数学学会（IMACS）、国际建模与仿真学会（SCS）、日本仿真技术学会（JSST）、联邦德国仿真学会（ASIM）、荷兰仿真学会（DBSS）、意大利仿真学会（ISCS）、英国仿真学会（UKSC）等协办。

参加这次国际会议的有来自中国、美国、日本、联邦德国、民主德国、英国、法国、意大利、芬兰、伊拉克和中国香港 11 个国家和地区的代表共 256 人，共宣读论文 21 篇。世界各地的仿真科学家齐聚北京，其中，还有李伯虎在美国的导师豪伊、卡普拉斯，他们都是仿真领域的泰斗级人物。

这是由中国主办的首届系统仿真学术会议，对于促进与国际仿真界的交流与合作，增进国际仿真界对中国仿真学术进展的了解，提高中国的影响力具有重要意义。它不但为国际仿真界了解中国打开了一扇窗户，向他们展示中国科技发展的丰硕成果，同时也为中国仿真技术走向世界仿真前沿奏响了序曲。

北京国际仿真大会的成功举办，还引起了日本、韩国仿真学界的关注。三国仿真科学家逐渐产生了一个共同的想法：联合起来，共同谋求发展，这不但能够实现各国的资源整合利用，而且也会给本国仿真科学的发展带来契机。

1991 年 7 月，在美国巴尔的摩召开 SCSI 夏季仿真会议，李伯虎、王正中和熊光楞等参加，并在那里与日本仿真技术学会组织了“亚洲仿真论坛”。

以这个论坛为雏形，中国系统仿真学会继续推动中国、日本、韩国三国在仿真科学技术方面的合作。2001 年 10 月 10 日，作为中国系统仿真学会理事长，李伯虎参加了在韩国举办的“国际仿真学会会议”。多个国家仿真学会的负责人讨论确定了由中、日、韩三国为主办国，轮流举办“亚洲仿真会议”的决定。

1991年，李伯虎（左一）参加 SCSI 会议

2011年，李伯虎在亚洲仿真会议上作关于“云制造”的大会报告

中国原有的国际仿真学会会议与该会议合成一个会议召开，并以2002年中国举办的国际仿真学术会议作为首届“亚洲仿真会议”。

李伯虎及其同事们的脚步没有停下，接下来，又倡议成立亚洲仿真联盟，实现亚洲各国更紧密的合作。2011年，在李伯虎和国际仿真学会前主席雷蒙教授的倡议下，亚洲仿真联盟正式成立，主要由中、日、韩、新加坡等亚洲各国仿真学会组成，在仿真领域代表了亚洲的最高水平。

亚洲仿真联盟的第一届会议是在韩国首尔举行的，第一个议项是选举联盟主席。经过大会一致表决，最终众望所归地推举中国仿真学会理事长李伯虎为联盟首届主席。在会后的晚宴上，李伯虎用英语发表了热情洋溢的演讲，对各国同仁的支持和拥戴表达了真诚的感谢，同时也向人们传递了他对亚洲仿真联盟发展壮大的殷切希望。

随着亚洲仿真联盟影响力的不断扩大，亚洲的其他国家也积极行动起来。毕竟，具有科学眼光的人都了解仿真技术对一个国家的经济建设和科技发展有着多么巨大的推动力。马来西亚、泰国等国家组建了仿真协会，并主动加入到亚洲仿真联盟中。几年下来，亚洲仿真联盟的规模日益壮大，逐渐成为国际仿真界不可忽视的重要群体。

亚洲仿真联盟的运行步入正轨之后，李伯虎又开始为下一步计划而四处奔波——创办代表联盟研究水平的学术杂志。学术杂志是一个学术团体的科研研讨阵地，也是一个学术机构对外展现自己科研实力的窗口，这个窗口既能让人们了解亚洲仿真技术的新进展，更能向世界展示亚洲仿真技术在世界上的影响力。

国际仿真杂志《建模、仿真与科学计算》(International Journal of Modeling, Simulation and Scientific Computing)应运而生，由李伯虎和国际仿真学会前主席亨幸格教授担任联合主编，北京航空航天大学的张霖教授任助理主编，并邀请国内外十余名专家组成了编委会。杂志刚刚创立时，李伯虎凭借自己在国际仿真领域的影响力，向仿真界的一些泰斗级人物约稿，发表的文章学术水平非常高，杂志的质量很快得到了世界各国仿真专家的认可。一年后，该杂志被选进 EI 索引。得益于学术杂志的广泛传播，亚洲仿真联盟在世界范围内的知名度也得到了显著提高，国际仿真界知名人士开始不断到中国和亚洲的其他国家开展仿真学术交流与合作，中国和亚洲其他国家的仿真技术水平也由此得到了大幅度的提升。

这一期间，李伯虎还担任 McLeod 国际建模仿真研究院（MISS）北航中心主任，为推动国际合作做出了积极贡献。

从中国系统仿真学会到亚洲仿真联盟，李伯虎为中国仿真技术走向亚洲、迈向世界做出了积极贡献，在国际仿真界开辟了属于中国的一片广阔天地。

3. 群策群力 普及仿真

在李伯虎的主持推动下，2011 年，中国系统仿真学会从科学研究和高水平创新人才培养需求出发，在国际交流合作的基础上，组织学会 13 个专业委员会，100 余位专家，集国内高校与研究院所专家之力，历时 3 年，组织编撰了《仿真技术词典》。

由于我国一直没有仿真技术方面的词典，为了保证词典在收词、书证、释义、体例、检索等各方面充分体现出科学性和权威性，编委会组织专家对《建模与仿真名词术语集》的词汇进行了筛选，吸收了 IEEE、NATO、DOD 的建模与仿真词典，以及我国军用仿真专业组建模与仿真词典中的部分词汇，形成了本技术词典的词条，共 2600 余条，覆盖了我国以及国际学术界和工程领域的仿真常用词汇。

《仿真技术词典》是一本简明、实用、应用范围广、普及程度深的仿真工具书，可以为广大仿真理论研究和工程技术研究的科技人员和高等院校的学生提供术语参考，也可供高等院校的教师在教学中使用，使中国的仿真技术更加系统化、规范化。

为了促进仿真技术在普通民众中的进一步普及，为中国仿真科学界培养更多人才，李伯虎还积极支持全国大学生控制仿真挑战赛和仿真大赛。全国大学生控制仿真挑战赛是全国大学生“西门子杯”工业自动化挑战赛的前身，是由西门子公司与北京化工大学于 2006 年创办、中国系统仿真学会领导的面向自动化领域工程人才培养的竞赛，已经成功举办了多届。

这项比赛以一项虚拟的自动化工程项目为背景展开，大赛组委会充当甲方角色，参赛队伍则以团队的形式充当乙方角色，通过分析、设计、竞标、实施、排错、优化、移交等多个实际环节完成竞赛。参赛队伍需要在真实的工业控制器和仿真的工业对象环境下完成全部的自动化工程项目，最后以实际控制效果来决定名次。

在中国面临由制造业大国向制造业强国转型的关键时期，针对教育部提出的卓越工程师计划，大赛分为工程应用、设计开发以及工程创新三类，涉及过程控制、逻辑控制、运动控制、产品研发、硬件设计等多个领域，针对应用型工程师、开发型工程师和研发型工程师进行人才培养的引导。

挑战赛创办的核心理念，并不是简单地提供一个供院校之间进行比拼的场所，也不仅仅是一个师生之间相互交流的桥梁，而是希望成为一个帮助每一名有志于工程领域的学生成长为一名优秀工程师的平台，为中国仿真科学技术培养更多的储备人才。

随着计算机仿真行业逐渐成为代表国家关键技术和科研核心竞争能力、具有相当规模的产业，李伯虎又开始推动中国系统仿真学会编写《中国仿真产业发展咨询报告》。

《中国仿真产业发展咨询报告》利用中国产业研究报告网长期对计算机仿真

行业跟踪搜集的第一手市场数据，同时依据国家统计局、国家商务部、国家发改委、国务院发展研究中心、行业协会、全国及海外专业研究机构提供的大量权威资料，采用与国际同步的科学分析模型，全面而准确地从行业的整体高度来架构分析体系，让相关从业人员可以全面、准确地把握整个计算机仿真行业的市场走向和发展趋势。

这个报告对中国计算机仿真行业的内外部环境、行业发展现状、产业链发展状况、市场供需、竞争格局、标杆企业、发展趋势、机会风险、发展策略与投资建议等进行分析，并重点分析了我国计算机仿真行业将面临的机遇与挑战。

《中国仿真产业发展咨询报告》对那些计算机仿真企业、学术科研单位、投资企业起到了巨大的作用，帮助他们准确了解计算机仿真行业的最新发展动向，及早发现计算机仿真行业市场的空白点、机会点、增长点和盈利点……准确把握计算机仿真行业未被满足的市场需求和趋势，有效规避计算机仿真行业投资风险，更有效率地巩固或者拓展相应的战略性目标市场，牢牢把握行业竞争的主动权。

这个报告的出炉，促进了仿真技术与发展产业的良性互动，是李伯虎在领导中国系统仿真学会做大做强道路上的又一积极贡献。如果说，20 世纪 80 年代的中国仿真是一棵小幼苗，经过中国仿真界的多年努力，它终于成长为一棵茁壮的大树，硕果累累。

李伯虎历任中国系统仿真学会一、二、三届副理事长，四、五、六届理事长，20 余年来，他积极参与中国系统仿真学会的领导工作，为中国系统仿真学会的发展，进而为推动中国系统仿真技术与应用的发展做出了积极的贡献。

李伯虎

李伯虎院士传记

Academician Li Bohu's Biography

第九章

桃李芬芳春满园

作为老师，李伯虎培养了上百名各个层次的人才。对于学生，他严格要求，悉心教导，在学业上精益求精，在生活上关怀备至，是学生们的严师良友。

1. 认真带徒　言传身教

李伯虎一生中扮演了无数种社会角色，航天二院计算机应用和仿真技术研究所所长、北京仿真中心主任、国防科工委科技委仿真专业组组长、国家“863”计划自动化领域专家委员会委员和CIMS主题专家组组长、中国系统仿真学会理事长……但是，如果让他从这些角色中选择一个最有意义的，或许他会选择一个平凡、不起眼却充满责任的角色——“李老师”。

20世纪80年代初期到90年代后期，中国的改革开放稳步推进、逐渐深入，社会经济也随之得到了迅速的发展，人才缺口由此凸显出来，各行各业都需要大量的高层次技术人才。然而，在那个年代，国家培养的硕士、博士研究生少之又少，根本无法填补这个缺口。当时社会上出现了一股“公司热”“出国热”，很多高学历人才纷纷下海或者出国留学，这也在客观上加剧了国内人才匮乏的紧张形势。因此，分配到科研单位的人才根本无法满足科技发展的需要。很多人即使到了科研单位也不安心，几年后纷纷选择跳槽，在他们看来，“清水衙门”似的科研单位无法提供给他们丰富的物质生活。

人才是科研工作的保障，缺乏人才，科研怎么可能获得更多的成果？怎么办？当时的科研单位纷纷开动脑筋想办法，一些单位开始投入人力、物力、财力，开展自培研究生的招生和培养工作，自行培养适合单位需要的专业人才。航天二院也采取了同样的方法，通过多种途径招收和培养自己的研究生。

从1983年开始，李伯虎在计算站（后更名为204所）开始了“自动控制理论与应用”硕士研究生的招收和培养工作，并成为计算站乃至航天二院招收和培养硕士研究生最多的导师之一。当时，国内计算数学界有名的专家——航天二院计算站副站长袁兆鼎在国家申报了“计算数学”博士点，他选定的导师组成员就有李伯虎。在这个博士点，李伯虎参与了多名博士研究生的培养工作。

国家计划招收的研究生都是由国家提供一部分培养经费，所在的科研单位、高等院校解决另外一部分，这在无形之中给科研单位、高等院校带来了一定的资金压力。研究生毕业之后，自由选择出路，既可以留在单位工作，也可以到社会上自谋职业。这样一来，科研单位在培养研究生时，既要投入大量资金，又可能面临“竹篮打水一场空”的局面。因此，在204所，针对人才培养，出现了一些反对声音。一部分人认为，招收研究生可以为所里培养高层次人才，增加科研新生力量，但他们不一定都能留在所里工作，还要所里支付不少经费，有点得不偿失，不如直接从大学接收博士或硕士毕业生。

作为204所所长，李伯虎却并不赞同这样的观点。他认为，所里招收、培养的研究生，能够更早地接触实际工作，实践能力强、技术水平高、工作经验丰富，能更快地成长为所里的一支有生力量，对改变原来人员老化、技术老化的情况大有裨益。在他的坚持下，204所非常重视研究生的招生和培养工作，每年在读的研究生有20多人，所里专门为这些学生配备了管理老师，负责他们的日常管理和思想政治工作。由于李伯虎的重视和专职管理老师的得力工作，204所的研究生培养和管理工作在航天二院一直走在前列。

科研单位培养研究生的方法与大学批量培养研究生的方法有很大不同。学

李伯虎在204所讲课

生在学完基础课程之后，要回到研究室学习专业课程，要在导师的指导下选准专业方向，还要导师带领他们参与课题研究，在工作实践中边干边学、锻炼成长。这对导师提出了更高的要求。导师不但需要投入更多的精力，而且在指导学生学习的同时，自己要先学习，不断提高自身的技术水平。身为导师，李伯虎自己首先保持着强烈的好学之心，注意吸收新知识，更新自己的知识库。他常说，教学相长，在研究生身上，自己也学到了不少东西，对于加强自身学习，提高业务水平很有用。

李伯虎采用系统工程的思想来培养研究生，十分注重学术研究与工程实践相结合。学生通过进入国家“863”计划、“973”计划、国防基础科研等国家级重点项目这类高水平的理论与实际应用相结合的平台，能更好地在实践中总结提炼，形成具有应

李伯虎（左三）与第一批部分研究生合影

用价值的学术成果。李伯虎希望学生每做一个项目，都能够参与到该项目全生命周期活动中去，从一开始就靠自己的能力去争取这个项目，自己写论证报告参与到课题的竞争中，而不是只听老师指挥，在项目的某个难点上做出点成绩。通过产学研结合的培养方式，研究生往往在系统总体、学术提炼以及动手实践方面具有更强、更全面的能力。

与此同时，李伯虎很注重与本专业领域其他高校、科研院所进行交流，无论是课题研究还是论文答辩，都聘请了不少所外的专家参与，帮助学生们吸收更多的知识。在李伯虎的指导下，他所带的研究生学业水平进步很大，取得了丰硕的科研成果，并有多篇论文发表在重要的学术刊物上，获得了业界的好评。

李伯虎的言传身教影响了一代又一代学生。他所培养的硕士研究生毕业后，大部分都选择了留在 204 所数字仿真研究室，从事数字仿真技术的课题研究，为中国的仿真事业贡献自己的力量。他的学生如今有很多已经成长为数字仿真领域的技术骨干，承担了大量重要研究项目。

桃李不言，下自成蹊。李伯虎虽然从不多谈自己在育人方面的成就，但是，那些在中国仿真事业的各个重要岗位上承担着重要职责、取得了一个又一个成就的弟子们，却用自己的实际行动证明了，李伯虎是一位不可多得的良师。

2. 北航为师 精益求精

大学校园一直是为科技发展孕育人才的温室，象牙塔不但能使学子们学习到丰富的知识技能，更是很多先进技术与理念诞生的源头。李伯虎不但在所里兢兢业业地带徒弟，在大学里也培养了一大批优秀的学生。

自1987年起，李伯虎一直兼任北京航空学院（1988年更名为北京航空航天大学）教授，1995年起，兼任控制科学与工程学科的博士生导师，为仿真领域培育新人。虽然教授的职位只是兼任，但是对培养学生，李伯虎却始终以高标准来要求自己。在仿真的学术道路上，他希望把自己的工作和学生的培养结合起来，让学生得到更快、更好的成长。为了将学生培养得更为出色，为了适应校园里的学术氛围和教育环境，他不断努力提高自己，使自己成为一名出色的教师。

作为导师，李伯虎为自动化学院培养了博士后、博士、硕士等多个层次的专业人才。对每位学生，他都会抽出时间来和他们交流，悉心听取他们的意见，为他们的科学研究选定一条适合自己的研究道路。无论是平时的课题研究、学术论文的撰写发表，还是毕业论文的开题与答辩，事无巨细，只要是和学生相关的事情，他都一一放在心上。他也给本科生们授课，普及仿真知识，对每一位求知学子的疑问都热情回应、耐心讲解。很多学生在李伯虎的影响之下，对仿真产生了浓厚的兴趣，并将其作为自己一生的事业。

李伯虎的研究方向主要是数字仿真和制造业信息化等前沿性研究领域，在这个领域的研究过程中，大多数时候需要自己一步步去探索。李伯虎将这种挑战作为对学生们的锻炼，常常鼓励学生要学会独立思考，有了想法就大胆尝试，不要因为犹豫而错失机会。

研究生的培养不是一项轻而易举的工作。在培养研究生的过程中，导师是承担培养任务的主体，是培养品学兼优的高素质人才的关键。导师的作用主要体现在“导”字上，指导学生的科学研究，引导学生的为人处世。导师与学生之间首先是师生关系，导师应该给予学生全面的关心和爱护，肩负起育人的责任。导师与学生之间又是合作的关系，共同从事相同的研究课题，一起探讨、一起攻关、一起处事，导师的一言一行、一举一动对学生的思想和行为都会产生最直接的影响，这种影响是潜移默化的。李伯虎深知作为导师责任重大，因此，他不但对学生“言教”，更重视“身教”，希望以自己的实际行动来引导学生做人、做事、做学问。

在学校里培养学生，李伯虎最为注重两方面的工作。首先是为每位学生制定符合其自身实际情况的培养计划。在他看来，打好基础始于培养计划的制定。俗话说，“师傅领进门，修行在个人”，制定培养计划就是导师将学生领进门。培养计划是否合理，将直接影响到学生的培养效率和培养质量。李伯虎在教育学生时，要求学生们做的第一件事就是确定自己的研究方向，方向对了，接下来的路才会走得更长远。李伯虎会引导学生了解国家的需求及学科的发展方向，分析学生的优势以及科研课题背景，进而帮助他们找到适合自己的研究方向。有时他会在为学生提出多个研究方向的同时，要求他们在相关领域阅读大量文献资料，通过大量文献的阅读，让学生总结归纳研究方向的现状和发展趋势，增长知识，拓宽视野，在此基础上准确选择和把握自己的研究方向。在明确研究方向后，他又要求学生制定切实可行的课程学习计划，帮助学生养成自主学习、主动学习、独立思考、综合分析的良好习惯，为以后的科学研究打好坚实的基础。在完善的培养计划指导之下，李伯虎的学生经过几年的学习，都能拥有坚实而宽广的基础理论和系统深入的专业知识，具有较高的科学研究能力和学术水平。

除了参与研究生培养的全过程之外，李伯虎尤为重视对学生进行论文指导，以此来挖掘学生的潜力。李伯虎深知，对于研究生导师而言，学位论文指导是培养研究生的重要环节。而如何对学生进行论文指导、如何把握指导的尺度，又是一个令很多导师伤脑筋的问题。大撒把式地指导，让学生自己去闯，会让很多学生无所适从、容易走弯路，更难以把握学科前沿的研究方向，甚至会影响其学业。而手把手教的指导方式也是不可取的，搞“包办代替”，学生就会丧失自主研究的能力，培养质量将大打折扣。因此，李伯虎在对学生进行论文指导时，尤其重视“度”的把握，既要在必要时为他们指明方向，又不越俎代庖。

作为导师，李伯虎在不断提升自己的学识水平、引领学生获得系统知识的同时，尤为注重加强自身修养，以自己认真的学风和高尚的品格影响学生。他从不放松自己的科学研究，始终走在仿真学研究

1998年，李伯虎（左二）参加其博士研究生童军（左一）的论文答辩会

的前沿，及时掌握新理论与新技术的发展，以创新精神和“活到老、学到老”的学风感染学生。

在白天，李伯虎通常非常忙碌，在一线科研岗位时，他每天要忙科研；担任所长之后，除了科研还有大量的管理工作需要操心；到了院科技委之后，作为仿真领域的专家，他又要出席很多学术研讨会和专业会议。只有到了夜深人静时，他才能拥有属于个人的时间。而在个人时间的分配中，占据大部分时间的永远是学习。夏天最热时，左邻右舍通常都聚在户外纳凉聊天，但是在这些纳凉的人群里，从来都不见李伯虎的身影，此时的他正在家中挑灯苦读，抓紧每一分、每一秒时间学习，像海绵吸水一样吸收知识。学生们要找李老师，有时是在下午，更多是在晚上。学生们每次上门拜访时，都会看到李伯虎正在书房里看书。对于新兴事物，如工业 4.0、云计算、大数据，等等，他比很多年轻人还要敏感，学习得比他们还要迅速。他不断吸收掌握学术界的新概念、新知识，并且不断深入思考挖掘新技术所带来的变革和机遇。

除此之外，李伯虎在为人处事上也努力做学生的榜样。无论是在生活中，还是在工作中，他都注意从点滴做起，从小事做起，引导学生要以平常心对待“名和利”“得与失”，要耐得住寂寞和清贫。

3. 学院建设 兢兢业业

在北京航空航天大学自动化科学与电气工程学院（简称“北航自动化学院”）的建设方面，李伯虎写下了浓墨重彩的一笔。

2003 年，考虑到学院发展的需要，北京航空航天大学决定从中国航天科工集团公司及中国航天科技集团公司等科研单位聘请一些院士来做“领路人”，进一步联合、凝结两方的力量与优势，带动学院的发展。经过双方商议，李伯虎作为双聘院士，到北航自动化学院担任院长一职。

李伯虎在北航自动化学院本科教学研讨会上

北京航空航天大学是中国自动化学会仿真专业委员会及中国系统仿真学会的挂靠单位，在系统仿真技术研究方面处于国内领先行列。李伯虎在20世纪70年代就与北航的文传源教授、王行仁教授、陈宗基教授、彭晓源教授等有着密切的联系，在他们的领导下开展学会工作，并和他们有着广泛的学术交流。

李伯虎刚走马上任，北航就给他提出了要求：以学科建设为龙头，“控制科学与控制工程”一级学科的全国排名从前十提高到前五，“控制理论与控制工程”和“机械电子工程”两个二级学科成为国家重点学科，还要设立“电气工程学科”博士点，等等。如何才能完成这个艰巨的任务呢？棘手的难题摆在了李伯虎面前。学科建设是一项基础性和长久性的工作，是学校教学、科研、高层次人才培养及师资队伍建设的结合点，也是专业建设的重要依托，要完成这个目标，不是一件容易的事情。李伯虎感到了任务的艰巨，却毫不退缩，下定决心干下去！对他来说，这是一项新的使命，也是一个新的挑战。

虽然还有很多研究工作，但李伯虎每个星期至少有两天时间待在北航，和学院领导班子讨论，和全院师生交流。李伯虎带领学院领导班子，认真领会学校的发展思路，进而提出“在以人为本，全面、协调、可持续发展的科学发展观指导下，以建成国际知名、国内一流、具有航空航天特色、和谐的研究型学院为战略奋斗目标，以学校制定的‘特色立校、质量取胜、创新引领’为发展思路，以提高学院核心竞争力为中心，以学科和创新基地建设为龙头，以创新团队为核心，以机制创新为驱动，以科研与教学的创新为基础，以加强党的建设与思想政治工作为保证，以落实岗位责任制为手段”的学院发展路线。

“规划”是发展的纲领：只有科学的规划，才能引领学院科学发展；只有创新的规划，才能引领学院创新发展。在李伯虎的主持下，院务会制定了自动化学院的“十五”计划和“十一五”、“十二五”规划，根据形势的变化，适时地制定了学院的发展目标、定位、理念、思路与主要措施，对统一学院发展的思想、目标、方向、行动具有重要意义。李伯虎还主持制定了 2004 年至 2009 年的院工作计划，包括学科建设、人才队伍建设、科技创新基地建设、教学、科研、国内外学术交流、管理、思想政治工作等方方面面的具体目标、工作内容与措施，成为实施学院发展规划的阶段性行动纲领。

人才、队伍是发展关键，全院教师的进取是学院发展的源泉，什么水平的技术与管理队伍，造就什么水平的学院。因此，学院一直将师资队伍的完善与加强工作放在首要位置，开展了人才引进工作会，组织推荐千人计划、长江学者计划、长江学者创新团队计划，研讨创新群体，召开青年教师座谈会，启动青年教师启动基金计划等工作。教师总人数从 138 位增加到 172 位，副高职教师从63位增加到72位，正高职教师从34位增加到39位。其中包括院士1人、国家级突出贡献专家1人、长江学者特聘教授3人、讲座教授1人、杰出青年基金获得者2人、新世纪百千万人才工程人选1人、享受国务院政府特殊津贴人员4人、新（跨）世纪优秀人才5人，以及蓝天团队2支。

学院发展是一项系统工程：学院发展必须以学科与创新基地建设为龙头，融合与优化“人、组织、管理、技术、设备、文化”等诸多因素。李伯虎主持完善了学院组织与管理体系的构建（包括以二级学科为基础构建的“五系”及“三中心”的院组织体系），学院各类工作（学科、教学、科研、行政、政治思想、学生）的管理体系及机制（人事管理机制、分配激励机制、运行机制、绩效考核机制及民主机制）等，组织、落实了学院的发展规划。

在全体师生的共同努力下，学院进一步凝练与拓展了科学研究方向，扩大了研究成果，特别是围绕打造“空天信”融合特色，巩固发展了“航空系统信息化”优势，拓展了“航天系统信息化”和“航空航天系统综合制造信息化”新方向。在产学研结合方面也取得了新的发展，包括成立“复杂产品先进制造系统”联合研究院，以航空航天复杂产品制造业信息化需求为切入点，通过稳定有效的产学研相结合机制，争取发展成为该领域一流的技术成果创新基地、创新人才培养基地、学术交流合作基地与技术服务基地。在实验室基地建设方面获得了重要进展，针对学院制定的两个信息化（“航空 / 航天系统信息化”“航空航天系统综合制造信息化”）方向，建设了“飞行器控制一体化技术国防科技重点实验室”，以“985”二期建设项目“复杂系统先进制造技术平台”为基础的教育部“复杂产品先进制造技术”工程中心获得立项，对学院学科发展起到了重要支撑作用。

国际合作和学术交流成效良好，“111”国际引智计划执行顺利，每年有 20 余名国外知名教授来访讲学。主办了两届亚洲仿真国际学术会议、一届“先进制造”国际学术会议以及多次国内重要学术会议，主办了两个国际学术期刊。与普渡大学、路易斯安那州立大学、诺丁汉大学和帕德博恩大学等国际著名大学签署了多项教学科研合作协议。此外，积极推进了管理体制改革，加强了党支部建设与思想政治工作和工会工作。

在人才培养质量和教学成果方面得到了稳步提高，本科生的招生录取分数居全校前列，出国留学联合培养人数居全校之首。获得国家级教学成果奖 2 项，省部级 2 项。积极组织学生参加“冯如杯”等各类科技活动和学科竞赛，参与人数占学生总数一半以上，团队成绩位于全校前列。

与此同时，学院领导班子坚持民主集中制，发扬民主，重大决策集体研究决定，合作共事，团结协作。学院还十分重视勤政廉政作风建设，坚持以教师和学生为本，做好服务。

最为重要的是作为学院发展龙头的学科建设取得了重要突破，李伯虎与学院全体师生的辛苦和努力最终得到了丰硕的回报——自动化学院比原定计划（“十二五”期间完成学科建设指标）提前两年实现了学科建设指标的重要突破：2006 年 1 月教育部批准新建“建模仿真理论与技术”二级学科。2008 年二级学科“导航、制导与控制”及“控制理论与控制工程”获批为国家级重点学科，进而“控制科学与控制工程”一级学科进入国家一级重点学科行列，学科排名从第10位跃升至第5位。“机械电子工程”是一级学科“机械工程”下属的二级学科，在2008年的重点学科评审中成为国家级的重点学科，在全国处于前5名的水平。设立了“电气工程”一级学科硕士点，下设3个二级学科：电机与电器、电力电子与电力传动、电工理论与新技术，其中电机与电器学科设立了博士点。

4. 治学严谨　授人以渔

无论是在204所还是在北航，无论是硕士研究生还是博士研究生，都有一个共同的感慨：在李老师的手下做研究，实在是太“辛苦”了！辛苦来自哪里？来自于李伯虎的治学严谨，来自于他对学生的严格要求，来自于他对每个细节的重视与关注。

对待学术，李伯虎总是精益求精，甚至到了“过分”的地步。有一次，一位学生协助他准备一份“云制造”宣讲稿，为了突出“云制造”的重要意义，这位学生写了一句“‘云制造’是制造业信息化的发展趋势”。李伯虎看了之后，认为这样写不够严谨，要求他将这句话改为“‘云制造’是制造业信息化的一种发展趋势”。前后只有两字之差，表述却更为准确了。李伯虎语重心长地说：“在制造业信息化领域，还有很多同行在做着很多有意义的工作，我们只是其中之一。虽然我们坚信‘云制造’是一个有前途的方向，但我们也得承认，这并不是唯一的方向。同时，我们也需要做出成绩让同行来认可，而不是自己说有多好。”

同样的情形，还常常出现在学科综述时。有的学生在汇报学科综述时，会说某某方面业界还没有人做过。这时，李伯虎就会纠正学生，不应该采用这样的说法，而应该说“根据目前掌握的资料来看，某某方面业界还没有人做过”，这样的说法才是严谨的、科学的、实事求是的。

李伯虎对学生的关爱也蕴藏在这令人又爱又怕的严谨中。他从不会一味用慈祥的、关注的态度来宽容他们、庇护他们，而是通过一种理智的、冷静的关爱方式，让他们正视自身的不足，不断提高各方面的素质，在实践中感受到做学术研究的责任感和使命感，从而成为自尊自强、努力超越自我的人。在李伯虎看来，这才是真正地爱学生。对学生要求太松，恰恰是在害他们。

李伯虎的治学严谨还体现在他的亲力亲为上。大到国际会议，小到核查数据，李伯虎都尽可能亲自去做。虽然这些事情会占用他大量的时间，但是为了保障每一项工作的质量，他始终坚持如此，除非迫不得已，绝不假手于他人。

2013 年，李伯虎要在“智慧城市高峰论坛”上做关于“云制造”的大会报告。虽然在此之前他已经在各种不同的学术论坛、会议上进行过多次关于“云制造”的宣讲，但在最新的研究中，他提出了“3D 打印与‘云制造’技术的融合”——“云 3D 打印”服务的理念，这一理念将对实现个性化、社会化制造起到重要的作用。因此，原先的报告也就不适用了。虽然大会召开在即，修改报告的时间甚为紧张，但李伯虎还是毅然决然地重新修改报告，将新的研究成果加入进来。

李伯虎指导学生查阅整理了 3D 打印技术以及 3D 打印与“云制造”结合的可能性等多方面的资料，将其整理成报告初稿，再仔细地对初稿进行讨论、修改。因为李伯虎的打字速度比较慢，因此，在修改时，他采取的是自己口述、学生整理的方式。只有两页的内容，他字斟句酌，一改就是两个多小时。其中的每一处细节，包括引用内容的出处、参考文献的格式，李伯虎都会亲自推敲，使其更加准确。当报告最终完成时，时针已经指向了晚上十点。

学生们原本以为这份报告已经足够完善了，但是第二天，当他们在论坛上听到李伯虎所做的大会报告时，才发现报告内容又有了细微的调整，显得更加清晰和合理。原来前一天晚上他们离开之后，李伯虎考虑再三，又对报告进行了修改，使其达到了更为完善的程度。

台上，李伯虎条理清晰地陈述着他和项目团队所提出“云制造”的先进理念，台下，学生们全都被他对待事业的热忱和认真所感动，由衷地敬佩他一丝不苟的学术态度。正是这样的导师，给了学生们一杆“标尺”，让他们去丈量自己在学术上是否足够严谨；为学生树立了一面镜子，让他们有了学习的榜样。

5. 教为严师 爱如慈父

学生们说起李伯虎，有两种完全相反的说法：要么严起来不近人情，要么和善得像一位慈父。

在学生们眼中，李伯虎不仅是传道授业解惑的老师，更是对他们关怀备至的长者。在治学上，他无比严谨，总是严格要求学生，指导他们在学术的海洋里不断探索前进，向更深处钻研。在生活上，他却表现出了截然不同的一面。

生活中的李伯虎，平易近人，亲切和蔼。他不但关心学生们的学习，更关注他们的思想成长、身心健康，甚至是课余生活和家庭生活。他总是尽力去打破与学生之间的“代沟”，成为他们的知心朋友。学生们在向他汇报研究工作时，他总会留出一部分时间，关切地问问学生最近的状况、是否遇到了什么困难、需不需要自己的帮助。

杨晨是李伯虎的一名博士生。攻读博士学位期间的课题研究是每个博士生锻炼创新能力的关键环节，也是成为博士的必经之路，然而，就在攻读博士学位的第三年，杨晨却陷入了迷茫之中，迷失了自己的方向。当时的他不仅身心俱疲，而且还对自己能否胜任博士期间的科研工作产生了怀疑。恰巧，那时他参与了几年的项目面临着验收，由于同实验室的师兄马上就要毕业了，这一大摊子工作全落到了他的肩上，子课题的集成、验收文档的撰写以及录像的剪辑等所有事情都等着他去完成。在短期内接手这么多工作，还要承担起项目负责人的重任，令原本信心受挫的杨晨雪上加霜，感觉更加不知所措了。一时间，来自各方面的压力将他团团包围。心态失衡影响到了杨晨的身体状况，那段时间里，他接连感冒了好几次，身体日益消瘦。

有一次，杨晨向李伯虎汇报工作进展，李伯虎看到他如此憔悴，关切地询问他的身体状况，让他多注意休息，不要累垮了自己。为了帮他减轻负担，在验收过程中，李伯虎特意打电话给其他学生，让他们协助杨晨，帮他准备项目验收所需的材料。不仅如此，李伯虎还亲自为验收汇报材料把关，对一些关键技术报告进行修改，使其更加准确、完善。对于杨晨的毕业论文开题方向，李伯虎也给出了很多中肯的建议。为了开阔他的思路，李伯虎还特意找了几本国际期刊给他看，让他了解国际上最新的技术进展，找找灵感。

在李伯虎的关心和帮助下，杨晨终于调整好心态，在顺利完成项目验收工作的同时，也找到了适合自己的科研节奏，逐渐成长为高素质的科研人才，后来成为实验室多个重要项目的主要负责人。

不仅对自己培养的博士、硕士研究生悉心教导，对于每一位学生、后辈，李伯虎都一视同仁。只要他们有需要，李伯虎就会尽自己的最大努力去帮助他们。作为一名院士、知名教授，每年都有很多年轻人报考李伯虎的研究生，有本校的，有外校的，有本专业的，也有跨专业的。为了与李伯虎进行交流，这些学生会通过各种各样的方式联系李伯虎。然而，虽然他们给李伯虎发了邮件、短信，却对得到回复不抱什么希望。毕竟，在大多数人看来，像李伯虎这样的著名专家，每天都非常忙碌，肯定无暇看一个无名小卒发来的信息，更不会抽出时间来回复。但李伯虎却不这样想，虽然他很忙，但每一封来信，他都会认真阅读，并耐心为这些年轻人解答他们在专业方向、培养情况等方面的疑惑。

邢驰是北航2011级博士研究生。到北航入学报到之前，需要找导师签字，邢驰本打算趁着这个机会和李老师聊一聊，了解一下自己在入学之前应该做什么准备、以后要做哪些工作，但是，作为一个性格腼腆、不善于与长辈交谈的年轻人，他最终还是没勇气跟李伯虎当面交流。后来，他选择了通过短信的方式来与老师交流。

短信发出后，邢驰怀着一颗忐忑的心焦急地等待着，不知道老师会不会给他回复。然而，出乎他的意料，李伯虎马上给他回了短信，不但详细地为他解答了疑问，而且还约他到家中详谈。欣喜若狂的邢驰在约定的时间来到了李伯虎家中，李伯虎耐心地给他讲述了自己目前所从事的学术研究方向，以及具体需要做的工作，还鼓励他投身仿真事业，为中国仿真技术的进步做出自己的贡献。

这番春风化雨般的谈话，令邢驰这个本科和硕士阶段学的都是硬件电路系统、对计算机仿真软件技术刚入门的学生，对未来要学习和研究的内容有了整体的认识，在博士生涯正式开始之前做足了基础准备。在李伯虎看来，这都是分内之事，自己只不过是在尽一个老师的本分，然而，对一个正处在人生重要阶段的年轻人来说，却犹如春天里的细雨一般宝贵。

在科研之余，李伯虎常常被邀请到很多学校、科研院所和学术论坛讲课。他对每一次授课都非常认真，会根据听课对象仔细调整自己的授课内容。在讲台上，他会详细耐心地讲解每一个概念，让所有在场的人都能彻底领悟每个知识点的精髓。在“仿真技术的研究与发展”课堂上，当一位学生提出“当代的仿真技术如何与信息技术深度融合”的问题时，为了让大家对这个概念有深入理解，李伯虎分别从经济、社会等多个方面对这个问题进行了深入讲解，并列举出各种各样的实例进行论证分析。

“博于学问，明于睿思，笃于务实，志于成人”是李伯虎对自己的要求，也是他对每位学生的要求。作为老师，李伯虎不但将自己的毕生所学毫无保留地传授给学生，更以自己的人生经历和成长感悟来引导学生如何为人处世。在他的引领下，学生们不但在学术方面羽翼日益丰满，而且在人生道路上也越走越远、越走越稳。

善歌者使人继其声，善教者使人继其志。多年来，李伯虎为社会培养了一大批有用之才，可谓“桃李满天下”。他的学生目前遍布社会的各行各业，有的供职于中国航天科工集团公司、中国航天科技集团公司、中国船舶工业集团公司、中国电子科技集团公司等企业集团的研究机构和北京航空航天大学等高等院校，有的在中国银监会等国家机关服务，有的就职于中国移动等大型国有企业，他们都在各行各业发挥着积极的作用。面对别人对他培养出很多优秀人才的赞誉，李伯虎总是谦虚地认为，作为老师，自己只是付出了小小的耕耘，学生们是凭借自身的努力才获得了在各自行业中的成就。而对他而言，最重要的收获是和这些学生们之间的真挚情感。

不忘春风教，长怀化雨恩。每年李伯虎的生日，都会有一大批学生从全国甚至是世界各地赶到他的家中，为他庆祝。他们纷纷向老师汇报自己这一年来的工作和进步，拿出自己的科研成果来回报恩师。每当此时，李伯虎总是非常高兴。作为严师，他教导大家：明年的生日礼物依旧是汇报你们在工作、学习和生活上的优异成绩。作为长辈，他又对学生们关怀备至：在工作学习之余一定要注意身体，多走走，多看看，用心去感受世界，过好自己的生活！

李伯虎尽心尽力地诠释着“老师”这个角色的

2010年，李伯虎（前右）过生日时与学生们合影

真正含义，他用勤奋耕耘换来了累累硕果，用倾情奉献谱就了杏坛华章。当桃李芬芳时，他的内心就会涌起难以名状的成就感，这世间，还有什么事业比这更有价值、更伟大呢？

李伯虎

李伯虎院士传记

Academician Li Bohu's Biography

第十章

此生惟愿长报国

李伯虎没有停止奋进的脚步，那颗自我超越的心所激发出来的热情，让他在浩瀚的学海中继续遨游、探索！那颗与祖国共振、与时代相携的心永不言倦！

1. 终身成就 名扬海外

中国仿真技术创造的价值受到世人瞩目，也向世界人民展现了中国仿真的规模和成绩，获得了国际仿真大会和亚洲仿真联盟的高度评价。2012 年，国际建模与仿真学会评奖委员会委员 Tuncer Oren 教授来华访问交流，在招待晚宴上，他主动提出建议李伯虎申报国际建模与仿真学会奖励，并表示自己会负责向大会进行推荐。

这让李伯虎感到有些惊讶，因为国际建模与仿真学会是国际建模与仿真学界最具影响力的学术组织，会员遍及全球 150 多个国家和地区，其设立的各类奖项都用于奖励在建模与仿真的学术及应用发展方面做出突出贡献并具有国际影响力的个人。到 2011 年为止，亚洲和欧洲仿真学界尚无一人获得这一殊荣。

在反复权衡之后，李伯虎向组织汇报了这一情况。领导表示全力支持他申报这个奖项，在他们看来，奖项的申报，不只是对李伯虎个人的肯定，也是对中国仿真技术的肯定。如果申报成功，中国仿真在国际仿真领域的地位将会得到更大的提升。

组织对这件事的重视，使李伯虎备感责任重大，他知道，这不只关系到他个人的荣辱，更关系到国家的荣誉和尊严。于是，他开始认真地为申报做准备。李伯虎的材料非常翔实，因为他清楚，国际建模与仿真学会有一个专门的评奖委员会，对所有申报者提交的材料都会进行认真研究，还会进行实地调查，因此，绝不能疏忽大意。

2012 年 3 月，经过国际建模与仿真学会评奖委员会评选，李伯虎被授予国际建模与仿真学会的最高奖项——终身成就奖。

7 月 9 日，在风景旖旎的意大利，在学术氛围浓厚的热那亚大学，2012 年国际建模与仿真学会夏季会议如期举行，热那亚大学的 Benvenuto 会堂云集了来自世界各地 100 多位仿真技术领域的专家，现场气氛既隆重又热烈。李伯虎应邀参加了本次会议，此时他身着笔挺的西装坐在人们中间，等待开幕式的到来。开幕式由来自热那亚大学并担任本次大会主席的 Agostino Bruzzone 教授主持，在他简短的致辞后，便进入了大会颁奖环节。在一系列的奖项颁发过后，最后一个大奖，就是国际建模与仿真学会的终身成就奖。Agostino Bruzzone 教授庄重地说道：“此刻，我谨代表评奖委员会，授予来自中国的李伯虎教授国际建模与仿真学会终身成就奖！”李伯虎从 Agostino Bruzzone 教授手中接过象征国际建模与仿真学界最高荣誉的奖牌。热烈的掌声在会场上经久不息。随后，国际建模与仿真学会前主席 Ralph Huntsinger 教授向与会代表简要介绍了李伯虎在建模与仿真领域所取得的杰出成绩，并对他为促进建模仿真技术在国际上的发展所做出的卓越贡献表示感谢。

李伯虎半世的艰辛，此时全都化为了欣慰的一笑！

国际建模与仿真学会创立 60 余年来，只有八位对国际仿真技术的发展产生重要影响的科学家获得这一奖项，李伯虎就是其中之一，而且还是唯一的一名亚洲人。这个奖项不只是国际仿真界对李伯虎个人成就的认可与肯定，更是对中国仿真技术迅速发展壮大的赞誉。

2012年，李伯虎在意大利获国际建模与仿真学会终身成就奖（右为大会主席Agostino Bruzzone 教授）

虽然获得如此耀眼的成就，但李伯虎的心中依然波澜不惊。在他看来，终身成就奖奖状只不过是一张纸，然而，在这张纸的背后，隐藏的却是我国科学家们在仿真科学技术领域的忘我工作、无私奉献，是对学术孜孜不倦的追求，是兢兢业业的工作精神。

年过古稀的李伯虎已经高高地站立在国际仿真领域的顶尖位置，然而，不论何时，他给人留下的印象却都是谦逊、儒雅的。他精神矍铄、神采奕奕，对科学发展尤其是仿真领域的发展和开拓备加关注。他心里时刻都在想着我国仿真事业、制造业信息化事业的发展壮大。每次在国际性会议上做报告，李伯虎的报告内容都会涉及国内同行的文章，或引用，或直接说出，以此向国际仿真界推荐我国相关领域的最新研究成果。李伯虎经常勉励自己的学生："我们代表的是国内仿真界的最高水平，不能满足于只做个报告，要做到精益求精。"

宝剑锋从磨砺出，梅花香自苦寒来。自古以来，无论是个人的成就，还是卓越的团队，都要经历无数次失败的砥砺，才能谱写出辉煌的篇章。没有谁是天生的胜利者，光环背后隐藏的是多少次跌倒了再爬起来的不懈努力。如今，李伯虎站上了仿真领域的最高领奖台，这成绩的取得，也同样凝聚着他多年的心血和汗水，是用一种超越常人的毅力和努力换来的，他值得拥有这一切。

回首过去，当他刚走出清华园迈进国防部五院的大门时，当他在军垦农场挥汗如雨时，当他依依不舍地告别家人孤身一人到异国他乡求学时，当他在密歇根大学如饥似渴地学习最尖端的数字仿真技术时，当他远渡重洋回到祖国时，当他为“863”计划殚精竭虑时，当他伏案钻研直至深夜时……他或许也未曾想到，有一天自己会在这条路上走得这么远。

然而，终身成就奖并不意味着终点，一颗对科学事业无比热爱、对祖国前途充满希望的心，一直在激励着他，鞭策着他，让他朝着科学的“珠穆朗玛峰”不断攀登！

2. 高瞻远瞩 心系科研

人生在世，说长也长，悠悠几十载漫漫长途，遥遥无期；说短也短，匆匆数十年如白驹过隙，转瞬即逝。在人生的长河中，怎样才能让自己的生命更有意义？是叱咤风云，呼风唤雨？还是默默无闻，辛勤耕耘？李伯虎选择了后者。

2014 年，李伯虎已经 76 岁高龄了。从走出象牙塔来到国防部五院进入仿真领域开始，他已经在这条路上长途跋涉了很久、很久。他把自己的毕生心血全都倾注到了中国系统仿真科学上。这是他一生的事业，更是他一生的热爱。

中国的系统仿真科学，实现了从无到有的跨越。如今，在这一领域，中国已经跻身于世界先进国家行列，这辉煌的成就是与国家的正确领导及全国仿真领域的科技工作者的心血凝聚在一起的。在功劳薄上，有李伯虎及其团队写下的浓墨重彩的一笔。

2012 年，国际建模与仿真学会授予李伯虎终身成就奖，这个奖项是国际仿真界对李伯虎在仿真科学领域所做贡献的一种肯定，同时也意味着，李伯虎已经加入到国际仿真科学技术研究的第一梯队。对于任何一个人来说，在事业上达到这样的高度，都足以心满意足了，在余下的岁月里，大可以放松身心，颐养天年，享受天伦之乐了。然而，李伯虎并没有放松对自己的要求。古稀之年，他在事业上依然雄心不减当年，甚至不断对自己提出更高的要求。

如今，中国的经济如同驶上了高速路，以前所未有的速度迅猛发展。2011 年，中国的 GDP 总产值从 1990 年的世界第十位跃升到了第二位。中国正在崛起，这是整个世界都有目共睹的事实。经济的腾飞必然伴随科技的同步发展，而仿真技术与制造

2015年，在复杂产品智能制造系统技术国家重点实验室学术委员会会议上，与会专家合影（前排左五为李伯虎、前排左四为柴天佑院士、前排右四为吴澄院士、前排右三为戴浩院士）

业信息化技术作为科技的重要组成部分，也必将迎来一个发展的春天。为了适应新时代的需求，老当益壮的李伯虎不断加强学习，给自己充电，时刻为新的科研事业做准备。

在妻子陶华眼中，书在李伯虎心目中占有绝对位置。两个人有时一起散步，李伯虎就会带着陶华径直来到外文书店。一到了书店，李伯虎就会遨游在书籍的浩瀚海洋里，忘记了外界的一切。他像海绵一样如饥似渴地吸收着知识，全然忘了陶华的存在。

陶华还记得年轻时候的一件事。那时陶华刚刚怀孕，有一次和李伯虎一起出去逛街，看到路边有新华书店，李伯虎让妻子在门口等他，说看看就出来。结果左等右等李伯虎都不出来，当时也没有手机，联络不上，陶华就只能一直站在门口等他。等了大半天，李伯虎才抱着一摞书从里面出来。出来后，李伯虎半开玩笑半抱歉地对陶华说："哟，你还在啊？把你给忘了。"陶华早已习惯了他爱书成痴的习性，笑笑作罢，两人继续逛街去了。

在李伯虎家中，最引人注目的也是书。他的家就像是一个书库，摆满了各种各样的书。即使是酷热难耐的夏天，李伯虎也从不像别人那样在院子里乘凉、聊天，而是独自一人坐在书房里安安静静地读书。

有时，陶华问他："你现在已经成了院士，也70多岁了，还看什么书？"李伯虎马上摇摇头，说："现在计算机科技的发展日新月异，如果不看书就会跟不上形势。所以我得经常看书了解最新的进展，这样才能随时更新自己的知识。"

从书中汲取知识精华，在科技工作中精益求精，是李伯虎的良好习惯，也是他孜孜不倦的人生追求。

科技的发展与进步，离不开科研人员兢兢业业的工作与持之以恒的努力，离不开像李伯虎这样对祖国有一颗赤诚之心的人的无私奉献。放眼望去，无论是在经济建设领域，还是在科学技术领域，都有一大批默默无闻、艰苦奋斗的人。他们无论何时何地都把国家利益放到第一位，从不计较个人得失，技术上刻苦钻研，用自己的肩膀撑起祖国科技事业的一片蓝天。

如今已经77岁的李伯虎常常戏称自己是“70后”，他真正把自己当成了一个年轻人，仍然殚精竭虑、不遗余力地在科学道路上奋斗着，真是“古稀之年心不老，痴心科研劲头足”。李伯虎深知，走在科学的道路上，如同逆水行舟，不进则退。当我们停在原地不动时，有人却在埋头努力赶路；当我们慢慢踱着步子悠闲地往前走时，有人正甩开步子飞快地奔跑。所以，任何时候都不能停步不前或者放慢脚步，而是要不断向前、不断超越。在科研道路上，永远没有终点，只有下一个目标。

3. 伉俪情深 坚实后盾

关于成功与幸福的关系，历来都是一个被人津津乐道的话题。谁都希望自己能够在事业有成的同时享受多彩的人生，可现实的残酷往往告诉我们，鱼和熊掌，不可兼得。有人看上去功成名就，家庭关系却一塌糊涂；有人富可敌国，精神上却一贫如洗。尽管如此难以兼得，李伯虎却仍然驾轻就熟，既成就了辉煌的事业，又拥有温馨、和睦的家庭。那么，他是如何做到的呢?

李伯虎的妻子陶华是天津人，从圣功女中毕业后，由于成绩优异，被保送到了航天二院下属的军校，学习雷达技术。毕业后，她顺理成章地被分配到了航天二院（后转到航天一院），与李伯虎成了同事。因此，李伯虎和陶华在事业上称得上是“琴瑟和鸣”：两个人都是知识分子，同在航天领域为祖国的航天事业贡献力量。只不过，李伯虎研究仿真和信息化，妻子研究运载技术。作为航天人，在工作上需要付出很多心血和精力，但两个人总是能够互相理解、互相体谅，做彼此最坚强的后盾。

与李伯虎一样，陶华也是一个爱好广泛、多才多艺的人。她的母亲从事的

20世纪80年代，李伯虎一家三口

是绘画事业，在美术方面造诣很深。陶华从小耳濡目染，对艺术也逐渐产生了浓厚的兴趣。虽然她从事的是技术工作，但是在工作之余却参加了天津市歌舞团，成为了一名业余演员。李伯虎也曾经是清华大学舞蹈队的一员，对舞蹈颇感兴趣。因此，两个人一谈起文艺方面的话题，就有很多共同语言，相同的兴趣爱好不但使他们走到了一起，更使他们的家庭生活变得丰富多彩。

李伯虎与陶华刚结婚时，因为家庭刚刚建立，还处于一无所有的阶段，因此，生活很艰苦。尽管如此，两个人都感受到了一种前所未有的幸福。一间9平方米的小房子，被他们精心打造成了温馨的小家，每一个角落都洋溢着浓浓的爱意。

李伯虎夫妻的恩爱在单位里人尽皆知。尽管工作繁忙，只要一有闲暇时间，李伯虎就会陪着妻子去逛商店，即便是妻子转多久也不嫌烦，他把这样的活动称为最佳的锻炼身体方式。

在家中，李伯虎从来不发脾气，总是保持着平和的心态。有时，陶华因为一些琐事焦躁不已，李伯虎就会耐心地劝解她、安慰她，让她平静下来。在李伯虎看来，为了一些生活中的小事而斤斤计较是最没有意义的，这不但会增加彼此之间的矛盾，还会为自己平添很多烦恼，有百害而无一利。

在陶华的心目中，丈夫李伯虎“一心扑在工作上，脑海中想得最多的，是科研”，而陶华对此则是无限的包容。陶华回忆起她与李伯虎的往事，有欢笑，有甜蜜，更有欣赏。

20 世纪 70 年代很普通的一天，两人下班回到家，一起准备晚饭，陶华和李伯虎约好，菜和面条分头去买。后来陶华买菜回家看见儿子独自站在门口，就问：“你爸呢？”儿子回答：“我爸拿着面条正在大街路口和别人谈工作呢，说让我先回来在门口等他。”家里一直等李伯虎的面条下锅，李伯虎却和别人谈工作忘记了，天黑了才回来。看着家里等着他的妻子和儿子，他不好意思地说：“哎……手里拿着面条忘了吃面条了。”陶华笑笑，赶紧去给他准备吃的了。这样的事情时常发生，陶华已经习惯了。

有一天晚上，夫妻二人一起到超市里买面包，回来的路上李伯虎不小心摔了一跤。陶华见状，赶紧扶起了他，关切地问道：“摔到哪里了？要不要去医院？”李伯虎害怕妻子担心，赶紧解释说：“不要紧！路灯下面有个小方块，被绊了一下，裤子破了一个窟窿，一点儿都没受伤。”对李伯虎关心备至的陶华一听，马上就猜出其中的缘由，嗔怪地对他说道：“是不算重，不过我估计你当时肯定是在想工作上的问题。”李伯虎听了，“嘿嘿”一笑，不作声了。

李伯虎在单位肩负重任，工作繁忙，经常在全国各地飞来飞去，因此，家里的事情无暇顾及。陶华理解他、支持他，主动承担起了家里的一切事务，不论是照顾孩子、老人，还是与同辈亲人相处，陶华都处理得井井有条，家里的事情基本上不用李伯虎操心。李伯虎因此得以全身心地投入到科研事业中，毫无后顾之忧。

20 世纪 80 年代，李伯虎在美国求学期间，陶华独自一人撑起了家里的一片天。那时孩子还小，一遇到刮风下雨就会胆战心惊，经常对陶华说：“妈妈，我每次走到永定路大马路都会感到害怕！”陶华只好送他上学。洗澡也很麻烦，当时洗澡要到外面的澡堂去，陶华只能请男同事帮忙带着儿子去洗澡。

陶华心灵手巧，20 世纪 80 年代，生活条件不是很好，儿子的衣服大都是陶华自己动手裁剪，自己动手做。“伯虎的衣服我也做过。”陶华笑着说，“记得有一次他参加学术报告会，身上穿的衣服就是我给他做的。虽然袖子有些短，但他并不在意。当时觉得这都无所谓，生活虽然艰苦，但是也没觉得很苦，因为大家都一样。”陶华的言语中透着开朗与豁达。

李伯虎兄妹三人，弟弟李仲马，妹妹李绿漪都在各自的工作领域取得了不俗成绩。弟弟妹妹虽然长居上海，但由于工作原因，经常会来北京出差，兄妹三人有时间就会聚一聚，聊一聊彼此的工作和生活。逢年过节，或者遇上家里的纪念日，三个家庭就会携妻带子，齐聚一堂。这时候，往往是陶华最忙碌的时候，协调时间、预定饭店、安排亲戚住宿，等等，她都满心喜悦地为大家安排，三个家庭的聚会总是其乐融融。

作为职业女性，虽然在照顾家庭方面投入了大量的时间和精力，但陶华在工作上的表现也非常出色，可谓“巾帼不让须眉”。她在工作岗位上认真负责，深受单位重视和同事信赖，是 12 所科技委的骨干。她原本应该在 55 岁那年退

李伯虎夫妇与亲戚们在儿子婚礼上

2016年，李伯虎一家五口

2013年，李伯虎夫妇（中、右）回上海老家探亲时与妹妹（左）合影

休，退休前是科技委秘书长，主管科技委的内外事务。由于工作出色，单位领导不想让她退，极力挽留，结果她又被科技委返聘了三年。58岁那一年，由于家里的事务繁多，又想多留一些时间照顾丈夫，最终，她坚持退了下来。单位的领导在陶华走时，还对她说："以后如果有事找你，你可还要来帮忙啊！"

几十年来，李伯虎一心扑在科研事业上，家里的事情大多都由妻子一人操劳。因此，他一想起妻子，一想起孩子，心头就会涌起一股愧疚。不过，虽然如此，他对孩子的要求还是非常严格，从不无原则地溺爱他。从孩子很小的时候，李伯虎就非常注重培养孩子的独立能力，让他自己去做一些力所能及的事情。因为他知道，孩子早晚有一天会长大，要独立生活，父母不可能陪他一辈子。爱他，就要给他自由飞翔的翅膀。

儿子长大以后，李伯虎给予了他足够的自由，让他自己来选择未来的道路。儿子大学毕业后，原本有机会分配到科研单位，但他觉得搞科研过于枯燥，于是选择了自己创办装修公司。李伯虎虽然遗憾儿子不能继承自己的事业，却也明白，每个人都有自己要走的路，强求也无益。于是，对儿子的选择，他坦然接受。

李伯虎与妻子多年来相濡以沫，对儿子形成了潜移默化的影响。结婚后，他也效仿李伯虎，对妻子关爱有加，将小家庭经营得红红火火，从不让李伯虎担忧。

2009年，李伯虎（右一）参加同学聚会

李伯虎与夫人陶华

2006年，李伯虎与夫人陶华在日本亚洲仿真会议会场

家是社会的基本细胞，又是社会和谐的基础。和谐的家庭，是温馨的避风港湾，是洗去心灵尘埃的浴场，是让你重新启程的加油站……它不仅使人身心愉悦、给人情感慰藉，同时也为事业的蓬勃发展创造坚实的支撑和优良的环境。正是有了温馨的家庭作为“大后方”，李伯虎才能没有后顾之忧地为事业努力拼搏。

4. 生命不息 奋斗不止

初入清华大学时，李伯虎响应蒋南翔校长提出的“德智体全面发展，为祖国健康工作50年”的号召，走出教室，参加体育锻炼，一度成为了清华大学排球队的主力队员。参加工作以后，他也不忘运动，积极参加单位组织的各项体育活动，还曾是航天二院乒乓球队和排球队的队长。之所以持之以恒地进行锻炼，目的只有一个：打下良好的身体基础，打造强健的体魄，为祖国工作更长的时间、创造更大的成就。

如今，年近八旬的李伯虎仍然精神矍铄、神采奕奕，在工作上的干劲和拼劲丝毫不输年轻人。在多个国家级重要项目上，人们仍然能够看到他忙碌的身影。从1961年毕业走上工作岗位算起，李伯虎真正做到了“为祖国健康工作50年”。生命不息，奋斗不止，只要身体允许，他就会继续工作下去。

支撑着李伯虎在科研道路上一直走下去的，不只是健康的身体，还有坦荡的心胸、为国家无私奉献的精神。

李伯虎尽管年近八旬，但并没有像一般老人那样在家颐养天年。他每天的工作强度比一般年轻人都高，这一点，在他身边工作的人都有体会。虽然他不用在单位坐班，但一周大小会议连轴转，甚至有时一天有多个会议，忙得连吃饭都要掐着时间，出差也是家常便饭。李伯虎身边的人戏谑地称呼他为空中“老

李伯虎（左一）在诸暨市院士林植树

飞人”——一年算下来，仅国航飞行里程就有几万公里，积分都够换去美国的双人往返机票了。李伯虎有一个出差常备的箱子，里面的衣服、用具一应俱全，如有临时安排出差，拎起箱子就能出发。在他的观念中，工作是没有年龄概念的，并不因自己年龄大就有所懈怠，工作安排紧凑一如年轻时。诚如他自己所言：“我要趁着自己还有精力，把我那点东西再弄好一点。”他一生执着学术，数十年如一日，并以此为乐，丝毫不感到疲惫。

经常去他家的学生会注意到一个细节，李伯虎家的盘子都是有盖的——因为他经常不能按时吃饭，为了防止饭菜变凉，盖着盖子保温。“有时他在家，也不一定能按时吃饭，因为来找他的人很多，有学生，有同事，一讨论起事情来，就没准点，所以饭菜必须得要保温，给他留着。”陶华说，“有时候菜凉了，给他热，热两次，他也吃不上，还得再热，我都习惯了。”是的，没有随随便便的成功。

李伯虎工作高强度快节奏数十年如一日，生活中唯一的消遣与爱好，是有空时看一看体育频道的一些大型赛事转播，除此以外，回家吃完饭后，坐在电脑桌前继续工作是他的生活常态。妻子陶华最熟悉他：“他每天回家吃完晚饭，就往电脑前一坐，或者看书，或者检索材料，一坐就到晚上十一点，天天如此。”在外人看来，这样的生活太过辛苦，而他却将之当成了人生的最大幸福。

“科学发展日新月异，计算机世界更是如此，作为一名科研工作者，必须时时刻刻关注自己领域内的最新发展动态，所以，每天都要学习。”李伯虎如是说。尽管已经是仿真领域的终身成就奖获得者、中国工程院院士，但是他依旧保持着对科学知识巨大的探索热情，以及对新事物的好奇。科学是一个浩瀚的海洋，他有幸徜徉其中，他珍惜这样的机会，并始终对科研保持着谦卑。

在很多人心中，“科学家”是一个神圣的词汇。无数人曾经在懵懵懂懂之时，萌生了成为科学家的梦想，然而，走着走着，他们就忘记了自己的梦想，最后，真正成为科学家的人寥寥无几。科研是一条漫长而又寂寞的道路，坚持走到最后的，总是如李伯虎一般始终坚持自己信念的人。他们始终在科学的道路上艰难跋涉，从而成就了非凡的人生，获得了非凡的成就。

李伯虎之所以能够取得如此辉煌的成就，与国家的发展也是紧密相连的。20 世纪后半叶，中国航天事业正在砥砺前行之中，仿真技术与制造业信息化的短板亟需弥补。而李伯虎的研究恰好契合了国家发展的需求。在国家的大力支持下，他以国家需求为导向，面向世界信息技术发展前沿，紧跟国内外最新信息技术的发展，持之以恒地朝着一个方向努力，一直工作在系统仿真和制造业信息化技术研究与应用的第一线。经过不懈奋斗，终于使中国的仿真技术改变了落后的局面，走到了世界前列。

李伯虎的人生履历上写满了辉煌的成就——个人或合作发表论文 296 篇，著作 15 部，译著 4 部。有关的技术成果获全国科学大会奖 2 项，国家科技进步奖 5 项（一等奖 1 项、二等奖 3 项、三等奖 1 项），部级科技进步奖 16 项（一等奖 2 项、二等奖 10 项、三等奖 4 项）。个人还获得航天工业部“有突出贡献的中青年专家”称号、国家科委“863”计划一等奖及突出贡献个人奖、光华科技基金一等奖、中国侨界（创新人才）贡献奖、总装备部二炮局仿真技术贡献一等奖、中国航天事业50周年重大贡献奖、中国航天科工集团公司预先研究特殊贡献奖、航天二院50周年突出贡献奖、中央企业优秀归国留学人员奖、国际建模与仿真学会最高荣誉——终身成就奖、全国优秀科技工作者等奖励。

然而，无论创造了多么耀眼的成绩，李伯虎始终保持着淡然的心态，不计较个人的得失，将名利视为身外之物，始终将祖国航天事业放在第一位。他从不为荣誉所累，而是连续不断地全神贯注于科学研究。也正因此，他活得潇洒、坦然、自如。这种淡泊自守、甘于寂寞、视名利为身外之物的精神境界，使他有一个更广阔的世界，创造出了更高的人生价值。

“我有幸生活在这样一个时代，一个人的发展离不开时代，我之所以能做出一点成绩，最主要的原因就是我所做的，正是国家发展进程中所需要的。我要感谢组织的培养、支持和信任，特别是身边一直都有一群志同道合的同志和我一起努力。”这是李伯虎经常说到的。

是的，当个体与时代在社会发展的洪流中相遇并顺势而为时，个体所迸发出的巨大热情被这个时代所悦纳，并成为时代发展必不可少的一部分。这或许是李伯虎称之为幸运的地方。但是，任何一个时代都不乏投入巨大热情并为之付出努力的人，为何最后只有不多的人能在时代洪流中脱颖而出？这其中，离不开个人的努力与选择，还有持之以恒的坚持。

李伯虎之所以能在时代的大潮中脱颖而出，成为被时代选中的人，这其中离不开他所说的“时代的幸运”，当然更离不开他没有言及的——个体的努力与选择。年轻时，当很多人被六七十年代那漫长的混乱冲击而迷茫时，他在遭遇冲击后不忘学习，持之以恒地坚持自学；80年代初，当他成为国内较早出国留学人员中的一员时，他有选择留居海外的机会，但他选择了回国，用自己在海外所学报效自己的国家；当他回国工作后，也有过这样那样的选择机会，但他坚持在仿真技术及制造业信息化技术领域精耕细作，坚持了一个方向，便一生为之努力。正是这样的执着与坚持，使得李伯虎能在科研这片田地中，收获丰收的金色。

更让人钦佩的是，李伯虎奋斗不息、孜孜不倦的科研精神。曾经那些泛着金色的、耀眼的收获已经在他的人生中留下璀璨辉煌，但他并没有太多的时间去享受与留恋。他的眼睛依旧在看着远方，因为那里还有无限的未知等待他去探索。这份淡然与努力，或许就是他能够一直向前走，并不断获得更多成功的原因所在——眼前的成功并不能遮蔽他为之远行的路。生而有涯，学海无涯，那源自内心深处自我超越的心所迸发出来的热情，让李伯虎在人生这片浩瀚的大海中继续遨游、探索！是的，惟愿此生长报国，那颗与祖国共振、与时代相携的心，永远不知懈怠，永不言倦！

2015 年，李克强总理在政府工作报告中提出“中国制造 2025”战略规划及“互联网 + 行动计划”，即在 2025 年中国将实现从制造大国迈进制造强国的宏伟目标。在“中国制造 2025”的战略路线中指出，要以加快新一代信息技术与制造业深度融合为主线，以推进智能制造为主攻方向。

作为长期奋斗在仿真技术和制造业信息化技术研究与应用领域的一员，李伯虎为之兴奋不已。确实，在李伯虎的眼前还有很多要做的事，还有很多等待发现的未知领域。在科研田野上的驰骋，还有很长很远的路！

附录1 李伯虎代表论著

李伯虎在系统仿真、制造业信息化等研究领域共计发表论文和著作315篇（部），其中论文296篇，著作15部，译著4部。以下为代表论文和著作目录：

一、模拟机/混合机技术

（一）国内会议论文

706所四室寻优组（李伯虎执笔）.混合机寻优的实践与展望.北京自动化年会，1978.

（二）内部报告

1.李伯虎.大型模拟机精度与稳定性——M-2整机技术总结.科技报告.第七机械工业部二院706所，1968.

2.李伯虎，李经发.动力学系统参数、函数，统计寻优.航天科技报告.航天工业部，1988.

（三）著作

李伯虎.模拟/混合计算机[M]//电子工业技术词典编辑委员会.电子工业技术词典.北京：国防工业出版社，1980.

（四）译著

何同杰，李伯虎，王志林，等译.运算放大器及其应用[M].北京：科学出版社，1978.

二、数字仿真技术

（一）国际会议论文

1. Bo Hu Li, W.H. Yang, Xinan Ye. An Effective Method for a System of Ordinary Differential Equations with Right Hand Side Functions Containing

Discontinuities. 10th International Association for Mathematics and Computers in Simulation(IAMCS), 1982.

2. Bo Hu Li, Chengpu Tong, Songqing Li, Riqiang Tian.A Powerful Simulation language ICSL. IAMCS Transactions on Scientific Computation, 1986.

3. Bo Hu Li, Qian Fang, Wang Jin. The Integrated Modelling and Simulation Software System—EIMSS. 1987 Proc. of Summer Computer Simulation Conference(SCSC).

4. Jun Hu, Bo Hu Li. The Continued Fraction Extrapolation Methods In Nonlinear System Simulations. 1987 Proc. of SCSC.

5. Bo Hu Li, Han Li. Simulation Expert System. 12th IAMCS, 1988.

6. Guoqing Zhang, Bo Hu Li. Algorithm and Software for CADCS via Optimization on Peripheral Array Processor. 1988 Proc. of Summer Computer Simulation Conference.

7. Xu Fan, Bo Hu Li. Simulation-Oriented DataBase Technique, 1st Beijing International Conference of System Simulation and Scientific Computing, 1989.

8. Luo Ying, Bo Hu Li. Linear Programming Simulation Language System. 1st Beijing International conference of System Simulation and Scientific Computing, 1989.

9. Zhaokang Long, Bo Hu Li. An Expert Mathematical Modelling System for Linear Programming Problem. 1st Beijing International Conference on System Simulation and Scientific Computing, 1989.

10. Jianguo Zhao, Bo Hu Li. An Expert Mathematical Modelling

System-EMMS. 1991 Proc. of SCSC.

11. H.Vangheluwe, Bo Hu Li, Y.V. Reddy and G.C. Vansteentisue. A Framework for Concurrent Simulation Engineering. International Training Equipment /Concurrent Engineering Conference, 1993.

12. Xiaofeng Liu, Bo Hu Li. A Modelling Method for Parallel Simulation. IMACS-MATHMOD, 1994.

13. Bo Hu Li, et al. System Simulation Science and Technology in China. 1st Joint Conference of International Simulation Societies (CISS), (Keynote Speaker), 1994.

14. Xiangyang Li, Bo Hu Li. Modeling and Simulating the Product Development Process: Design of a Simulation Tool. Proceedings of the World Congress on Systems Simulation(2nd Joint Conference of International Simulation Societies), Singapore(Sept.), 1997: 93-99.

15. Bo Hu Li, et al. Concurrent Distributed Interactive Simulation Engineering and Its Support Environment. Proceedings of the 1998 Summer Computer Simulation Conference.

16. Bo Hu Li, Xiangyang Li, Xudong Chai, Duzheng Qing. A HLA Integrated Development Environment. The Proceedings of the Summer Computer Simulation Conference, 1999.

17. Xudong Chai, Yuan Mao, Bo Hu Li, Guangleng Xiong. Research on Supporting Environment Technology for Virtual Prototyping. Proceedings of the Summer Computer Simulation Conference, 2000.

18. Yuan Mao, Xudong Chai, Bo Hu Li. Using an Agent Tool Kit to Implement the Interoperability of Different Simulation Tools. Proceedings

of the Spring SIW, 2001.

19. Bo Hu Li, Xudong Chai, Chunlai Quan, Guangleng Xiong, Wenhai Zhu. Research on Tools Suit for Collaborative Virtual Prototyping Engineering. The Proceedings of EUROSIM 2001 Congress, 2001, Delft, The Netherlands.

20. Bo Hu Li, Xudong Chai, et al. Further Research on Synthetic Simulation Environment. The Proceedings of the Summer Computer Simulation Conference, 2001.

21. Bo Hu Li, et al. Modeling & Simulation in China-Present and Future. The Proceedings of the 5th Asian Simulation Conference, 2002.

22. Bo Hu Li, Xudong Chai, Wenhai Zhu, Yanqiang Di, Xiao Song, et al. Research and Implementation on Collaborative Simulation Grid Platform. The Proceedings of the Summer Computer Simulation Conference, 2004.

23. Bo Hu Li, Xudong Chai, Wenhai Zhu, Yanqiang Di, et al. Some Focusing Points in Development of Modern Modeling and Simulation Technology. The Proceedings of the Asia Simulation Conference : Asia Sim2004(Keynote Speech), 2004.

24. Bo Hu Li, Xudong Chai, Baocun Hou, et al. A New Infrastructure for Networkitized M&S. The Proceedings of ICSC, 2005.

25. Guoqiang Shi, Bo Hu Li, Xudong Chai. Use of Petri Nets for Virtual Prototyping Engineering Scheduling. The Proceedings of ICSC, 2005.

26. Bo Hu Li, Xudong Chai, Baocun Hou, Haiyan Yu, Zhihui Du, Yanqiang Di, Jijie Huang, Changfeng Song. Research and Application on CoSim (Collaborative Simulation) Grid. The Proceeding of MS-MTSA, 2006.

27. Baocun Hou, Bo Hu Li, Xudong Chai. Research on Simulation Resource Service Framework in Simulation Grid. The Proceeding of Asia Simulation Conference, 2006.

28. Changfeng Song, Bo Hu Li, Xudong Chai, Zhen Tang. Research on Simulation Application Mode and Run-Time Framework in Simulation Grid. Proceeding of Asia Simulation Conference, 2007.

29. Changfeng Song, Bo Hu Li, Xudong Chai, et al. Research on developing modes of Simulation System in Simulation Grid12th International Conference on Computer Supported Cooperative Work in Design, 2008: 535-541.

30. Bo Hu Li, Xudong Chai, Zhen Tang, et al. Further Studies and Practice on Pervasive Simulation Grid. 2008 Asia Simulation Conference/7th Intl. Conf. on Sys. Simulation and Scientific Computing , 2008: 963-968.

31. Xiaodong Huang, Bo Hu Li, Xudong Chai. The Research and Development of a Toolkit for the Modeling and Simulation of Complex System. 2008 Asia Simulation Conference/7th Intl. Conf. on Sys. Simulation and Scientific Computing, 2008: 428-431.

32. Bo Hu Li, Xudong Chai, Baocun Hou, et al. Cloud Simulation Platform Grand Challenges In Modeling & Simulation 2009 (GCMS09), 2009 : 303-307.

33. Yabin Zhang, Bo Hu Li, Xudong Chai, Baocun Hou, Lei Ren. Research on Virtualization-based Simulation Environment Dynamically Building Technology for Cloud Simulation. 2010 International Conference on

Information Security and Artificial Intelligence(ISAI 2010), 2010.

34. Yabin Zhang, Bo Hu Li, Xudong Chai, Baocun Hou, Lei Ren. Research on a Unified Description Model of Virtual Simulation Resource for Cloud Simulation. 2010 International Conference on Information Security and Artificial Intelligence(ISAI 2010), 2010.

35. Chen Yang, Bo Hu Li, Xudong Chai. Research on co-simulation Task Scheduling in Cloud Simulation Platform. The 23rd European Modeling and Simulation Symposium. 11-15 Sep. 2011, Rome, Italy.

36. Bo Hu Li, Xudong Chai, Lin Zhang, Tingyu Lin, et al. New Advances of the Research on Cloud Simulation. 2011 Asia Simulation Conference. 16-18 Nov. 2011, Seoul, Korea.

37. Baocun Hou, Xudong Chai, Bo Hu Li, Tan Li. Research on Independent and Dynamic Fault-tolerant and Migration Technology for Cloud Simulation Resources. Grand Challenges in Modeling & Simulation (GCMS'2011), 27-30 June. 2011, The Hague, Netherlands.

38. Haitao Yuan, Jing Bi, Bo Hu Li, Xudong Chai. SLA-based Virtualized Resource Allocation for Multi-tier Web Application in Cloud Environment. IEEE IEEM 2012, Hongkong, China, 2012: 121-130.

39. Xiayi Gong, Bo Hu Li, Xudong Chai. The Application of Dynamical Management Based on Ontology-based Simulation Case-based Description and Reasoning. 2012 Asia Simulation Conference, 2012: 386-394.

40. Bo Hu Li, Duzheng Qin, Xudong Chai, et al. Research on High Efficiency Simulation Technology for Complex System. AsiaSim 2012, Shanghai. (Keynote Speech), 2012.

41. Xiayi Gong, Bo Hu Li, Xudong Chai, Mu Gu. Research on a Knowledge Model of Aircraft Design Based on Unified Description Framework. 13th International Conference on Systems Simulation, Singapore, 6-8 November. 2013. Proceedings.

42. Chen Yang, Bo Hu Li, Xudong Chai, Peng Chi. An Efficient Dynamic Load Balancing Method for Simulation of Variable Structure Systems. Proc. of 8th EUROSIM Congress on Modelling and Simulation, 2013.

43. Tingyu Lin, Bo Hu Li, Xudong Chai, Chen Yang. A Multi-Centric Model of Resource and Capability Management in Cloud Simulation. Proc. of 8th EUROSIM Congress on Modelling and Simulation, 2013.

44. Bo Hu Li, Xudong Chai, Baocun Hou, Lin Zhang, Yingying Xiao, Chen Yang, Chi Xing, Tingyu Lin. Research on Modeling and Simulation Technology in Intelligent Manufacturing. Asia Simulation Conference 2015, 2015.11.4-2015.11.7.

（二）国内会议论文

1．毕和平，李伯虎．一类基于目标优化的代数问题的异步并行算法．全国第六届系统仿真学术会议录，1987.

2．李伯虎，柴旭东，等．复杂产品虚拟样机工程的研究与初步实践．中国系统仿真学会学术会议论文集，2001.

3．黄晓冬，李伯虎，柴旭东．一种支持系统工程的建模仿真支撑平台．仿真科学与技术暨飞行器制导与控制系统仿真学术研讨会文集，2008.

4．李元，郭丽琴，李伯虎，等．一种基于扩展BOM的多分辨率建模方法．中国导航、制导与控制学术会议，2009.

（三）国际期刊论文

1. R.M.Howe, Xinan Ye, Bo Hu Li. An Improved Method for Simulation of Dynamic Systems with Discontinuous Nonlinearitics. Transaction of The Society for Computer Simulation, 1984, 1（1）.

2. Xiaoqiu Song, Bo Hu Li, Zhaoding Yuan, Degui Liu.A Mathematical Model of Real-time Simulation and the Convergence Analysis on Real-Time Runge-kutta Algorithms. Systems Engineering and Electronics, 1990.

3. Yingying Xiao, Xudong Chai, Bo Hu Li, Chen Yang, Tingyu Lin. Modified Shuffled Frog Leaping Algorithm for Simulation Capability Scheduling Problem. International Journal of Service and Computing Oriented Manufacturing, 2013.

4. Chen Yang, Bo Hu Li, Xudong Chai, Peng Chi. Ivy: A Parallel Simulator for Variable Structure Systems under Multi-core Environment. International Journal of Service and Computing Oriented Manufacturing, 2013, 1（2）: 103-123.

5. Bo Hu Li, Xudong Chai, et al. Research on High-Performance Modeling and Simulation for Complex Systems// Concepts and Methodologies for Modeling and Simulation. Springer International Publishing, 2015: 45-66.

（四）国内期刊论文

1. 李伯虎，等．含间断特性非线性系统仿真算法．信息与控制，1983,（4）.

2. 龙兆康，李伯虎．用专家系统建立线性规划模型．系统工程与电子技术，1989.

3. 宋星，李伯虎．连续系统仿真与辅助设计语言 ICSL Ⅱ．系统仿真学报，

1990，2（2）.

4. 李伯虎，胡骏，毕和平，陈红．计算机集成制造系统中的仿真技术．信息与控制，1991.

5. 李伯虎，宋星，赵建国．并发仿真工程．系统仿真学报，1994，6（2）.

6. 李伯虎，刘青．一个基于面向对象技术的车间调度仿真软件．系统仿真学报，1995，7（3）.

7. 宋晓秋，袁兆鼎，刘德贵，李伯虎．数值求解常微分方程初值问题的一类并行算法，系统仿真学报，1996，8（1）.

8. 刘小峰，李伯虎．并行任务自动划分及调度算法 CMPS. 系统仿真学报，1996，8（1）.

9. 童军，李伯虎，等．高级体系结构（HLA）中面向对象方法学的研究．系统仿真学报，1998，10（3）.

10. 柴旭东，李伯虎．一种优化的 DDM 实现策略．系统仿真学报，1999，11（4）.

11. 李伯虎，柴旭东．信息时代的仿真软件．系统仿真学报，1999，11（5）.

12. 柴旭东，李伯虎．基于 CORBA 实现 RTI. 计算机仿真，1999，16（3）.

13. 李伯虎，王行仁，等．综合仿真系统研究．系统仿真学报，2000，12（5）.

14. 卿杜政，李伯虎．HLA 运行支撑框架（SSS-RTI）的研究开发．系统仿真学报，2000，12（5）.

15. 毛媛，李伯虎，柴旭东．HLA 的互操作以及基于 CORBA 的实现．系统仿真学报，2000，12（5）.

16. 李伯虎，柴旭东，毛媛．现代仿真技术发展中的两个热点——ADS，SBA. 系统仿真学报，1.2001，13（1）.

17. 柴旭东，李伯虎，等．高层体系结构系统实施技术的初步实践与进一步研究．系统仿真学报，2002，14(2)．

18. 李伯虎，柴旭东，等．复杂产品虚拟样机工程的研究与初步实践．系统仿真学报，2002，14(3)．

19. Bo Hu Li, Xudong Chai, Min Yang, Xingren Wang, Zhenzhong Wang. The New Development of Modelling and Simulation Technology, Journal of System Simulation（系统仿真学报英文版），2002，1(1)．

20. 李伯虎，柴旭东，朱文海，梁炳成．复杂产品虚拟样机支撑平台的初步研究与开发．计算机仿真，2003，20(1)．

21. 王鹏，柴旭东，李伯虎，等．复杂产品虚拟样机建模与仿真规范研究．系统仿真学报，2004，16(2)．

22. 李伯虎，柴旭东，朱文海，等．SBA支撑环境技术的研究．系统仿真学报，2004，16(2)．

23. 侯宝存，李伯虎，柴旭东，施国强．虚拟样机设计仿真环境中多领域工具集成的研究．系统仿真学报，2004，16(2)．

24. 施国强，朱耀琴，李伯虎，柴旭东．复杂虚拟样机工程的项目管理技术研究．系统仿真学报，2005，17(8)．

25. 谭娟，李伯虎，柴旭东．扩展建模与仿真框架-XMSF技术研究．系统仿真学报，2006，18(1)．

26. 谭娟，李伯虎．面向语义的C4ISR/Sim集成系统设计．北京航空航天大学学报，2006.

27. 谭娟，李伯虎．O-C2IEDM本体模型的研究．计算机工程与科学，2006.

28. 邸彦强，柴旭东，李伯虎，等．HLA/RTI网格化与以模型为中心的分布仿真互联模式研究．计算机集成制造系统，2006, 12(4): 504-510.

29. 王鹏，李伯虎，柴旭东，等．基于仿真组件的CGF系统体系结构与实现.系统仿真学报，2007，19（5）：1041-1044.

30. 侯宝存，李伯虎，柴旭东.基于语义的仿真网格模型资源发现技术的研究.北京航空航天大学学报，2007.33（4）.

31. 黄晓冬，李伯虎，柴旭东，宋长峰.基于反射的分布仿真软件框架.北京航空航天大学学报，2007，33（8）.

32. 黄继杰，李伯虎，柴旭东.网格环境下的Web-Enabled RTI研究.系统仿真学报，2007，19（8）.

33. 施国强，李伯虎，柴旭东.基于着色Petri网的复杂产品开发多项目调度建模研究.系统仿真学报，2007.

34. 殷润民，李伯虎，柴旭东.自适应柱状全景图拼接.中国图像图形学报，2007.

35. 唐震，李伯虎，柴旭东，等.普适化仿真网格研究.计算机集成制造系统，2008，14（7）：1313-1321.

36. 唐震，李伯虎，柴旭东.上下文感知在普适化仿真网格中的应用.计算机集成制造系统，2008，14（8）.

37. 李伯虎，柴旭东，侯宝存，等.一种新型的分布协同仿真系统——仿真网格.系统仿真学报，2008，20（20）：5423-5431.

38. 宋长峰，李伯虎，柴旭东.仿真网格下的节点选择.北京航空航天大学学报，2008.

39. 宋长峰，李伯虎，柴旭东，等.仿真网格下仿真应用模式及资源调度研究.系统仿真学报，2008.

40. 唐震，李伯虎，柴旭东，宋长峰.普适化仿真网格中仿真服务迁移技术的研究.系统仿真学报，2009，21（12）.

41. 李伯虎，柴旭东，侯宝存，等.一种基于云计算理念的网络化建模与仿真平台——云仿真平台.系统仿真学报，2009.

42. 李潭，李伯虎，柴旭东.面向云仿真的层次化仿真服务描述框架研究.计算机集成制造系统，2011.

43. 李潭，李伯虎，柴旭东，燕雪峰.复杂产品多学科虚拟样机元建模框架研究.计算机集成制造系统，2011，17(6).

44. Tingyu Lin, Xudong Chai, Bo Hu Li.Top-level Modeling Theory of the Multi-discipline Virtual Prototype. Journal of Systems Engineering and Electronics, 2012, 23(3): 425-437.

45. 张智慧，李伯虎，柴旭东，黄继杰，侯宝存，杨晨.一种面向共享内存环境的高性能HLA/RTI原型系统.系统仿真学报，2013.

46. Xiaodan Xie, Bo Hu Li, Xudong Chai. A Framework of Quasiconformal Mapping-Based Kernel Machine with Its Application to Hyperspectral Remote Sensing. Measurement, 2015, 80:270-280.

47. Xiaodan Xie, Bo Hu Li, Xudong Chai. A Framework of Manifold Multiple Kernel Learning with Its Application to Hyperspectral Image Classification. Neural Computing&Applications, DOI: 10.1007/s00521-016-2206-y.

48. 邢驰，李伯虎.Infiniband网络架构下RTI通信机制研究.电子学报，2016，44(2): 327-333.

（五）著作

1. 李伯虎.系统仿真计算机及软件//自动控制与系统仿真(之五).国家教委人事局/北京航空航天大学，1994.

2. 李伯虎，等.防空导弹仿真//仿真计算机及仿真软件.北京：宇航出版社，1995.

3. 李伯虎，刘德贵，陶克强，等．北京仿真中心建设和研制工作总结 // 仿真计算机系统与仿真公用软件．北京：国防工业出版社，1996.

4. 李伯虎，柴旭东．仿真技术 // 仿真软件．北京：化学工业出版社，2000.

5. Bo Hu Li, Xudong Chai, Xuefeng Yan, Baocun Hou. Multi-Discipline Virtual Prototype Modeling and Simulation Theory and Application. Nova Science Publishers, Inc, 2012.

6. 李伯虎，Tuncer Oren，等．汉英－英汉建模与仿真术语集．北京：科学出版社，2012.

（六）译著

王正中，李伯虎，熊光楞，译．计算机辅助建模与仿真．北京：科学出版社，1991.

三、制造业信息化技术

（一）国际会议论文

1. Bo Hu Li, Guangleng Xiong, Wenhai Zhu, Chunlai Quan, Heming Zhang. Research and Practice on Concurrent Engineering and Virtual Manufacture Technology. Proceedings of AMSMA 2000, June, 2000.

2. Bo Hu Li, Shuqing Bai, Wenhai Zhu. Research on Spacecraft Contemporary Integrated manufacturing System. Proceedings of ICETS 2000, October, 2000.

3. Bo Hu Li, et al. Concurrent Engineering Research and Deployment in China. Proceedings of CE 2001, 2001.

4. Bo Hu Li, Xudong Chai, et al. Research And Application on Virtual Prototyping Engineering For Complex Product. The Proceedings of the Summer Computer Simulation Conference, 2002.

5. Bo Hu Li, Fengkui Tan, Wenhai Zhu, Xudong Chai, Yanqiang Di, Xiao Song, et al . Research and Practice on Concurrent Engineering for Complex Product, The Proceedings of CE 2004, 2004.

6. Bo Hu Li, Duzheng Qin, Xudong Chai, et al. Research on High Efficiency Simulation Technology for Complex System (keynote speech). Asia Sim 2011, Shanghai, 2011.

7. Bo Hu Li, xudong Chai, Lin Zhang, et al. Smart Cloud Manufacturing (Cloud Manufacturing 2.0): A New Paradigm and Approach of Smart Manufacturing. Keynote Speech of the 21st ISPE International Conference on Concurrent Engineering, September 8-10, 2014, Beijing, China.

8. Haitao Yuan, Jing Bi, Wei Tan, Bo Hu Li. CAWSAC: Cost-Aware Workload Scheduling and Admissin Control for Distributed Cloud Data Centers. IEEE Tranactions on Automation Science and Engineering(TASE), 2015.

9. Haitao Yuan, Jing Bi, Wei Tan, Bo Hu Li. Temporal Task Scheduling with Constrained Service Delay for Profit Maximization in Hybrid Clouds. IEEE Transactions on Automation Science and Engineering(TASE), 2015.

（二）国内会议论文

1．李霞，李伯虎．一个面向对象的FMS仿真软件．中国CIMS第二届学术会议，1992.

2. 李伯虎，蒋新松．并行工程． 中国CIMS第二届学术会议（大会特邀报告）；修改稿刊于《航空制造工程》.1993，（5）（收入《计算机集成制造技术与系统的发展趋势》，科学出版社，1994）.

3. 李伯虎，王锦，龙兆康，等．车间电脑调度员．中国CIMS第二届学术会议，1994.

4. 蒋新松，李伯虎 . 产品开发过程的集成——并行工程 . 中国 CIMS 第三届学术会议，1994.

5. 李伯虎，全春来 .CIMS 集成策略和框架 . 第四届中国 CIMS 会议录，1996.

6. 李向阳，李伯虎 . 产品开发过程建模、仿真研究和工具开发 . 第四届中国 CIMS 会议录，1996.

7. 李伯虎 . CIM——信息时代先进制造模式 . 计算机集成制造系统与现代企业制造研讨会论文集，1996.

8. 柴旭东，李伯虎 . 软总线与信息、过程和控制集成的实现策略 . 中国 CIMS 第五届学术会议，1998.

9. 李伯虎，吴澄 . 现代集成制造系统——理念、技术、实践与发展 . 中国计算机应用学术会议论文集，1999.

10. 施国强，李伯虎，柴旭东 . 复杂产品开发多项目调度建模研究 . 全国第十届企业信息化与工业工程学术会议，2006.

（三）国内期刊论文

1. 李伯虎，等 . CIM 在中国的研究、应用与发展 . 机械工业自动化 . 计算机集成制造专辑，1995.

2. 李伯虎，等 . 走出中国 CIMS 成功之路——863/CIMS 典型应用工程与实践 . 计算机集成制造系统，1996，2（2）.

3. 全春来，李伯虎 . 并行工程集成框架 CEIF 总体设计 . 软件学报，1998，（9），增刊 .

4. 李伯虎，戴国忠 . CIMS 应用示范工程 10 年回顾与展望 . 计算机集成制造系统，1998，4（3）.

5. 吴澄，李伯虎 . 从计算机集成制造到现代集成制造——兼谈中国 CIMS 系统论的特点．计算机集成制造系统，1998, 4 (5).

6. 李伯虎，吴澄，等．现代集成制造的发展与863/CIMS主题的实施策略．计算机集成制造系统，1998, 4 (5).

7. 柴旭东，李伯虎．基于RTI的PDM框架实现策略．北京航空航天大学学报，1999, (3).

8. 李伯虎，柴旭东．航天CIMS研究、实践与发展．制造业自动化，2001, 23 (1).

9. 柴旭东，李伯虎，等．复杂产品协同仿真平台的研究与实现．计算机集成制造系统，2002, 8 (6).

10. 李伯虎，柴旭东．复杂产品虚拟样机工程．计算机集成制造系统，2002, 8 (8).

11. 李伯虎，柴旭东，朱文海，等．复杂产品集成制造系统技术．航空制造技术，2002, 8 (12).

12. 李伯虎，柴旭东，等．复杂产品协同制造支撑环境技术的研究．计算机集成制造系统，2003, 9 (8).

13. 宋晓，李伯虎，柴旭东．复杂产品虚拟样机工程中模型库管理系统的研究与实现．计算机集成制造系统，2004, 10 (12).

14. 夏国洪，李伯虎，唐晓青，朱文海，柴旭东．复杂系统（产品）集成制造工程的技术研究．中国工程科学，2005, 7 (9).

15. 邸彦强，李伯虎，柴旭东，王鹏．多学科虚拟样机协同建模与仿真平台及其关键技术研究．计算机集成制造系统，2005, 11 (7).

16. 王鹏，李伯虎，等．复杂产品多学科虚拟样机顶层建模语言研究．计算机集成制造系统，2006, 12 (10).

17. 施国强，李伯虎，柴旭东．不确定条件下复杂产品开发多项目调度建模.计算机集成制造系统，2007，13(10).

18. 李伯虎，张霖，王时龙，陶飞.云制造——面向服务的网络化制造新模式.计算机集成制造系统，2010，16(1).

19. 李伯虎，张霖，任磊，柴旭东，陶飞，罗永亮.再论云制造.计算机集成制造系统，2011，17(3).

20. 杨晨，李伯虎，柴旭东. 面向云制造的云仿真支撑框架及应用过程模型.计算机集成制造系统，2012，18(7)：1444-1452.

21. 林廷宇，李伯虎，柴旭东，李潭. 面向云制造的模型自动组合技术研究.计算机集成制造系统，2012，18(7)：1379-1386.

22. 宫夏屹，李伯虎，柴旭东，谷牧，等.专家系统开发平台关键技术研究与应用，计算机集成制造系统，2013，19.

23. 肖莹莹，李伯虎，庄长辉，柴旭东，林廷宇，等. 面向用户多品种定制的分布式供应链调度. 计算机集成制造系统，2015, 21 (3)：800-812.

24. 肖莹莹，李伯虎，柴旭东，等. 云制造中的制造能力服务形式化描述方法. 系统仿真学报，2015, 27 (9)：2096-2107.

(四)著作

1. 李伯虎，王纬，陶克强，等.计算机集成制造系统(CIMS)的约定、规范、实施指南.北京：兵器工业出版社，1994.

2. 吴澄，李伯虎. 中国科学技术前沿 // CIMS的昨天、今天、明天.北京：高等教育出版社，1999.

3. 李伯虎，全春来，等.并行工程与拟实制造.北京：中国经济出版社，1999.

4. 李伯虎，张霖，柴旭东，等.云制造. 北京：清华大学出版社，2015.

5. 李伯虎，柴旭东，张霖，林庭宇，等.智能制造//云制造——一种智能制造的模式与手段.北京：电子工业出版社，2016.

附 录2　李伯虎获奖统计

一、国家和省部级科技奖励：

李伯虎有关的技术成果获国家科技进步奖5项（一等奖1项；二等奖3项；三等奖1项），部级科技进步奖16项，全国科学大会奖2项。

（一）国家科技进步奖

• 国家科技进步奖一等奖

北京仿真中心工程，国家科学技术委员会颁发，1995.

证书号：95-KGJ07-1-09-06

• 国家科技进步奖二等奖

1. 综合XX平台仿真示范系统，国务院颁发，2003.

证书号：2003-J-242-2-07-R01

2. XX关键零部件柔性设计制造一体化系统研究，国务院颁发，2004.

证书号：2004-J-242-2-11-R02

3. XX综合仿真示范系统，国务院颁发，2009.

证书号：2009-J-24201-2-06-R01

• 国家科技进步奖三等奖

《国外电子工业概览（1984年版）》（获1988年证书）

（二）部级科技进步奖

• 部级科技进步奖一等奖

1. 连续系统仿真语言ICSL系统，航天工业部颁发，1987.

证书号：87B1009

2. 面向CIMS并行工程集成框架关键技术，国防科技工业委员会颁发，

1999.

证书号：1999GFJ1013-2

• 部级科技进步奖二等奖

1. DAREP-VAX 连续系统仿真语言，航天工业部颁发，1985.

证书号：85B2134

2. ICSL Ⅱ计算机辅助设计与仿真语言研究开发，航空航天工业部颁发，1991.

证书号：91B2064

3. 数字仿真公用软件系统，航空航天工业部颁发，1993.

证书号：93B2048

4. 车间仿真调度器，中国航天工业总公司颁发，1996.

证书号：96B2041

5. CIMS 主题项目“并行工程”，教育部颁发，1998.

证书号：98-461

6. 航天 XXX 与 SPAA 并行工程，国防科技工业委员会颁发，2003.

证书号：2003GFJ2056-2

7. 航天复杂产品集成制造研究与应用工程，国防科技工业委员会颁发，2005.

证书号：2005GFJ2049-3

8. 复杂产品虚拟样机工程技术研究与应用，工业和信息化部颁发，2009.

证书号：2009GFJBJ2042-R01

9. 复杂电磁环境下体系攻防对抗仿真技术研究，工业和信息化部颁发，2012.

证书号：2012GFJBJ2031-R01

10. 武器装备多阶段一体化建模仿真支持平台研究与应用，工业和信息化部颁发，2012.

证书号：2012GFJBJ2032-R01

• 部级科技进步奖三等奖

1. 插入式阵列机上优化设计软件，航天工业部颁发，1988.

证书号：88B3137

2. 连分式外推算法及软件（1989年获奖证书）

3. 连续系统分布一体化并发仿真工程环境，中国航天工业总公司颁发，1997.

证书号：97B3053

4. 仿真支撑平台及环境仿真技术，国防科技工业委员会颁发，2007.

证书号：2007GFJBJ-3090-3

（三）全国科学大会奖

1. “航天大型模拟机M2机”项目获1978年全国科学大会奖。

2. “晶体管大型混合模拟机M6机”项目获1978年全国科学大会奖。

二、个人荣誉：

1. 清华大学优秀毕业生(1961年)。

2. 航天部“中青年有突出贡献专家”称号（1990年4月）。

3. 国务院政府特殊津贴（1991年10月）。

4. 国家高技术计划自动化领域先进个人（1993年3月）。

5. 中国航天工业总公司个人一等奖(1993年12月)。

6. 国家科学技术委员会“863”计划突出贡献奖（1994年5月）。

7. 国家科学技术委员会“863”计划一等奖（1996年4月）。

8. 光华科技基金一等奖（1996年11月）。

9. 科学技术部863计划先进个人（2001年2月）。

10. 中国航天事业50周年重大贡献奖（2006年9月）。

11. 中国航天科工集团公司预先研究特殊贡献奖（2007年9月）。

12. 航天二院50周年突出贡献奖（2007年11月）。

13. 中国侨界（创新人才）贡献奖（2010年8月）。

14. 总装仿真技术专业组仿真技术突出贡献奖（2011年10月）。

15. 中央企业优秀归国留学人员奖。

16. 国际建模与仿真学会“终身成就奖”（入选“名人堂”）（2012年7月）。

17. 全国优秀科技工作者（2012年12月）。

18. 中国航天基金奖（2014年）。

李伯虎大事年表

1938 年

11 月 27 日，出生于上海市徐汇区。

1942 年　3 岁

9 月，进入上海市位育小学学习。

1949 年　10 岁

9 月，进入上海市位育中学学习。

1955 年　16 岁

9 月，进入交通大学工业企业电气自动化专业学习。

1958 年　19 岁

9 月，进入清华大学自动控制系计算机专业学习。

1961 年　22 岁

7 月，毕业于清华大学自动控制系计算机专业。获得优秀毕业生荣誉称号。

7 月，分配到国防部五院二分院，参加中国人民解放军，到院办（专家）学习组学习。

1963 年　25 岁

12 月，到二分院第五设计部四室工作。

1964 年　25 岁

1 月，任模拟机研究室总体组组长。

参加航天首台大型模拟机 M2 机的研制，任样机总体组组长及定型机负责人。

1967 年　28 岁

10 月，与陶华女士结婚。

1969 年　30 岁

4 月，到南京军区荒草圩军垦农场劳动锻炼。

1971 年　32 岁

参加国内首台晶体管大型数模混合模拟机 M6 机的研制，为自动寻优机系统研制的技术负责人之一。

1978 年　39 岁

参与的 M2 机及 M6 机均获全国科学大会奖。

1979 年　40 岁

1 月，二院 706 所，总体组组长、工程师、所科技委委员。

1980 年　41 岁

1 月，美国密歇根大学宇航系访问学者，研修数字仿真技术。师从美国仿真学会首届理事长豪伊教授。

1981 年　42 岁

与豪伊教授等合作提出间断非线性动力学系统仿真算法。

1982 年　43 岁

5 月，回国后到二院计算站（后更名为 204 所）工作。

任国内第一个大型连续系统仿真与辅助设计语言 ICSLI 负责人。

1983 年　44 岁

被评为高级工程师。

在计算站开始“自动控制理论与应用”硕士研究生的招收和培养工作。

1984 年　45 岁

7 月，任二院计算站数字仿真研究室主任。

任国家重点工程——“北京仿真中心工程”副总设计师。该工程于 1995 年获国家科技进步奖一等奖。

1985年　46岁

5月，加入中国共产党。

1986年　47岁

9月，任二院计算站站长。

1987年　48岁

1月，计算站更名为北京计算机应用和仿真技术研究所（二院204所），任所长。

兼任北京航空航天大学兼职教授。

1989年　50岁

3月，兼任国家“863”计划自动化领域专家委员会委员、CIMS主题专家。

兼任中国系统仿真学会副理事长。

兼任中国系统仿真学会学术期刊《系统仿真学报》编委会主任。

1990年　51岁

当选为海淀区人大代表。

1991年　52岁

7月，任国防科工委科技委兼职委员、军用仿真技术专业组组长、顾问。

10月，兼任北京仿真中心主任。

1993年　54岁

5月，任中国自动化学会制造技术专委会副主任。

5月，任中国机械工程学会自动化专委会副主任。

8月，任二院科技委副主任。

任CIMS主题重大攻关项目“并行工程”总设计师。

领导完成CIMS主题重大攻关项目“并行工程集成框架”系统。

任“九五”重大项目“复杂产品关键结构件设计制造一体化工程”总设计师，

成果获2004年国家科技进步奖二等奖。

1994年　55岁

任中国航天工业总公司第二研究院科技委常务副主任。

1995年　56岁

兼任北京航空航天大学博士生导师。

任欧洲仿真学会杂志SMPT（Simulation Modeling Practice and Theory）编委。

1996年　57岁

任国家“863”计划现代集成制造系统（CIMS）主题第五届专家组组长。

任总装备部仿真专业组组长。

任“综合防空多武器平台仿真示范系统”总设计师，成果获2003年国家科技进步奖二等奖。

任“多武器平台攻防作战综合仿真示范系统”总师组组长，成果获2009年国家科技进步奖二等奖。

1997年　58岁

任《计算机集成制造系统》杂志编委会副主任。

1999年　60岁

5月，任中国电子学会工业工程专委会副主任，名誉主任。

8月，任中国航天机电集团公司第一届科学技术委员会顾问。

任CIMS主题重大攻关项目“航天并行工程”总设计师。

2001年　62岁

当选中国工程院院士。

任航天CIMS工程总设计师。

8月，任中国系统仿真学会第四届理事长。

倡导举办“亚洲仿真会议”。

2003 年　64 岁

任北京航空航天大学自动化科学与电气工程学院院长（2003—2009 年）。

2004 年　65 岁

5 月，任中国航天科工集团公司第二届科学技术委员会顾问。

2006 年　67 岁

8 月，任中国系统仿真学会第五届理事长。

任“十一五”重大项目“复杂产品多阶段一体化建模仿真支撑平台研究与应用”总设计师。

任国防科工委“十一五”重大基础研究项目“复杂军工产品数字化设计 / 试验 / 生产 / 管理集成系统平台研究与开发”负责人。

2009 年　70 岁

主持研制国内首例复杂系统建模仿真与优化语言系统原型。

4 月，任中国航天科工集团公司第三届科学技术委员会顾问。

2010 年　71 岁

国家科技部“863”重大攻关项目“‘云制造’服务平台”总体组副组长。

2011 年　72 岁

“十二五”总装仿真重大预研项目“复杂系统高性能仿真计算机系统”总师。

发起成立了亚洲仿真联盟，担任首任主席。

任中国系统仿真学会第六届理事长。

2012 年　73 岁 / 74 岁

7 月，获国际建模与仿真学会“终身成就奖”，入选名人堂。

12 月，当选全国优秀科技工作者。

2014 年　75 岁

4 月，任中国航天科工集团公司第四届科学技术委员会顾问。

9 月，任贵州省大数据产业专家咨询委员会主任。

2015 年　76 岁 / 77 岁

2 月，任中国商飞北京民用飞机技术研究中心“民用飞机设计数字仿真技术北京市重点实验室”第二届学术委员会主任。

3 月，中国航天基金会 2015 年第一次理事会审议通过，荣获 2014 年度中国航天基金奖。

任虚拟现实技术与系统国家重点实验室学术委员会主任。

12 月，任复杂产品智能制造系统技术国家重点实验室学术委员会主任。

2016 年　77 岁

2 月，任“工业互联网产业联盟”专家委员会副主任。

4 月，任中德智能制造联盟专家委员会顾问。

后 记

《中国航天院士传记丛书》是在中国航天科技集团公司和中国航天科工集团公司统一组织下编写出版的，航天二院负责《李伯虎院士传记》等9个分卷的编写组织工作。

二院院士传记编审委员会办公室负责传记编撰的具体组织工作。在此，对为保证此书出版而付出辛勤工作的领导和同志们表示衷心的感谢。

我国的航天事业走过了近60年的光辉历程。近60年来，一代代航天人在党中央、国务院、中央军委的领导下，以“特别能吃苦、特别能战斗、特别能攻关、特别能奉献”的精神，自力更生、艰苦奋斗、顽强拼搏、勇于攻关，在导弹武器、载人航天、月球探测等方面取得了举世瞩目的成就，为增强我国国防实力、保卫国家安全、维护世界和平做出了巨大贡献，在中华民族的发展史册上写下了壮丽的篇章。

在航天事业几十年的发展过程中，涌现出一大批航天事业的领军人物，他们是数十万航天人的典型代表，他们是我国科技界的精英，他们是我们学习的榜样。李伯虎院士就是其中的一员。他在我国系统仿真技术领域和制造业信息化的推广应用方面做了许多开创性的工作，取得了很多科技成果，为我国的航天事业和国民经济建设做出了重要贡献。为了记述李伯虎院士的成长历程，传承航天精神，启迪后人，根据中国航天科工集团公司的要求，在航天二院党委的领导和二院科技委的具体组织下，我们编写了《李伯虎院士传记》。

本书由王海珍、张贵东、侯宝存、施国强、蒲睿英具体执笔撰稿。其中，王海珍为《中华儿女》报刊社记者，负责第一、三、八、十章的编写以及全书的统稿；张贵东为原204所党委副书记、二院工会副主席，负责第二、四、五章的编写；侯宝存、施国强为李伯虎的博士研究生，蒲睿英为北京仿真中心科技人员，他们负责第六、七、九章的编写，蒲睿英还负责李伯虎照片的整理；706所的研究员胡骏参与了《传记》编写前期的准备工作；二院科技委秘书幸小雷为《传记》编写组组长，承担本书编写的日常组织协调以及资料整理的大量工作。

706所研究生胡昊、吴磊、尤龙等人协助编写人员进行采访和资料整理工作。徐荣昌、李啟全、张宏道、孙振庭、李经发、梁炳成、李兰馨、王锦、李国雄、朱文海、柴旭东、白书清、卿杜政、张霖、王维靖、范文慧、张和明、刘洋等人以及李伯虎的爱人陶华、弟弟李仲马等多位同志积极提供李伯虎院士的有关资料。

原二院科技委副主任、研究员廖泰安，北京仿真中心研究员朱文海、何秋茹等负责全书的审查把关工作。二院领导和机关的有关人员进行了保密审查工作。

本书在编写过程中，还得到了706所领导、北京仿真中心、208所、北京航空航天大学自动化科学与电气工程学院及中国宇航出版社的大力支持。

在这里，我们谨向各位领导、专家以及参与工作或协助我们工作的同志表示衷心感谢！

本书的写作从2012年年底开始启动，几经改动，到2016年10月份完稿，历时四年时间。在编写过程中，我们在梳理李伯虎院士成长进步的轨迹、寻找他成功的秘诀时，李伯虎刻苦学习的精神、对事业执着追求的态度、勇于攻关不断创新的毅力、渊博的学识水平以及谦虚谨慎低调做人的风格，深深地感染着我们。从李伯虎院士身上，我们可以学到很多东西，尤其是正在各专业技术领域跋涉攻关的年轻一代科技人员，也许可以从中得到许多有益的启迪，在实现中华民族伟大复兴的征途上做出新贡献。

在编写本书的过程中，我们力求全面真实地记述李伯虎院士成长进步的方方面面，为读者奉献高质量的传记。但是，由于我们的能力和水平有限，掌握的材料也不够充分，也许没有完全反映李伯虎院士的全部能力和水平，肯定还存在很多缺憾和不足，敬请广大读者和各位专家批评指正。

编　者